AF325490

JOURNAL

DE

EDMOND GOT

SOCIÉTAIRE DE LA COMÉDIE-FRANÇAISE

1822-1901

Publié par son fils MÉDÉRIC GOT

Préface de HENRI LAVEDAN, *de l'Académie française*

AVEC UN PORTRAIT D'EDMOND GOT

TOME PREMIER

Sixième édition

PARIS

LIBRAIRIE PLON

PLON-NOURRIT et Cie, IMPRIMEURS-ÉDITEURS

8, RUE GARANCIÈRE — 6e

1910

Tous droits réservés

PRÉFACE

Les gens de théâtre, les acteurs, écrivent volontiers leurs *Mémoires*, ou, pour parler plus exactement, ils tiennent sans répugnance le journal détaillé des événements qu'ils traversent, même sans y prendre part ; ils notent d'un crayon rapide, précis, mordant, leurs impressions sur la comédie des hommes et des choses. La vie, plus encore qu'à ceux qui ne « jouent » pas, leur apparaît un spectacle à bénéfice, dont ils ne dédaignent pas de souligner les effets. Et puis, tandis qu'ils remplissent à la scène et presque à la même heure une si grande quantité de personnages divers qui les font s'oublier, et parfois s'égarer, il doit leur sembler aussi très reposant ensuite et d'une copieuse diversion de se retrouver et de se réfugier davantage en leur individu lorsqu'ils rédigent chez eux, à la cantonade, les confidences de leur esprit, ces lignes d'un rôle qu'ils n'ont pas le temps d'interpréter !... dans lesquelles, lassés un peu de penser par autrui, ils pensent par eux-mêmes à leur tour et se procurent l'amusante et légitime illusion d'incorporer un auteur. Ils touchent là leurs meilleurs *feux*.

* * *

Ce n'est point cependant cette innocente vanité qui, le soir du 15 décembre 1840, quand il s'assit devant son premier cahier de papier blanc, dut pousser Edmond Got à entreprendre le *Journal* publié ici par les soins de son fils aîné. Il suffit d'avoir côtoyé l'homme dénué de petitesses qu'il était pour comprendre que ce dessein répondait avant tout, chez lui, à une nécessité morale, une exigence de ponctualité, un besoin presque militaire de « rapport », de bulletin quotidien, d'ordre du jour. Got, le matin, se donnait en quelque sorte l'illusion de revenir de chez le colonel et le soir il se transmettait la consigne. C'était non seulement un catégorique journal de bord que notre gars entendait tenir avec une consciencieuse rigueur, mais il s'imposait par là une perpétuelle occasion de se mieux connaître, la plume à la main, de se passer à tout moment en conseil de revision, de se gourmander quand il l'avait mérité et de se voter après chaque *sortie* un bref compliment ou un solide blâme.

Got, sous l'écorce du comédien, demeura toute sa vie le marin et le soldat qu'il avait failli être. De

ces deux professions il présentait en relief la plupart des traits qui en sont la caractéristique et
comme un second uniforme : la rudesse, le parler
bref, la bonté bougonne, la décision prompte, cet
air de simplicité rustique, la qualité particulière de
teint et de peau, la couleur profonde, aiguë et lointaine des prunelles toujours pleines d'horizon, la
limpidité gênante et honnête du regard droit et
direct qui s'observent chez les hommes de la mer
et des camps, n'ayant pas pour habitude, qu'il
s'agisse de danger, de devoir — ou du reste — d'y
aller par quatre chemins et de rien mâcher. Quand
vous saurez d'ailleurs les doubles et robustes ori-
gines d'Edmond Got, d'un côté par son père, fils
d'un procureur de Bellesme, vieille ville du Perche,
et par son grand-père, Noël Got, Breton remuant,
rapace et dur, longuement et activement mêlé aux
guerres de la grande Vendée et de la chouannerie,
de l'autre, par sa mère Sophie Meunier, dix-septième enfant et enfant posthume de Bénigne Meunier, premier piqueur aux écuries du roi, pendu
dans une émeute à un réverbère de Versailles,
laquelle Sophie Meunier était aussi petite-nièce de
Surcouf, le grand corsaire malouin, « un petit
homme rieur, aux mains courtes et poilues, nous
rapporte le comédien, qui me faisait danser sur ses
genoux dans ma première enfance, et dont j'étais
devenu à mesure, paraît-il, le vivant portrait »,

vous tiendrez alors pour ainsi dire la clef du type
de savoureuse âpreté, de mâle franchise et d'indépendance, de brusquerie et de rocailleuse finesse
qu'était Got, et vous ne vous étonnerez plus, maintenant, bien que vous en restiez toujours émerveil-
lés, qu'il ait pu, avec une si forte odeur de goémon
et une telle maîtrise maritime, nous camper sur
des jambes de roulis le vieux marin du *Flibustier*,
veuf inconsolable de l'écume. C'était, bien sûr,
l'âme errante du grand-oncle le bon corsaire qui,
après avoir soufflé en jolie brise sur le front du
poète, revenait chaque soir, pour la traversée, se
loger à bord de son petit-neveu.

Voilà pour le marin. Et quant au soldat, vous
allez tenir ses états de service de la bouche même
de Canrobert... du fougueux maréchal Certain :
« C'était dans la vallée du Chélif, dit ce dernier à
une page de ses mémoires, sur le bord du fleuve. Je
ne saurais préciser la date. J'aperçus un homme à
barbe gigantesque, enveloppé d'un burnous : Bouscarin, alors colonel, depuis général tué à l'attaque
de Laghouat... Il avait comme porte-fanion un tout
jeune brigadier de chasseurs de France, une vraie
physionomie de gamin de Paris, à la voix nasillarde, très blond, tout imberbe, à la taille mince,
fort élégant dans son dolman. Après quelques
minutes de conversation, Bouscarin lui fit signe
d'approcher et me le présenta : « Tel que vous

« voyez cet enfant, il vient de me sauver la vie.
« Ça lui a valu les galons de brigadier. C'est un
« artiste, du reste, il a déjà obtenu deux prix au
« Conservatoire. Il se destine au théâtre quand son
« service militaire sera fini. » J'ai toujours retenu
son nom : Il s'appelait Got. Quelque temps après,
Bouscarin nous quitta pour aller dans la province
de Constantine. Son porte-fanion fut blessé à
Mnonnèche, sous les ordres du duc d'Aumale.
Celui-ci le fit rentrer en France, et comme il s'intéressait à lui parce qu'étant condisciples à Henri IV
ils avaient remporté au concours général l'un le
premier, l'autre le deuxième prix... dans je ne sais
plus quelle matière, il parvint à le faire exempter
du service et à le faire entrer à la Comédie-Française où Mlle Mars le poussa rapidement.

« Il y a quelque dix ans, je rencontrai un soir
Got au Théâtre-Français. Nous avions bien changé
tous les deux. Je le reconnus néanmoins. Je lui
rappelai notre entrevue sur les bords du Chélif et
nous parlâmes longuement de Bugeaud, de Bouscarin et d'Abd-el-Kader. »

Ces précieuses et crânes indications achèvent et
signent d'un brillant paraphe le portrait de Got.
Toute sa carrière alors se déroule et s'explique
avec une logique française; et comme Surcouf
signalait longtemps à l'avance le pilote de Riche-
pin, ainsi l'on peut sans erreur affirmer que le duc

Job, avec ses guêtres blanches et son gentil panache, arrivait à franc étrier du régiment d'Afrique où il avait eu l'honneur de porter le fanion devant Canrobert et de verser un verre de sang à la santé de M. le duc d'Aumale. Et ses attaches, le milieu familial simple, modeste et digne où il grandit l'avaient aussi préparé excellemment à réaliser l'admirable bourgeois qu'il fut à la scène, pendant plus de vingt ans, ce père Poirier bâti à chaux et à sable, enrichi et serré, têtu de bon sens, vaniteux et clairvoyant, d'esprit lourd et finaud, et de bon cœur sous les broussailles de ses manières. Interprété par Got, le personnage — un des plus vivants, des meilleurs du théâtre du siècle, et digne de Molière — fut, chaque fois qu'il l'anima, une peinture étourdissante de comique, de vérité, de force « bonhomme ». Rappelez-vous cette toux qui graillonnait dans la coulisse, avant que Poirier entrât en scène. Elle établissait déjà le vieux commerçant grognon, et, sans l'avoir vu, le public, agité de joie curieuse, l'avait reconnu aussitôt... Et quand il apparaissait narquois et maussade, un peu pesant, la chaussure paresseuse, étoffé de l'abondante redingote aux manches trop longues qui lui venaient jusqu'à la moitié des mains, le ventre retraité dans le gilet de velours à grandes fleurs où dansait le cachet de cornaline de la montre, et tenant à bout de doigts, sans le presser, le mouchoir à carreaux

de l'importance d'une serviette, c'était du haut en
bas de la salle une traînée d'allégresse. Toutes les
fois d'ailleurs qu'il s'agit de sculpter une physionomie nettement accentuée, une figure de puissance,
de pittoresque et de haute couleur, toujours, par les
plus simples des moyens, Got fut maître à en mo-
deler la statue. Dans Poirier, Giboyer, Kobus,
Brissot, l'abbé d'*Il ne faut jurer*, il atteignit la per-
fection de la sobriété intense et savoureuse. Il
avait un art balzacien. Les personnages qu'il incar-
nait prenaient naturellement, sous l'âpre et patient
effort de sa composition, tournure des héros de la
comédie humaine. Il eût été un père Grandet prodigieux. Et son masque, sa personne très souple,
quoique tout d'une pièce, se prêtaient avec un
même bonheur au répertoire. La solidité de son
talent était d'un classique. Dans *le Menteur,. Amphitryon, les Plaideurs*, etc., il semblait de *l'époque*,
avec ce visage ferme et rond, ces belles joues mus-
clées d'ancien régime, ces traits pleins de brusques
surprises, ce nez à tabac, cette bouche étonnante
de ressources qui savait prendre à miracle toutes
les façons, moues, plissements et tics professionnels du notaire, de l'avocat, du médecin, du bourgeois du Marais; et par-dessus tout cela un grand
air d'honnêteté, de supériorité, donnant toujours
l'impression d'être « quelqu'un », un je ne sais
quoi de magistral et de fort portrait, une probité

de tenue et de lignes générales qui faisait penser à Ingres et à son père Bertin en même temps qu'au repos de Berryer... et Got, avançant en âge, forçant l'étape, robuste toujours mais blanchi, nous donna de plus en plus cet aspect de vieux lion emprisonné sous lequel jusqu'à la fin de sa vieillesse solitaire, mécontente et chagrine, l'ont connu et aimé, tandis qu'il les perdait de vue, ses amis.

Sincère, sans-façon, rapide et varié, tel qu'il est son journal plaira. Il dégage l'estime. Il rappelle à tout bout de champ la probité intellectuelle et morale de son auteur ; il ajoutera encore à la considération dont le doyen de la Comédie-Française était entouré — par les preuves et les témoignages qu'il fournit d'une nature impulsive et droite, d'un vigoureux caractère. C'était un honnête homme du Danube.

HENRI LAVEDAN.

JOURNAL

D'EDMOND GOT

Dans les papiers de M. Edmond Got se trouve cette note écrite en pleine rédaction de son Journal qu'elle éclaire et complète :

Je voulais retaper et repiquer ces notes, par un sentiment de propreté littéraire, afin de pouvoir les relire si l'envie m'en prend un jour. Mais j'y renonce pour aujourd'hui.

Ayons donc cette impertinence de continuer, sinon de monologuer à jet continu, du moins de parler de tout à bâtons rompus, comme avec un interlocuteur imaginaire, et disons tout droit les choses comme elles me viendront, sans retouche ni cérémonie aucune. On ne se gêne pas quand on se sait seul.

Le tableau de la vie écoulée ne se déroule dans la cervelle qu'au moyen de quelques lignes maîtresses, pour ainsi dire, et sur le tout se répand par glacis une lueur vive ou douteuse, comme dans les effets d'un diorama... Mais avec des documents qui restent à demeure, quelques lettres, avec l'histoire quotidienne d'une époque, certaines circonstances en apparence futiles surgissent des tombeaux de votre mémoire, et ainsi, à l'aide de quelques jalons, on peut reconstruire au besoin tout l'échafaudage des jours que l'on a vécus.

Pour raccorder mes premières années à ces notes, voici un bout sommaire d'autobiographie :

Mon père, Médéric Got, d'origine bretonne, est né en 1767, fils cadet d'un procureur de Bellesme, petite et vieille ville du Perche. Je lui ai souvent entendu raconter que le grand-père, Noël Got, homme dur, remuant, rapace et peu paternel, avait été longuement et activement mêlé aux choses de la Grande Vendée, d'abord, et de la Chouannerie, ensuite.

Peut-être à cause de cela parvint-il, pendant la fin du premier Empire, à soustraire ses deux fils au service militaire, que si peu de jeunes gens évitèrent alors ; peut-être, mais c'est moins probable, avec l'âpreté de son caractère, les racheta-t-il de la conscription à prix d'argent. Ce qui est certain, c'est que ni mon père, ni mon oncle François, n'ont été soldats. Mais la résultante pour eux de l'absolutisme royaliste sous lequel on comprima leur enfance fut une instruction manquée qu'ils eurent toutes les peines du monde à se refaire à force de volonté, un roidissement contre les enseignements reçus, et par contre une tendance vers les paradoxes du dix-huitième siècle, et vers le jacobinisme exalté dans lequel ils persévérèrent toujours. Braves gens d'ailleurs, d'une intelligence peu commune et d'une inflexible probité.

Ma mère, Sophie Meunier-Surcouf, est née à Saint-Malo, en 1791. Comme une partie de son nom l'indique, elle était petite-nièce du grand corsaire malouin, un petit homme rieur, aux mains courtes et poilues, qui me faisait danser sur ses genoux dans ma première enfance et dont j'étais devenu à mesure, paraît-il, le vivant portrait. Ma mère était le dix-septième enfant, et enfant posthume, de Bénigne Meunier, premier piqueur aux écuries royales, pendu dans une émeute à un réverbère de Versailles.

Orpheline dès sa naissance et séparée de ses sœurs et de ses frères qu'on avait recueillis çà et là dans le pays, suivant l'antique et touchante coutume de la côte armoricaine, ma mère fut élevée d'abord par une tante, qui dix ans plus tard, de concert avec un marquis de Folleville, ancien capitaine aux mousquetaires gris, la mit dans un pensionnat, moitié laïque, moitié religieux, « les Dames Sainte-Clotilde », rue de Reuilly, au faubourg Saint-Antoine, à Paris.

Dans ce pensionnat, elle passa son enfance et une partie de sa jeunesse; car elle en était sous-directrice depuis quelque temps déjà lorsque mon père, veuf d'une première femme, vint y mettre une fillette de huit à neuf ans qui lui restait de son mariage.

C'est par le trait d'union de cette orpheline de mère que se fit la première connaissance de mon père et de ma mère.

Vers cette époque, 1819, la pente ultramontaine de la Restauration et l'influence de l'archevêque tendirent à faire un couvent du pensionnat des Dames Sainte-Clotilde qui avait pris une grosse importance. Mais instruite comme elle l'était, dessinant bien, bonne musicienne, assez jolie d'ailleurs et de nature vivace, ma mère ne se sentit point une vocation suffisante pour la vie monastique, et rompit tout d'un coup en allant, comme institutrice, terminer l'éducation de la fille du comte de Bérenger, devenue Mme de Vogüé.

Elle resta près de deux ans dans cette famille, tour à tour en Picardie, à Bruxelles, à La Haye, et revint enfin à Paris où elle épousa mon père, au mois de juin 1821.

Et aussitôt, mon père laissant là le tribunal et la robe de greffier, qui avait toujours semblé une servitude à ses allures libres, retira de pension sa fille, et l'emmena joyeusement avec cette mère nouvelle, dans une ferme qu'il avait naguère fait valoir entre la mer et Dinan, sur les bords de la Rance.

Puis, dans la même année, arriva la mort de son père qui le laissa propriétaire pour sa part d'un assez gros bien dans le Perche.

Pour les affaires de la succession, il fut obligé de faire un voyage à Paris, et ma mère, déjà grosse de plusieurs mois, désira l'accompagner. Mais leur séjour s'y prolongeant plus qu'ils ne l'avaient pensé, ma mère accoucha dans un appartement meublé rue de Miromesnil, 17, le 1er octobre 1822.

Et me voilà au monde! Né à Paris, mais Breton d'origine.

Après quoi, père et mère émigrés dans la propriété du Perche, à Lignerolles, jusqu'à la fin de 1829, sont venus décidément se fixer à Paris, au commencement de 1830, afin de consacrer leur temps et leurs biens liquidés à l'éducation et à l'établissement des futurs héritiers présomptifs.

J'avais donc sept ans passés, mais je ne vois ce retour à Paris que vaguement, et comme dans un crépuscule d'hiver. Je me rappelle pourtant la malle-poste jaune toute sonnante sur le pavé, et les relais, avec la salle d'auberge, et les arbres dépouillés qui couraient contre nous le long de la route, et la croupe blanche des quatre chevaux qui galopaient comme poursuivis par la lanterne, en s'enfonçant dans la nuit. Puis notre emménagement, rue Culture-Sainte-Catherine, dans une maison où il y avait deux colonnes à la porte, un roulage en face d'où sortaient de longues files de voitures franc-comtoises à quatre roues, chacune avec un cheval, deux gros grelots au collier, puis l'ennui qui me prit de ne plus vivre au grand air, et de lire avec ma sœur au coin du feu dans une chambre, ou de l'entendre des heures entières étudier son piano avec maman.

Puis, tout à coup, le sentiment d'une agitation consternée autour de moi, une sorte d'écroulement, un autre changement subit de maison et d'existence. Enfin, mon entrée dans une pension crasseuse, auprès du Panthéon, et mon père me reconduisant seul le soir des dimanches, quelquefois par « l'Écossaise », un des premiers omnibus, à pied le plus souvent, et m'embrassant beaucoup devant la porte cochère.

Voici au vrai ce qui était arrivé, je ne l'ai su que trop depuis : un mauvais placement, et, peu de temps après, la banqueroute et la fuite d'un notaire nous avaient ruinés de fond en comble.

Ma mère avait dû reprendre, à Séchelles, en Picardie, sa place d'institutrice, ou plutôt, cette fois, de dame de compagnie auprès de Mlle de Bérenger ; mon père s'était réfugié dans un logement au cinquième étage, place du Château-d'Eau (Palais-Royal) ; ma sœur avait été placée dans un magasin de dentelles, et moi j'étais à la pension Hallays-Dabot, place de l'Estrapade.

Peu de temps après, la révolution de Juillet 1830, les enfants sont dans la cour de récréation, du matin au soir, et, pendant trois jours, ils écoutent, en causant par groupes, la fusillade lointaine et le canon.

Un élève de l'École polytechnique, l'uniforme déchiré, vient annoncer aux « grands » que l'Hôtel de Ville et le Louvre sont aux mains du « peuple ». Grande joie ! Victoire ! De qui ? Pourquoi ?... N'importe. C'est du mouvement, du bruit, et un congé.

Mais pour mon père, malgré le triomphe passager de ses idées « libérales », ce fut la pauvreté plus étroite. Il me retira de pension (c'était l'époque des vacances), et, le soir même, en me couchant dans un petit lit qu'on relevait le matin dans une armoire, je m'en souviens, je lui demandai avec tristesse : — Et maman?

Mon père me serra follement dans ses bras. — Ta mère? dit-il, oui; nous allons la revoir bientôt, sans doute ; mais alors, mon pauvre petit, comment vivrons-nous tous?

Ma mère en arrivant le surlendemain, sans place (la famille de Bérenger avait quitté la France), versait des larmes de joie, et notre courage à tous en fut retrempé.

Ici plusieurs longs mois de lutte noire pour la vie de chaque jour, où la fierté de mes parents se redresse contre tout appel de secours à leurs familles... Mon père courant pour des maisons de commission, des compagnies d'assurances, des huissiers même, et des copies de rôles; ma mère faisant la cuisine sur un réchaud, dans un corridor, et s'épuisant en démarches toujours vaines; mais, aidée pourtant en secret — je m'en suis rendu

compte depuis — par une bonne amie de pension,
ma marraine, femme de M. Pélicier, libraire au
Palais-Royal. Moi, acceptant la situation avec l'insouciance bestiale du jeune âge, mais la volonté
éveillée à demi déjà, et lisant seul du matin au
soir... que sais-je? des journaux, sans doute, car,
l'imagination ou l'oreille toute pleine des échos
insurrectionnels de l'Europe d'alors, je partais en
paladin, au galop sur une chaise, avec une corde à
sauter en guise d'étriers, pour éperons des épingles
dans la semelle de mes chaussons, et je retrouve
encore parfois, dans quelque carton oublié, des
« passeports » que je me rédigeais, avec le plus
beau sérieux du monde, pour la Belgique, la Grèce
et la Pologne.

Enfin, vers le mois de juillet 1831, mon père
obtint un emploi de deux mille francs, à la mairie
du huitième arrondissement (place Royale), dont
mon grand-cousin, oncle à la mode de Bretagne,
Émile Got, était alors le maire élu. Nous vînmes
nous établir boulevard du Temple, près la « Ga-
liote », dans un « appartement » de trois cents
francs, et ma mère obtint d'un de ses anciens voisins de la rue de Reuilly, M. Saint-Amand Cime-
tière, qui tenait une institution transférée nou-
vellement rue Culture-Sainte-Catherine (Hôtel

Saint-Fargeau), que j'entrerais chez lui le 1ᵉʳ octobre, à la reprise des classes, comme interne, moyennant une somme minime, et pourtant à la condition qu'aux trois premiers prix obtenus par moi dans une même année, je serais élevé gratuitement.

— Nous sommes sauvés tout à fait, cria-t-elle à mon père en m'élevant, au retour, dans ses bras jusqu'à ses lèvres; le but, c'est lui, n'est-ce pas ? Aimons-nous tous de plus près encore, voilà tout ! Je sais bien, mon « fî », que dans un an nous aurons ces trois premiers prix-là !

La sainte femme avait frappé juste dans mon amour-propre et dans mon amour filial.

Ma volonté était née du coup.

En 1832, après les trois premiers prix obtenus, cinq même, je suivais à titre gratuit (« fort en thème », comme on disait dès lors) les cours au Collège Charlemagne.

C'était l'année du premier choléra, je me le rappelle, dont mon père et ma mère ont failli mourir, au mois de mars, en plein carnaval; des masques sur le boulevard, quinze cents morts par jour à Paris !

J'ai passé huit ans dans cette pension, tristement, classe à classe, élève couronné au Collège et au Concours général, pour les lettres surtout, l'histoire, le français, le latin, le grec.

Une chose me revient à la mémoire parce qu'elle eut, sans doute, influence sur la direction de mes idées : M. Saint-Amand avait imaginé, pour stimuler le zèle des élèves, de payer une soirée de spectacle à tous ceux de l'institution qui avaient été les premiers dans le mois. C'est dire que je suis allé régulièrement une fois par mois au théâtre, Comédie-Française, Opéra-Comique ou Gymnase, toute la durée de mes études.

Du reste, comme beaucoup alors des meilleurs de Charlemagne, un peu fantaisiste et indiscipliné, — ma mère n'ayant jamais cessé de gâter en secret son fils unique, — mais déjà sauvé par l'équilibre heureux de ma nature.

Enfin est arrivée la philosophie. Tout de suite en octobre 1839, le baccalauréat. J'avais soif alors de changement et d'air libre. La liberté trop neuve m'avait troublé; je l'avais mal encore digérée.

Où donner de la tête, pourtant? Avocat, médecin? oui, mais de l'argent, où en prendre? Écrire alors, à tout hasard, n'est-ce pas commencer bien jeune? Le théâtre, pourtant... qui sait? Mon tempérament m'y poussait. J'écrivis donc les cinq actes d'un drame de juillet à décembre 1839, et me le fis bravement refuser après lecture à la Gaîté. Mais je ne fus pas découragé, au contraire.

D'autre part, j'avais fait connaissance d'un ancien élève, Arthur Pichon, de six ans plus vieux que moi, qui écrivait dans *le National,* où on lui faisait passer çà et là quelque nouvelle. Or, notre voisin Jules Bastide, marchand de bois, était en même temps directeur de ce journal d'opposition très avancée et entretenait certaines relations politiques avec mon père. L'idée m'est donc venue de lui faire transmettre un travail littéraire, concis, mais assez important ; il l'a accueilli avec une faveur marquée, et j'étais imprimé tout vif dans la semaine.

Quel débouché, soudain ! Et en effet, journaliste, n'est-ce pas plus commode que tout, en apparence ? et en réalité aussi, puisqu'il ne s'agit là que de plaider de chic la première cause venue, ou convenue. Je me suis donc mis à travailler, seul d'abord, et bientôt avec Arthur Pichon, sous la signature sociale A. D. (Arthur Dangeliers).

Mais que de difficultés, que d'heures gâchées, et de misère au fond ! Surtout quand on écrit, comme ce bohème incurable, sur le coin d'un établi, dans un atelier de bretellières, où, puisqu'il faut tout dire, je n'allais que trop souvent le retrouver.

Aussi, vers le milieu de 1840, après neuf feuilletons à deux sous la ligne, dont le salaire partagé m'a mis à certaines fins de mois soixante à quatre-vingt-dix francs en poche, avec la détresse au bout de huit jours, j'ai prêté l'oreille aux conseils de ma mère, surprise et irritée par instinct du décousu de ma vie nouvelle. Avait-elle tort? Oh! non. Car toutes ces demoiselles, si gentilles qu'elles puissent être, étaient en somme de tristes initiatrices. Arthur Pichon lui-même et Charles Deslys, et toute cette petite grappe véreuse... Enfin !

— Tu ne fais plus grand'chose de bon au journal, ni ailleurs, me dit mon père un matin, en me prenant la main doucement. Es-tu fatigué? Est-ce jeunesse? Nous ne voulons rien en savoir, ta mère ni moi. Mais, va te recueillir, ou te reposer, deux mois en Touraine, chez les Firmin, qui te réclament depuis si longtemps aux vacances. Nous tâcherons de t'avoir, d'ici à ton retour, par l'entremise de ton oncle, une place stable à la préfecture de la Seine. Voilà cinquante francs pour ton voyage.

Je suis donc parti pour Saint-Agnan, le 1ᵉʳ août 1840, avec soixante autres francs, gagnés par moi-même. Mais, à l'exception d'une petite nouvelle assez faible, et de deux actes d'un drame,

le Bâtard de la Baume, où je suis du moins sûr de
pas mal de vers bien frappés, qu'ai-je fait là-bas
autre chose que de méchantes courses en bateau,
des rigolades de commis voyageur, où je posais
sottement pour la galerie provinciale ? Revenu à
Paris, le 25 septembre, je me suis renfermé sévèrement dans la mansarde de la maison maternelle,
sans dire à personne, à personne que je fusse de
retour. Et je me suis efforcé de travailler, ou du
moins de méditer, relisant, sans trêve, Rabelais,
Pascal, et Régnier surtout, ce cochon admirable,
dont tout est bon. Mais j'avais beau faire, et piquer
des têtes en pleine littérature, la bête puante sur-
nageait toujours avec sa folie et ses désirs.

La place de la Préfecture de la Seine était arrivée
le 20 octobre. Là, j'ai usé six semaines à mener
une existence de bureau abêtissante, à faire des
bulletins et des cartes d'électeurs, venant le matin
à dix heures, et partant le soir à six heures...
quelque chose d'atroce !

Enfin, oui enfin, le 15 décembre j'ai été provisoirement remercié avec quelques auxiliaires, mais
laissant plus qu'eux derrière moi des jalousies et
des haines sournoises parmi tous ces scribes rata-
tinés.

15 décembre 1840. — Aujourd'hui ont eu lieu les funérailles françaises de Napoléon, dont M. Thiers a réussi à faire rapporter le cercueil de Sainte-Hélène aux Invalides. Je dis M. Thiers, car il me semble trop dangereux pour un roi bourgeois comme le nôtre de jongler ainsi avec une légende héroïque et vivante encore.

Voyez déjà : La France, plus pénétrée d'antiquité et de tragédie qu'on ne peut croire, ne s'obstine-t-elle pas à appeler cela le retour des cendres de l'empereur?

Et Paris tout entier, garde nationale comprise, par un froid de dix-huit degrés et dans six pouces de neige, ne cheminait-il pas dès six heures du matin, en pleine nuit, vers les Champs-Élysées et l'Arc-de-Triomphe?

Quant à moi, j'aurais volontiers affecté de rester avec mon père à me chauffer utilement les jambes pendant cette apothéose. Mais ma mère,... impossible de la retenir. Elle serait plutôt partie toute seule à pied. Son Napoléon!... Ah, grand Dieu!... J'ai donc vu la cérémonie avec elle.

Et en conscience... c'était prodigieusement curieux et empoignant.

20 décembre 1840. — Qu'est-ce que je suis? Rien.

Qu'est-ce que je sais? Presque rien. Mais comme j'ai lu déjà!... C'est énorme. Et quelle mémoire!

Qu'est-ce que je désire? Tout.

Mais pauvre, point beau, — donc misérablement timide. Quelle triste entrée de jeu!

Volontaire au besoin, et, tout à coup, comme par révolte, téméraire follement. Méchanceté et rancune, pas pour un sou.

10 janvier 1841. — Allons! j'éprouve encore un stupide serrement de cœur à me raconter la chose... Ah! novice et isolé comme j'étais, bien qu'élevé par un honnête homme et une brave mère, si je n'avais pas eu, avant cette maudite semaine de Noël, la chance que M. Félicien Mallefille vînt me tendre la main au bureau du journal, pour ce qu'il veut bien appeler mon talent dramatique, lui, l'auteur d'*Ango,* de *Glenarvon* et des *Sept Infants de Lara,* — si je n'avais pas à l'avance reçu de cette âme virile un relèvement dont je suis fier à cette heure, — qui peut savoir ce qui serait arrivé?

Certes, en surprenant à minuit le hussard avec ma coquine dans le lit d'auberge payé par moi, — la même fureur fauve m'aurait emporté et je l'aurais rossé, comme je l'ai rossé jusqu'à ce que les voisins accourus aux cris de la chienne pâmée me l'aient arraché saignant des griffes. Je suis plus fort que lui; j'avais bon droit, je n'ai donc pas eu grand mérite à lui rire au

nez quand, pour masquer sa sortie piteuse, il m'a crié
de la porte, en posant son bonnet de police de travers : « Vous aurez de mes nouvelles demain matin. »

Dans ce moment j'étais d'un courage fou, j'aurais
joué ma vie à pile ou face sans sourciller.

Mais, resté seul, j'ai commencé par passer deux
heures à marcher nerveusement entre les meubles ren-
versés, et à fumer sans trêve devant le feu, la fenêtre
ouverte, repassant vingt fois dans ma tête cette sotte
aventure et son dénouement. Et toujours plus nette à
mesure se détachait la « phrase » finale. Ce n'est donc
pas terminé? pensai-je. Il faudrait encore risquer ma
peau contre un tel drôle? Et pourquoi?

Cependant, ne voulant pas rester dans cette chambre
odieuse, je suis rentré chez mes parents à petit bruit.

Après cinq ou six heures d'un mauvais sommeil dont
chaque sursaut ramenait tout d'abord la fameuse
« phrase » à mon esprit, et où mes raisonnements à
l'encontre perdaient chaque fois du terrain, j'ai fini par
en être tellement obsédé que je me suis levé, m'habil-
lant avec soin, pour retourner dès huit heures place du
Palais-Royal.

J'arrive à l'hôtel.

Personne n'est venu. La chambre est faite. Je monte.
Je tâche de lire je ne sais quel livre, j'ai lu sans comprendre. Neuf heures sonnent au Palais... neuf heures
et demie, dix heures et demie... on frappe à la porte :
le cœur me bat... C'est un fournisseur quelconque.

Alors je m'indigne contre moi. Est-ce que je suis
malade de fatigue? Est-ce que j'ai la fièvre? Est-ce que
je serais lâche?

Mais c'est décidément mauvais d'être seul. La résistance au danger a besoin avant tout du danger même.

J'ouvre la fenêtre... Je regarde la place, il fait une belle gelée; les bassins du Château-d'Eau sont pris, et les passants emmitouflés se hâtent...

Tout à coup, j'entendis monter lourdement dans l'escalier avec un bruit de ferraille; je ne sais quoi m'avertit que c'était la crise; mon sang ne fit qu'un tour... mais il se replaça au bon endroit et j'avais eu le temps et la volonté rapide de me rasseoir quand je répondis : Entrez.

Au lieu de mon odieux bonhomme, c'étaient deux sous-officiers en tenue, qui venaient de sa part, et je les écoutai, comme en embuscade, résolu à gagner du large en les laissant parler. Les deux traîneurs de sabre entamèrent la chose d'assez haut, avec la préoccupation évidente de faire de l'esbrouffe militaire, de m'intimider et d'avoir bon marché d'un « tout jeune homme ».

Cette allure impertinente me sauva. C'était la lutte.

Les deux porte-parole avaient peu à peu baissé le ton et comme je continuais à me taire, leur rhétorique commençait à tirer d'une manière sensible.

Il y eut un silence.

— Vous avez fini, messieurs?

Et je leur répondis avec une politesse, une aisance et un sang-froid gouailleur, où je prenais par degré de nouvelles forces. De façon qu'au bout de cinq minutes l'affaire était devenue inarrangeable. Ils me demandèrent une entrevue avec mes témoins au café d'Orsay pour une heure, et nous nous saluâmes avec la plus parfaite courtoisie.

J'avais repris mes aplombs.

C'est à Mallefille que je pensai d'abord, et je courus chez lui. Je le trouvai en train de déjeuner avec le docteur M..., rédacteur scientifique du *National*.

— J'ai à vous parler, monsieur Mallefille.

— Vous êtes bien essoufflé. C'est donc très pressé?

— Très pressé.

— Suis-je de trop? dit le docteur.

— Non. Ne vous dérangez pas, je vous en prie. Je vous le demande.

Alors je leur ai tout raconté — tout, comme ici même à ce papier. Ils m'ont écouté sans un mot, le docteur avec bonté, Mallefille avec une attention profonde, en se mordillant la moustache. Par instants, son œil flambait. J'étais ému. Quand j'eus achevé :

— Tirez-vous l'épée? Non. Le pistolet? Non plus. Parbleu, à cet âge... N'importe, nous allons voir cela.

Et me serrant vivement la main :

— Vous êtes un mâle, m'a-t-il dit, et c'est un jean-foutre ; ne craignons rien. Le cœur haut, le bras ferme et en avant toujours !

Puis s'adressant au docteur :

— Eh bien ! vous voilà tout porté. Nous n'abandon-nerons point, sacredieu ! ce gentil garçon-là, n'est-il pas vrai?

Et nous sommes partis gaillardement tous trois.

Bref, on s'est battu le lendemain, près de la barrière de Grenelle, et j'ai été le blessé, ou plutôt je me suis enferré moi-même en glissant sur la neige durcie.

Mais l'autre grotesque, avec son air contraint et sa face en compote, a-t-il été plus crâne que moi sur le terrain? Je réponds que non; et les trois vainqueurs, en s'en allant, avaient l'oreille plus basse que nous autres.

Le fiacre m'a ramené place du Palais-Royal. Malle-fille, affectueux jusqu'au bout, est allé en secret préparer et prévenir ma mère, qui, avec mon père, est venue me reprendre le soir même, de l'air le plus simple et sans cris, presque en souriant.

Les braves cœurs! Les chers êtres! Le bon Dieu n'est pas tout entier au ciel!

16 janvier 1841. — Maintenant — de retour au pigeonnier et l'aile enfin guérie — je vais me mettre à la besogne utile.

Car excepté les terribles deux cents francs de la préfecture, je n'ai presque rien gagné durant ces trois mois, et rien fait du tout durant ce mois-ci, que quelques vers de mon drame.

Or avec un déficit à combler de plus de trois cents francs, une garde robe expirante, et pas un radis, ai-je le droit de dépenser quoi que ce soit pour n'importe quelle fantaisie personnelle? Ma mère nous fait encore la cuisine. Non. Je ne fumerai même point.

Travaillons. C'est un refuge!

Quel démon tyrannique opprime ma pensée?
Impuissance, regrets, désirs, rage insensée,
    Folie ardente, vide amer!
Je voudrais pleurer, battre, étouffer, briser, rire,
Je voudrais croire à tout, je voudrais tout maudire,
    Je voudrais... je voudrais aimer.

La date de ma conscription approche. J'aurai vingt ans avant la fin de 1842 et je tirerai au sort. On me conseille de commencer à m'assurer pour un remplaçant. Mais pourquoi? N'est-ce pas me retirer la chance possible d'un bon numéro? Jeter par avance un millier de francs dans cet égout? Il me faudrait donc imposer ce nouveau sacrifice à l'inépuisable abnégation de mes parents? Les forcer à mendier à ma marraine ou à quelque allié insolent un emprunt que la pauvreté ou la déveine ne permettraient peut-être à eux ni à moi de rembourser jamais?

J'aime cent fois mieux risquer d'être soldat. Si j'y suis contraint, eh bien! cela ne me déplaira nullement. C'est un rude métier, mais noble au fond et plein d'aventures.

Une carrière quelquefois...

Un fils unique pourtant serait méchant d'en parler le premier à sa mère; c'est vrai.

Puis le latin et le grec que je sais à peu près, me serviraient moins qu'un peu d'algèbre que je ne sais pas du tout... C'est vrai encore.

Car en définitive, que m'a-t-on appris au collège? Néant.

Me voilà propre avec mes prix au concours! Et sais-je le dessin? Non. La musique? Presque pas... ce que j'en ai vaguement retenu de ma mère par approche. C'est qu'en pension les arts d'agrément, ça se paie en sus... fût-ce pour faire semblant de les apprendre, l'escrime, l'équitation, la danse, la gymnastique, les bains froids, même? Et de la monnaie?

A l'engrecquoir! Au thème forcé! A l'épinette, mon bon pauvre!...

J'en suis là; allons d'abord vers le possible, vers le probable : littérature. C'est déjà commencé; répétitions, puis École normale, cela ne me dit guère. Théâtre enfin, puisque de tant de côtés on me pousse vers ce but.

Donc, si je réussis vite et bien... j'aurai beau tomber au sort, un succès à Paris, surtout au théâtre, rachète si facilement son homme, qu'il en resterait encore de l'aisance pour nous tous et l'avenir serait presque certain.

Si j'échoue,... au contraire, eh bien ! nous ne devrons du moins rien à personne.

Et l'armée sera toujours là.

20 janvier 1841. — L'horizon de ma vie, comme dirait M. Prudhomme, se colore d'étranges lueurs.

Je m'étais remis au travail, et mon drame avançait depuis quatre jours, quand une pièce, *Lord Surrey*, jouée au théâtre de la Gaîté par son auteur, M. Fillion, artiste inconnu, m'a donné l'idée de jouer aussi dans mon drame. Mais pour cela, quelques succès de lecture dans les salons ne sont pas une préparation suffisante, je le comprends bien, et il faudrait certaines études pratiques, au moins pendant plusieurs mois. J'ai donc parlé de la chose à la maison, d'une façon incidente, car je comptais sur beaucoup d'objections probables.

Mais voilà que mon père consent, et ma mère, ma mère ! y consent aussi. Encore quelques jours et j'entreprends de sérieuses études de déclamation. Encore quelques mois et je m'avancerais sur le sapin d'un théâtre ! J'aurais là devant moi des milliers de regards qui s'attacheraient à chacun de mes mouvements, des milliers de cœurs que mon jeu ferait battre, des milliers de têtes que ma parole ferait penser !

Oh ! tant mieux, c'est une vie pleine que celle-là : Auteur ! acteur ! les deux même ! Le théâtre enfin ! et j'ai un pressentiment qui me crie d'aller en avant dans cette route, si périlleuse qu'elle soit...

21 janvier 1841. — Cela marche; c'était encore un projet hier, aujourd'hui c'est chose entamée.

Il faut tout prévoir pourtant, et de peur d'anicroche je n'en parlerai à personne de mes amis, qu'à Anatole Nancy dans quelque temps.

« *A Monsieur Menjaud,*
sociétaire de la Comédie-Française.

« 22 janvier 1841.

« Monsieur,

« Je ne sais si vous vous souviendrez aujourd'hui d'un de vos anciens voisins de la place du Château-d'Eau (Palais-Royal), alors âgé de huit ans environ, et compagnon de jeux de votre fils Horace. En tout cas, dix années se sont écoulées depuis cette époque et ont fait de l'enfant d'alors un garçon de dix-huit ans, épris d'une passion infinie pour le théâtre. Bref il s'agit d'un artiste en herbe, qui pour son entrée dans la carrière dramatique a jugé indispensable le patronage de quelque artiste de talent et de bonne foi, et qui pensant cela s'est mis immédiatement à vous écrire. Du reste, monsieur, ne croyez pas que ce soit là l'effet de quelque belle équipée de jeune homme; je m'adresse à vous d'après le consentement de mes parents.

« Veuillez donc, monsieur, si ma requête ne vous semble pas importune, m'écrire quel jour je pourrai vous trouver à votre domicile et présenter mes respects à Mme Menjaud et mes amitiés à votre fils.

« Agréez, etc...

« Edmond Got.
« *Boulevard du Temple, 10.* »

24 janvier 1841. — M. Menjaud est, fort aimablement, en propre personne, venu chez nous hier. Il m'a parlé comme je m'y attendais : « l'our me répondre utilement, il a, dit-il, besoin de me mieux connaître. »

Je compte donc aller lui déclamer quelque chose un de ces matins, car j'ai trouvé sot de lui réciter des vers de moi, et d'autre part, je n'avais rien de convenablement préparé dans le répertoire de la Comédie-Française. Mais d'ici à deux ou trois jours, en repassant bien, j'espère pouvoir me tirer d'une scène quelconque du *Misanthrope,* avec quelque chose de Don César de *Ruy Blas*, ou de *Nemours*, de Casimir Delavigne. Il en arrivera ce qui pourra.

En tout cas, avec le temps, que diable ! et quand je devrais m'user la tête jusqu'au cou, ne serait-ce que par orgueil, il faut au moins avoir l'opiniâtreté de ses résolutions.

A demain donc, un coup de collier effroyable.

Je veux, je veux.

En y repensant, j'ai surpris une telle grimace sur la figure de M. Menjaud, quand j'ai parlé de Don César, de *Ruy Blas*, que je crois plus sage d'y renoncer provisoirement.

Le Victor Hugo est toujours trop discuté et pas encore mûr pour l'admiration publique, surtout au théâtre.

D'ailleurs, le répertoire accepté, le vieux répertoire surtout, est plus que suffisant.

30 janvier 1841. — Dès dix heures et demie j'étais chez les Menjaud, à vrai dire avec émotion, et prépa-

rant en toute humilité mes illusions à quelque coup de
massue. Mais j'ai surmonté mon tremblement, et après
le *Nemours* de *Louis XI*, où ils m'avaient tout d'abord
trouvé de la chaleur, une diction juste et surtout une
bonne voix, j'ai dit la scène des marquis du *Misanthrope*, les deux rôles. Alors c'est de disposition évidente qu'ils ont parlé, de souplesse, de verve, de
facies comica... Rien que cela! A leur avis, ma réception
au Conservatoire est indubitable et d'ici un an je pourrai débuter.

Et il fallait voir comme ensuite ils maquignonnaient
ma carcasse! — Vos yeux? Beaux, disait Menjaud. Sour-
cils bien arqués, physionomie mobile. Votre taille?
Robuste. — Un peu court jointé, disait madame, plutôt
des qualités de premier rôle que d'amoureux. — Pourquoi pas de comique? ajoutait Menjaud. — Oui, à son
âge, il ne grandira plus... Vos dents? Superbes... On ne
craint pas d'articuler avec cela. Ses dents et ses yeux
éclairent sa figure. — Le nez? — Le nez! — Bah!
Granger en avait bien un autre! et il jouait Alceste.

Bref, je suis tout rassuré par l'accueil de ces excellentes gens, et puis cela fera plaisir à mes parents.
Mais il s'agit de piocher maintenant avec une énergie
double.

6 février 1841. — Six jours que je passe misérablement! La gelée m'exile dans l'appartement de mes
parents, où je ne puis m'occuper qu'à lire, à réfléchir,
ou à rimailler en dedans, quand les allants et venants ·
veulent bien me le permettre.

Et puis j'ai appris et cuvé Sosie. C'est aimable comme
du La Fontaine, mais plus rythmique encore et plus

grouillant. Avoir fait cela et le quatrième acte du *Misanthrope*. Surprenant!

6 février 1841 (minuit). — J'avais lu ces jours-ci quelques volumes de *Mémoires*, et naturellement je les avais choisis de théâtre, sur Molière, Baron, Préville et Dazincourt. Les biographes rapsodistes sont en général si outrés dans leurs admirations, si traditionnels, qu'on ne lit pas en les lisant la vie de tel ou tel homme.

On aimerait à y trouver des dégoûts, des combats, des triomphes, des lâchetés et des aventures. Mais non; les comédiens y sont aussi canoniques que les prélats en pleine oraison funèbre.

Hé! braves gens, souvenez-vous donc de tout ce qu'a avoué dans le dernier siècle le plus sensible et le plus sublimement orgueilleux qui ait jamais été! Jean-Jacques.

Eh bien! et Montaigne donc! l'exquis, le savoureux Montaigne.

L'homme, voyez-vous, est d'autant plus beau qu'il ment davantage — et d'autant plus intéressant qu'il confesse la vérité.

Aussi des mémoires ne sont-ils possibles qu'écrits par le sujet lui-même.

7 février 1841. — Je me suis mis à travailler de plus belle. Mais, chose étrange! c'est la déclamation (quel drôle de mot, et comme je trouve qu'il dit peu la chose), c'est l'action au théâtre qui m'attire maintenant plus que le plaisir naguère si vif de la composition littéraire.

J'avance pourtant dans mon drame et le quatrième
acte est commencé. Seulement, l'autre jour, en m'effor-
çant de dire de mon mieux les scènes de Molière et de
Casimir Delavigne devant les Menjaud, j'ai éprouvé
une impression de lutte immédiate et personnelle qui
m'a remué plus profondément que l'avaient fait jusqu'ici
le travail et les lectures de mes vers. Et je ne sais quoi
me dit que c'est surtout là que je vais par tempérament.

Après cela, l'un n'empêche pas l'autre : au contraire, je l'espère bien.

Je connaissais assez peu Regnard, uniquement par
quelques extraits des cours classiques de littérature.
M. Menjaud m'a conseillé d'apprendre le Crispin des
Folies amoureuses.

Eh bien ! pour moi ces folies-là restent un peu au-
dessous de leur réputation. C'est un brillant pastiche
de la comédie italienne et d'une allure franchement
théâtrale, voilà tout. J'aime mieux une petite pièce,
généralement inconnue, je crois, *la Sérénade*, par où
débutent les œuvres de Regnard. Il y a là dedans un
Champagne qui serait bien plus amusant à jouer, selon
mon humble avis.

Les triomphes de la scène, quoique sans lendemain
pour l'acteur, c'est vrai, et à fleur de peau, mais ins-
tantanés, personnels, argent comptant, me séduisent
avant tout et me séduisent à un tel point que j'en suis
à affirmer que, riche, je renoncerais avec peine aux
coulisses.

Car ce n'est pas l'argent qui m'y attire; c'est le
théâtre d'abord, pour le théâtre lui-même. Puis ses

émotions, sa vie libre, aventureuse peut-être, au milieu des littérateurs, des artistes, et des femmes. Eh bien ! Oui. Quoi ? Je suis jeune ! Mes besoins physiques et moraux sont les besoins de la jeunesse, et en tout cas, ceux de la génération actuelle.

Le train du monde d'à présent ne la pousse-t-il point fatalement vers l'indépendance, quand même, et vers les jouissances rapides ? Or pour quelle besogne utile l'a préparée l'éducation illogique du collège ? Médecin, avocat ou pion, voilà pour les rares intelligents. Soldat, commerçant ou industriel, voilà pour les actifs et les volontaires. La paresse, l'impuissance et le vice, voilà pour la grande masse des cancres.

Soyez donc pauvre, par là-dessus !

Donc, l'art, l'art seul est une tangente, et pour moi, le théâtre. Cela s'accommode à mon orgueil, à ma vanité, soit ! Je veux vivre.

Il est cependant bien des jours où je dirais, sans balancer, tout le contraire.

L'énergie va et vient.

20 février 1841. — On donnait ce soir, aux Français, *Polyeucte* et *Georges Dandin*. Ma mère y est allée avec moi pour notre samedi gras.

Dans *Polyeucte*, Beauvallet a eu du succès. Sa voix sauvage et un peu âpre y produit de l'effet. Mais a-t-il dit les stances avec une inspiration assez haute ? Et tout le rôle même ne dépasse-t-il pas le niveau de ce qu'il semble pouvoir faire?

Il a beau s'être costumé en Christ...

C'est que cette tragédie, ce mystère plutôt, est un des grands efforts réussis du grand Corneille. On parle de la profondeur sombre de l'*Hamlet* de Shakespeare. Soit. Que dira-t-on donc de la religiosité sublime de *Polyeucte?* Et la noblesse simple de Sévère ? Et les capitulations de conscience si humaines de Félix ! Et l'ineffable probité de cette Pauline combattant l'amour par le devoir, et triomphant dans la foi !

Tout cela est d'une élévation prodigieuse.

Mlle Rachel y est fort'belle ; son organe, sa taille, ses attaches fines, ses gestes sobres font qu'en conscience elle ne doit pas avoir grand'peine à composer le personnage. Mais qu'elle phrase bien les vers ! Et que son premier et son cinquième acte sont magnifiques !

— Quant à *Georges Dandin*, c'est vraiment une curieuse mise en œuvre de trois nouvelles de Boccace, que Molière a passées à son ordre avec l'art et la vérité merveilleuse de son génie théâtral. Seulement la gentilhommerie a trop perdu de son prestige pour que le talent même de M. Provost puisse faire accepter tout droit au public démocrate d'aujourd'hui les piteuses déconvenues du mari, et surtout son agenouillement final, la chandelle à la main.

M. Régnier est charmant dans Lubin.

Restent les choses dont on rit le plus, généralement et toujours, les lanternes en papier, les ombrelles au bout d'un bâton, les coups de canne, les coups de pied au c.. dont Molière régale volontiers les gros appétits de la foule.

Ce qui pour les délicats est admirable, c'est la forme et l'inexorable bon sens et les caractères.

22 février 1841. — Quel jocrisse vaniteux je suis ! et que j'ai peu le respect de mes résolutions ! C'est pitié. Je m'étais si bien juré de travailler, de combattre, de me combattre au besoin ! Mais, jour par jour davantage, l'obscur ferment a bouillonné plus dru dans mes artères, ma volonté est devenue distraite, ma chair s'est souvenue. Ou du moins, que sais-je ! Une soif m'a envahi, de changement, de lumière.

Tout alors sert de prétexte.

Avant-hier déjà quand ma mère m'avait dit : « C'est trop s'isoler, mon fils, il faut nous distraire, allons au spectacle », avais-je assez pris la balle au bond !

Et lorsque hier je suis allé chercher au *National* la réponse pour mon feuilleton, et qu'après des compliments on m'a offert une loge pour le bal de la Renaissance, au lieu de refuser, comme m'y poussait la raison, ne me suis-je pas dit hypocritement : acceptons cette loge, quitte à la donner ou à la perdre. Dans tous les cas, cela ne me coûtera rien. Eh ! doncques !

Ce qui ne m'empêche pas de m'y être embêté ferme, comme cela arrive presque toujours d'ailleurs quand on n'est point gris ou qu'on ne danse pas... Comment danser sans costume ? J'y ai pourtant traîné, jusqu'à cinq heures du matin, mon remords et ma bête dans le foyer, dans les couloirs, parmi la foule suante des dominos et des entrepreneurs de fausse joie, poursuivi jusque dans ma loge par quelque fille errante, en quête d'un souper et d'une voiture... Ci, vingt francs environ pour ma part au pique-nique.

C'est bien fait, imbécile !

Et dans ma chambre, seul à cette heure, halluciné de sommeil et de bruit, — à travers les harmonies vagues, les carillons lointains, les éclats de trompettes romaines, dans la buée rougeâtre du bal, mille formes gracieuses ou grotesques, rouges, vertes, blanches, du charbon, du fard, de la poudre, des femmes bien débraillées, des hommes bien braillards et saouls, tout cela se confond dans ma tête, autour, partout; cela bourdonne, saute, bondit, valse, galope, poudroie...

Mais avant de me coucher, je tiens à faire justice. J'ai été lâche de toutes façons, et dupe par-dessus. Malhonnête vis-à-vis de mes créanciers et de mon devoir... Dors à présent, si tu peux.

25 février 1841 *(minuit)*. — C'est bien le compte : trois jours perdus. Lundi, à me secouer les oreilles ; mardi, à voir passer les masques sur notre boulevard. Aujourd'hui seulement, je commence à me désengluer l'âme, cette mouche si facilement empêtrée dans le miel. J'ai donc retravaillé.

Je suis allé voir *la Grâce de Dieu,* cette nouvelle Fanchon la Vielleuse, à ce qu'on dit. Mlle Clarisse y est aimable, et Neuville amusant.

La pièce même est intéressante. La scène du père, au troisième acte, belle vraiment.

Mélodrame forme patagueule, petit théâtre... soit ! C'est du théâtre.

Or, quand c'est de théâtre et de public qu'il s'agit, l'idée n'a pas besoin d'être neuve, ni la forme élégante.

Qu'il y ait toujours des intérêts opposés en scène, c'est-à-dire des situations, et les plus fortes possible, saignantes quelquefois, si tout se tient et se déduit en crescendo logique à peu près, l'affaire est dans le sac.

2 mars 1841. — Hier soir on jouait le *Tartuffe* au Théâtre-Français, avec Mlle Mars, et j'ai fait queue pour avoir une place au parterre.

Quelle artiste ! Quels yeux ! Quelle voix ! C'est la sincérité et le charme même, malgré ses soixante ans. Certes, la pièce était bien jouée par MM. Provost, Périer, Mmes Desmousseaux, Anaïs et Varlet. Mais la note sereine et élégante de l'Elmire semblait les faire détonner : c'étaient des comédiens. Elle, c'est la vie.

Admirable, et inoubliable, je le sens.

Décidément, je m'emballe de plus en plus pour la scène, ce mystère, ces coulisses, ces émotions poignantes, l'intimité des chefs-d'œuvre, les succès, les luttes de chaque soir devant la foule, et, que sais-je? — car l'homme regimbe toujours en secret — l'existence familière à côté des femmes, les seins agités de Mlle Plessy... et, au besoin, les beaux costumes.

Aussi, ce matin, dès neuf heures, reprenant mon essor à travers la pluie, j'ai repassé au Conservatoire. Autre scie !... Pour être admis à concourir, il m'a fallu subir un examen préalable chez M. Michelot, et je suis inscrit.

Maintenant que le sort en est jeté... au petit bonheur !

Pour plus de prudence pourtant, je suis retourné chez les Menjaud, après leur déjeuner, afin d'essayer le Crispin, des *Folies,* sans conviction, c'est vrai, et misérablement.

— Permettez, mon cher monsieur, m'a dit Mme Menjaud, vous pensez à ceux qui vous écoutent ; cela vous empêche de penser à votre personnage, et puis, vous mettez du raisonnement dans une chose de pure fantaisie : c'est manquer ou outrepasser le but. Et puis

encore, vous allez trop vite. Respirez, respirez donc !...
Est-ce que vous avez peur ? Bah ! avec nous ! Vous
n'aviez pas peur la première fois, mais vous vous
dites : c'est du Regnard, une jolie scène, une scène
connue, et des vers !... Il faut faire sentir toutes les
nuances, les marquer de l'inflexion et du geste ; enfin,
il faut jouer cela bien, et vous récitez mal. Du
naturel, mon cher monsieur, de la souplesse ! Entrez
en scène convaincu que vous êtes un oseur, un fan-
toche, Crispin en un mot, et non plus monsieur
Edmond Got. Tout est là ! Au Conservatoire on ne vous
dira cela que très tard, peut-être pas : arrivez avec la
conscience de votre masque... Et vous m'en direz des
nouvelles !... Voyez-vous, ce que je vous dis là, je ne
l'invente pas ; il y a plus de vingt ans que mon premier maître me le disait. Et ce maître-là était Fleury.

3 mars 1841. — Parbleu, si c'est vrai !...

J'aurais bien répondu à Mme Menjaud que je me
trouvais plus mauvais encore qu'elle ne me l'avait dit
dans ce Crispin ; et que sans avoir précisément peur
je me sentais gêné devant elle pour le genre folâtre —
surtout quand il me semble de convention comme
celui-là.

Mais j'ai cru plus sensé d'empocher l'algarade, —
en profitant de la leçon. D'ailleurs Molière et Hugo
sont beaucoup plus mes hommes. Et pour commencer
je pioche Sganarelle du *Festin de Pierre* — faute, hélas !
de me croire apte à Don Juan.

Voyons, comment s'y prendre ?
Voilà ce que je pense : la première, la grande

affaire, c'est de s'imprégner le mieux possible de l'idée de l'auteur et de sa forme, et de son style, et d'apprendre presque, sinon tout à fait, les mots, à force de réfléchir sur les caractères et les situations.

Ensuite,.je dois tâcher d'assortir au Sganarelle que je crois comprendre, ma tenue, ma physionomie, mes gestes, mes paroles surtout, afin de le glisser vivant dans ma peau.

Prenons donc ici pour type un bonhomme de quarante à cinquante ans, simple et fin, d'un grand bon sens naturel, mais ignorant, donc superstitieux ; tranquille, donc toujours ahuri de l'agitation incessante où tourbillonne don Juan, dont il est l'antithèse.

Puis, si en regardant autour de moi je peux trouver, sinon une personnalité analogue, du moins certaines analogies, c'est à moi d'imiter, d'amalgamer, de composer enfin mon « personnage ».

J'ai bien saisi, n'est-ce pas, madame Menjaud ?
Je faisais la bête, voyez-vous. L'artiste enseignant le poète, c'est Gros-Jean qui en remontre à son curé.
Pas mal, pourtant, pour une dame !

« *A Monsieur Anatole Nancy, à Lyon.*

« 5 mars 1841.

« MON CHER AMI,

« Tu me demandes des nouvelles d'Arthur ? Il m'est arrivé l'autre jour avec lui une histoire assez bouffonne.

« C'était au commencement du mois. Nous étions
allés toucher à la caisse du *National* le produit d'un
récent feuilleton. Or, en remboursant sur ma part les
cent francs qu'on m'avait avancés à la fin de décembre,
je ne devais recevoir que vingt-deux francs nets. Quelle
n'a pas été ma surprise, et ma stupéfaction, en apprenant que M. Jules Bastide avait donné ordre de compter
l'avance de décembre à titre de gratification personnelle
et que j'allais être payé intégralement des cent vingt-
deux francs ! Comme de juste, Arthur a vu tout de
suite dans ce chiffre un appoint imputable à quelque
régalade, et je l'ai invité séance tenante à dîner, ainsi
que le caissier.

« Le dîner fait, nous sommes allés prendre au Divan
le café et le pousse-café, la rincette et la surrincette.
Les heures passaient dans une animation croissante,
et quand il a été question de se séparer, j'ai cru devoir
me rendre à l'insistance de mes deux convives, et me
laisser faire la conduite.

« Chemin faisant, et nous échauffant à parler, souvent tous à la fois, politique, beaux-arts, littérature,
femmes... — ah ! ça devait être du propre ! — il nous a
paru drôle d'entrer nous « rafraîchir » dans tous ceux
des cafés du boulevard à main gauche qui étaient
encore ouverts. Et je nous vois encore arrêtés à discuter bien après minuit, au bout du boulevard Saint-
Martin, devant le Château-d'Eau.

« Là, il y a dans ma mémoire une éclipse totale.

« Quand je me retrouve, je suis dans mon lit, ma
mère me réveille en me disant : « Malheureux enfant !

« Tu es donc malade ? »

« Il fait soleil, ma chandelle brûle encore, et il m'est
impossible de me rappeler comment j'ai pu rentrer

chez moi, sans prendre ma clef chez le portier...

« Bref! Je m'étais abominablement saoulé sans m'en apercevoir, qu'à ce moment, à ma bouche pâteuse et à mon mal de cheveux.

« On ne m'y reprendra plus; c'est trop désagréable. Jusque-là, ça va bien, n'est-ce pas? Je me suis à moi-même mon esclave spartiate. C'est de la sale morale en action, voilà tout.

« Mais ici commence le côté baroque de l'aventure.

« Ma mère a mis un peu d'ordre dans ma chambre, m'a fait prendre une tasse de thé, et je me suis rendormi, pendant quelques heures sans doute.

« On frappe à la porte.

« C'est le caissier et le rédacteur aux faits divers, « l'homme aux ciseaux », comme on l'appelle à la boutique. Ils ont une mine gourmée, et viennent me demander raison de la part d'Arthur.

« D'Arthur?

« Oui, après ce qui s'est passé hier soir... dit le caissier en retenant mal un sourire. — Veuillez aider mes souvenirs, messieurs. J'avoue qu'ils ne sont pas très présents. » (J'étais toujours couché.)

« Alors ils me racontent qu'à la suite d'une discussion littéraire à propos du *Médecin du Pecq* de Gozlan, je me suis laissé entraîner à une violence regrettable, et que j'ai frappé Arthur au visage... Stupéfaction de ma part.

« Puisqu'il en est ainsi, leur dis-je, je suis aux ordres de M. Arthur Pichon. Seulement je dois vous avouer entre nous que le sujet de la querelle m'échappe un peu, car je n'ai jamais lu *le Médecin du Pecq*.

« Ces deux messieurs se sont regardés, et le caissier a repris :

« Eh bien ! je crois qu'on peut arranger l'affaire, M. Pichon vient de nous le dire, il ne l'a jamais lu non plus.

« Et de rire tous à gorge déployée.

« Je te fais grâce du reste. Tu connais Arthur. Si le caissier n'avait pas assisté à la gifle, notre philosophe aurait eu si peu soif de mon sang !

« Le lendemain, nous redînions tous les quatre ensemble.

« Adieu, cher ami, donne-moi bientôt de tes nouvelles...

« Edmond Got. »

7 mars 1841. — Cinq jours que je passe à apprendre Sganarelle du *Festin de Pierre.* Mais pourquoi diable les comédiens s'obstinent-ils à jouer la pièce versifiée par Thomas Corneille, au lieu de la prose nerveuse et géniale de Molière?... Moi, je proteste : j'apprendrai les vers plus tard, s'il le faut. Seulement, y a-t-il prudence à protester en passant un examen ? Et puis, pourrai-je assez profondément creuser une scène, celle du premier ou du troisième acte, par exemple, d'ici au 15 ? Car je n'ai plus que huit jours devant moi.

Quand on attend quelque chose d'important, on est si... je dirai presque désespéré du nombre de choses qui restent à faire, qu'on s'en trouve comme désœuvré.

Mars 1841. — Les ridicules de l'homme et de la femme, au vrai fond, ne sont-ils point pareils ? Les vices égaux? Les imperfections semblables? Les prosaïsmes, les sous-entendus, les besoins, les puanteurs, les mêmes ?

L'un et l'autre ne sont-ils pas, surtout et d'abord, comme tous les êtres, de grotesques tubes digestifs, où la nature ne renouvelle la vie qu'en s'y donnant elle-même en pâture décomposable, sous ses mille et mille formes ?

Et l'invitation à dîner ne reste-t-elle pas un des suprêmes ressorts sociaux entre les mieux civilisés ?

Précieux psychologues des deux sexes, creusez donc ces matières sans crever de rire.

Oui, messieurs, tout, jusqu'à la galanterie, déguisement volontaire, jusqu'à l'amour, étourdissement passager ; oui, mesdames, jusqu'à la parure, jusqu'au maquillage, jusqu'à la pudeur, mensonges.

Quant à la pensée ! Soumise aux appétits de la brute, ne vient-elle donc d'autre part que des sens ? Oui ; matérialiste damné, tu as beau dire, la pensée n'est pas toujours si bestiale que tu la fais. Elle peut du moins s'épurer, s'élever, à la foi, par exemple, au dévouement et à l'enthousiasme surhumain, divin donc, par moments.

Ainsi, poésie voulue, rêverie, pudeur, platonisme... comme voiles, soie, parfums, bijoux, fleurs au chapeau, sont la protestation de cet instinct étrange et supérieur de l'humanité : l'idéal.

14 mars 1841. — Hier, représentation de retraite de Mme Menjaud, retirée de fait pour raisons de santé depuis plusieurs années. Aussi n'y a-t-elle point paru. C'est *Andromaque* (Mlle Rachel : Hermione) pour l'argent, et *l'Étourdi* (M. Monrose : Mascarille) pour la curiosité, qui étaient les principaux éléments. La soirée a été belle, autant que j'ai pu en juger du haut de l'amphithéâtre, à quoi je suis réduit.

Beaucoup de talent, chez beaucoup... et je vais essayer d'entrer au Conservatoire. J'ai donc peur, mais ne me sens pourtant point découragé.

Après la représentation, j'ai fait route en causant, jusqu'au boulevard, avec mes deux voisins d'amphithéâtre, deux jeunes gens que j'ai souvent rencontrés dans la famille Menjaud.

L'un est un petit musicien, élève au Conservatoire pour le piano et pour l'harmonie, qui donne par-ci par-là des leçons à Horace. Propret, gentillet, gamin, et juif par-dessus le marché, dans la maison on le traite un peu par-dessous jambe. Moi je le trouve fin, organisé, débrouillard, et fait pour l'avenir. Il s'appelle Victor Massé.

L'autre s'appelle Duruisseau. C'est un brave garçon enragé de théâtre, travaillant beaucoup les jeunes premiers tragiques, mais avec un organe voilé, un triste physique et des aptitudes ternes, à mon avis. A celui-là pourtant on se plaît à reconnaître de réelles dispositions, et... la flamme secrète.

Je note ici ces deux noms, pour voir plus tard...

En attendant, nous avons tous trois ce soir parlé théâtre et surtout Menjaud, pour n'en dire que du bien, cela va sans dire. Duruisseau nous racontait la timidité maladive de M. Menjaud, qui, un jour de reprise de *Turcaret*, avait songé à se faire passer une roue de voiture sur le pied pour ne pas aller jouer « le Marquis », — et qui, voilà cinq ans, s'était sauvé jusqu'à Rome pour fuir ses terreurs de chaque soir.

— Rare supplice alors d'être acteur, répliquait Massé, je comprends qu'il songe à se retirer.

— Heureusement que Mme Menjaud est là ; une

vaillante qui ne l'a jamais laissé faire, etc., etc...

Je leur ai pour ma part raconté la petite anecdote suivante qui les a fort amusés. « Aux Français, une fois, au *Verre d'eau,* j'avais devant moi, à la seconde galerie, deux femmes que je ne connaissais point, et qui ne se connaissaient pas non plus. Après le troisième acte, l'une dit à l'autre : Quelle belle pièce ! — Oui, Mlle Plessy est joliment jolie, et celui qui fait le Ministre est joliment bon ! — Oui, Bolingbroke... Vous trouvez, n'est-ce pas ? — Oh ! oui. Comme il envoie bien tout cela ! — Oui. Eh bien ! Savez-vous ce qu'il a mangé à dîner ?... Du veau aux petits pois... C'est moi qui suis sa cuisinière ! »

18 mars 1841. — Il y a deux jours à l'heure qu'il est, que j'ai passé mon examen de réception au Conservatoire. Et malgré l'avis et l'exemple de mes jeunes compagnons de taf, sans avoir pris la moindre goutte de café, de vin ou de spiritueux, avec le sens le plus rassis en un mot, j'ai attendu mon tour et, mon tour venu, j'ai traversé tranquillement la petite salle, franchi posément les cinq degrés qui conduisent à ce théâtre rudimentaire, et là, en présence des sept ou huit juges, MM. Scribe, Édouard Monnais, Mlle Mars, Samson, Michelot, Provost, Beauvallet et un ou deux encore présidés par M. Cherubini, ayant tous bien droit de me rire au nez et de m'exclure impitoyablement, j'ai dit l'*Acaste* du troisième acte du *Misanthrope,* avec le cœur serré, oui, mais voulant bien ce que je faisais, et sûr à force de travail de ce que je voulais faire.

Aussi en sortant, avais-je conscience d'être reçu, et

l'arrivée de mon billet d'admission, ce matin, ne m'a que modérément réjoui.

Hier, mercredi, j'étais allé dans les coulisses de l'Opéra, voir le profil des *Huguenots,* que j'aime beaucoup mieux de face. C'est un drame lyrique si bien fait, et de la musique si théâtrale ! M. Duprez m'a tout de même produit une vive impression, à partir du troisième acte. En voilà un jeune premier, comique et grotesque même ! Mais quel chanteur et surtout quelle puissance !

Et puis, j'éprouvais la secrète joie d'un novice poussé tout à coup en plein sanctuaire, et il y avait de jolies filles... Ne faisons pas le dégoûté !

28 mars 1841. — Depuis lundi 22, je vais au Conservatoire tous les matins de dix heures à midi, pour écouter les leçons des professeurs qui ne sont pas les miens. Celui qu'on m'a désigné pour la première période, M. Beauvallet, est malade, et, jusqu'à nouvel ordre les aspirants reçus ne répéteront rien ; ce qui est fort sot.

Reste à profiter momentanément de l'enseignement des trois autres, qui sont habiles et expérimentés, MM. Samson et Provost surtout. M. Samson m'a l'air d'un homme spirituel et fin, qualités qu'il porte d'ailleurs à la scène ; M. Provost, moins brillant, décompose à merveille une scène tragique, ou comique. Leur plus grand défaut, à tous les deux, quoiqu'ils s'évertuent à dire le contraire, est de laisser peu à l'initiative des élèves, et de les pousser quand même à leur ressembler ; les élèves n'y ont déjà que trop de pente, par impuissance ou par paresse.

Quant à M. Michelot, c'est tout bonnement un ancien
acteur du Théâtre-Français, un homme gras, légèrement sourd, avec un bon masque et de beaux yeux,
d'un esprit un peu systématique, à ce qu'il me semble.

Il y a encore d'autres cours accessoires : deux heures
par semaine, d'escrime par M. Grisier et son prévot;
de danse et de maintien par M. Deshayes, de l'Opéra.
Presque aucun élève n'y va. C'est au point que moi,
qui n'entends pas perdre une goutte des toniques variés
que nous verse gratis le budget de l'État, je n'ai pas
trouvé les maîtres le premier jour, et qu'ils sont
arrivés tout surpris la seconde fois, mais charmés de
servir enfin à quelque chose.

Ils m'ont rappelé le père Guigniaut, dans sa chaire
du collège de France, disant piteusement à l'un de ses
deux auditeurs qui s'efforçait de sortir « à l'anglaise » : « Monsieur, restez, je vous en prie, pour
que je puisse dire messieurs... »

« *A Monsieur Anatole Nancy, à Lyon.*

« 3 avril 1841.

« Je commence par vouloir une lettre dans huit jours
au plus tard, et autrement longue...

« Quant à ta dite lettre : ah! tu le prends sur ce ton?
Serviteur. Ainsi, à ton compte, je suis un Amadis, un
Céladon... Eh! mon ami,

> D'un censeur de plaisirs, ai-je fort l'encolure?
> Et Mascarille est-il ennemi de nature?

« Non, cent fois non. Mais pour en revenir à mon
thème de platonisme, — c'est ton mot, — crois-tu

donc, parce que les espèces sont fatalement et sans
trêve poussées à cela; parce que la nature n'a que trois
lois évidentes, la peur, l'appétit et la reproduction,
qu'il nous faille faire à la bonne franquette sous le
ciel, comme les chiens, les oies ou les crapauds?

« Ah! si tout se bornait sur cette terre à de telles
immondices, voilà qui prouverait assez qu'il n'y a de
Dieu qu'un Dieu inconscient ou indifférent pour
l'homme, et seulement soucieux de son incommensu-
rable amour-propre d'auteur. Mais, Dieu merci, nous
avons reçu le don, en même temps que le besoin, de
couvrir de vêtements notre nudité, et semblablement
de parer notre pensée avec la rêverie de l'idéal. Qu'on
se dépouille et qu'on soit brute à certaines heures, il le
faut bien. Que la parure et la pudeur ne soient que des
hypocrisies sociales, je l'accorde encore. Mais si l'être
humain en est haussé d'un cran, si la folie l'élève et le
console... Chapeau bas! Épicure! C'est Platon qui est roi.

« Oui; penses-y bien... Les jouissances matérielles
énervent, font perdre tête et forces à petit bruit, et
leur souvenir même abêtit et ravale.

« Le platonisme, au contraire, irrite, exalte. La chas-
teté déborde dans le cerveau et dans le cœur. Il y a
une âcre volupté à résister aux sens. Et saoul pour
saoul, ma foi! j'aime mieux me griser de hachisch et
d'hallucinations que de petit bleu ou d'huile de rose.

« Relis à ce sujet l'admirable page sur Claude et
Jehan Frollo : c'est peut-être le cœur du livre.

« Il ne s'ensuit pas qu'il faille devenir pape, pape
chaste, je dis, ou, comme Origène, se mutiler dans sa
chair. Non! mais si l'on s'abandonne, ah! du moins,
mon ami, il ne faut pas s'en souiller l'âme, et profaner
son amour, quand on aime, car il n'est pas donné à

tous d'aimer. Vous avez un corps. Pour Dieu! si vous l'avez laissé faire, vous, de sang-froid, n'y pensez plus, ou n'en parlez pas... que pour le railler à l'occasion, comme l'ont fait Rabelais et Voltaire. Ce n'est point pruderie, crois-moi. Le platonisme est peut-être une chose ridicule; le cynisme caressé est sûrement une sale chose...

« Je dois te paraître tout drôle, je m'en doute, mais j'en suis arrivé presque à trouver au plaisir physique un avant-goût de douleur morale. C'est peut-être absurde, et l'éducation par une femme en est cause sans doute, je vois la sainte Vierge dans toutes les mères... et la mère dans toutes les femmes.

« Erreur, soit! Et qui m'a déjà coûté cher. Tant pis! ou tant mieux plutôt. Si j'en guéris, ce sera toujours trop vite.

« Maintenant, puisque tu tiens à savoir comment je travaille de mon métier, tous les matins, Montlaur en herbe, je vais au Conservatoire, dans le tohu-bohu des chants, des cris, des cordes et des cuivres. Nous sommes là pendant la leçon de déclamation quarante jeunes élèves, vingt mâles et autant de femelles; femelles pas bien cossues, mais assez jolies, quoiqu'il y ait d'épouvantables exceptions. Les mâles ont plus de fashion, mais me semblent de tristes sires, la plupart. Moi, je pioche toujours beaucoup.

« Ed. Got. »

Un mot admirable de Mme de Lambert : « Ma fille, sachez conserver votre pudeur, même dans les instants destinés à la perdre. »

10 avril 1841. — Pendant toute la semaine sainte, j'ai fortement poussé *le Bâtard de la Baume.* Ah ! quand les situations vous portent !

Mais en revanche, comme je trime quelquefois ! Surtout pour faire court dans les parties d'arrangement ; car c'est toujours là que je me sens faible. Dame ! Le métier ! Le métier !

14 avril 1841. — Hier, je revenais du Conservatoire, à une heure, longeant les boulevards, quand j'ai avisé de loin un personnage qui s'avançait d'un air dégagé. En marchant toujours je me suis trouvé face à face avec Deslys. Malgré nos brouilleries de l'année dernière, puisqu'il revenait de lui-même, et qu'il me tendait la main, je n'ai pas eu la force de lui refuser la mienne.

Après avoir, comme moi, essayé d'écrire, il s'est fait lui aussi comédien, mais de chic et sans étude ; beau d'ailleurs, jeune, intelligent, il a trouvé facilement en province quelques engagements de rencontre, et le voilà dans une position assez critique, sans argent, sans garde-robe de théâtre...

Il m'a pris par le bras et m'a emmené presque malgré moi jusqu'au Palais-Royal où il avait rendez-vous.

En arrivant par la rue Vivienne dans l'allée de droite du jardin, il s'est trouvé tout à coup en plein pays de connaissance. En effet, on voit là, assis sous un arbre, ou flânant de long en large, une bande de gens à la face glabre et frais rasée, à peu près jeunes la plupart, dandys ou crasseux, quelquefois les deux en même temps, gens dont, à première vue, j'ai lieu de croire, sinon la probité suspecte, du moins la morale nulle.

Ces gens-là sont des acteurs de province, sans place ; l'arbre du rendez-vous s'appelle familièrement « l'arbre aux punaises ».

J'aurais peine à exprimer la répulsion que j'éprouve pour tout ce peuple de bohèmes à faux panache, ou de déclassés, ou de tristes miséreux... Encore Deslys est-il le beau du cabotin. A moitié éduqué, à moitié instruit, à moitié tout, sera-t-il jamais rien ? L'esprit y est, le cœur n'y est pas...

Pourquoi ce malheureux titre de Kean, *Désordre et génie,* est-il presque pour tous comme un idéal ? Non, mes gars, c'est tout bonnement un masque commode pour la paresse et la crapule.

15 avril 1841. — Au Conservatoire aussi, milieu plus régulier et moins effrontément bohème, n'est-ce pas déjà chose pitoyable de voir l'impertinence dont ces vesses-de-loup salissent les réputations, dont ces pygmées vont sabrant les grandeurs reconnues ?

On retrouve là encore les instincts bas qui sont la vermine du métier.

Il va sans dire qu'il y a des exceptions, le fils Ponchard, Chotel et deux ou trois autres encore, à des degrés différents. Je ne méprise que ce que je connais de personnellement méprisable, mais je voisine le moins possible, et toujours sans familiarité.

J'admire d'ailleurs combien le théâtre est en somme un art d'instinct plus encore que d'intelligence. C'est l'intelligence et les qualités de théâtre qu'il y faut ; voilà tout. Ainsi, parmi cette plèbe, il y a quelques

natures heureuses, chez les femmes surtout, beaucoup
plus souples généralement que les hommes.

La petite Augustine Brohan, par exemple.

16 avril 1841. — Hier soir, représentation d'adieu
de Mlle Mars. Quel spectacle magnifique ! *Le Misanthrope* et *les Fausses confidences*, par l'élite de la troupe :
MM. Menjaud, Monrose, Samson, Provost, Périer, Régnier, Mmes Desmousseaux, Mante, Anaïs, Veret-Varlet.

Mlle Mars (Célimène-Araminthe), planant au-dessus
de tous, et un public fanatisé (plus de vingt mille
francs de recette) rappelant deux fois la bénéficiaire
après la chute du rideau, debout, au milieu des cris,
des bravos, et des larmes. Oui, des larmes... Et pour
mon compte, j'étais aussi ému que pas un.

Mais c'est la pauvre Comédie-Française qui va du
coup branler dans le manche... Un pareil vide, dans
un pareil moment. Monrose qui commence à perdre la
tête, Menjaud qui parle de se retirer, et Firmin et
Périer qui ne dureront guère !

Toute l'influence de réclame et d'argent restera
donc aux mains de Mlle Rachel et de la tribu juive qui
s'y entend, et qu'on n'y aide que trop.

Beaucoup de jours durs à passer, c'est à craindre. Il
faudrait littérairement et artistiquement un courant
nouveau.

D'où viendra-t-il ?

28 avril 1841. — Singulière cuisine qu'un journal ! Ce qu'on y fricasse n'est pas la moralité même, il
faut en convenir.

Comment ! Voilà *le National,* par exemple. Je prends un des plus honnêtes, jugez des autres ! Voilà une raison sociale à peu près anonyme, n'existant que par son opposition de chaque heure au gouvernement, quoi qu'il puisse faire, et empoisonnant sciemment quelquefois, goutte à goutte, ce que les gobeurs appellent « la conscience publique ».

Et ce journal ne peut pas faire autrement, sous peine de suicide, puisqu'il est l'organe d'un parti, et que c'est la politique des partis !

Or aux mains de qui la haute Direction confie-t-elle les fourneaux et les sauces ? A des tâcherons plus ou moins habiles, mais ignares le plus souvent de fond en comble, qui finissent par croire à leur sacerdoce, à force de voir la très précieuse parole imprimée prise chaque jour autour d'eux religieusement à la lettre.

Journalistes, avocats, même chose, hélas ! Et combien les mots, qui sont une convention vaine, arrangés d'une certaine manière, combinés avec une certaine adresse, peuvent prouver les plus sots mensonges, ou obscurcir les plus belles vérités ! Ainsi, moi, j'ai été chargé officieusement de serrer la vis à Charles Dickens, pour *Nicolas Nickleby,* à cause que la portée en est aristocratique et cléricale, soi-disant, et s'écarte du programme républicain pour l'éducation « des Masses ». Moi contre Dickens ! C'est à se tordre de rire ! Je n'en ai pas moins écrit là-dessus quatre cent quatre-vingt-trois consciencieuses lignes à deux sous.

Il le fallait !

Maintenant, si l'on descendait dans les sous-sols, et qu'on regardât d'un peu près le livre d'office et les comptes, je crois qu'on en apprendrait de belles sur l'anse du panier. Pour quiconque vit de publicité, le commerce, la finance, la mode, les théâtres, etc... les ministres même, n'est-il pas élémentaire de s'inféoder des journaux, donc de les régaler et de les payer au besoin ?

Que cela ne se fasse pas ouvertement, à la bonne heure, et je veux le croire, surtout pour *le National*, où je tiens à gagner un morceau de pain propre pendant quelque temps encore, mais cela se fera sûrement quelque part, si ce n'est partout, avec le fatal progrès des choses libres vers le mal, car la presse n'a pas dit son dernier mot. M. de Girardin l'a déjà prodigieusement vulgarisée, et le métier est trop tentant, trop facile, pour ne pas attirer à cette curée toute la bohème un peu délurée des capitales.

Eh! quoi donc? Ne m'a-t-on pas offert hier, au bureau même, d'aller prendre gratis des leçons d'équitation à la salle Sainte-Cécile? Et quand, alléché par cet espoir, mon rêve, j'ai cru devoir demander la permission à MM. Charles Thomas et Bastide, n'ont-ils pas semblé s'amuser beaucoup de ma naïveté parfaite? De très honnêtes gens, pourtant!

J'irai donc!

13 mai 1841. — Rien n'est plus drôle et plus mêlé que cette reprise de manège (c'est le terme), chez M. de Fitte, de une heure à deux; une douzaine d'apprentis gardes nationaux à cheval, des bouchers, des loueurs de carrosses, des employés de ministères...

Un peu de volonté et d'adresse aidant, après six leçons, c'est-à-dire quinze jours, j'ai déjà hier été chef de reprise. Du reste, cela m'amuse et m'intéresse au possible. J'avais raison d'en avoir envie; puis c'est d'une hygiène parfaite pour fatiguer la bête et lui donner des nuits, voire des jours sans rêves... Très important pour moi!...

« *A M. Victor Lacrampe.*

« 19 mai 1841.

« Que Molière est vrai..., mon cher Oronte! Tu es bien trop malin pour me dire, en mettant ton chapeau de travers :

Et moi, je vous soutiens que mes vers sont fort bons!

« Mais tu me demandes d'un air sournoisement railleur quelle science ignorée du vulgaire m'a fait juger à première vue que tes trois actes, si fins et spirituels qu'ils soient, ne sont pas du théâtre. Or ta question m'embarrasse singulièrement, je l'avoue, vu que de règles, d'art poétique spécial au théâtre je n'en connais pas; et ce qu'en seconde on nous a fait à ce sujet apprendre par cœur d'Horace et de Boileau, n'est pas pour élucider la chose, car ils s'en sont tenus à des généralités poncives.

« C'est qu'ils n'y entendaient goutte, vois-tu.

« Non plus d'ailleurs que les fiers Lundistes, voire les mieux famés d'à présent, et le moindre de nos dramaturges applaudis leur en remontrerait.

« Cependant, nous nous étonnions au collège qu'on prétendît nous rendre philosophes avec la *Monadologie* de *Leibnitz*, le moi et le non-moi ou autres chinoiseries rébarbatives, dont toute science qui se respecte s'enveloppe comme à plaisir.

« Je n'irai donc pas faire le pion sur une matière dont je ne crois me rendre compte que par instinct;

mais j'ai pas mal réfléchi, qui le croirait? sur certains livrets célèbres d'opéra, l'opéra étant du théâtre à grandes lignes, du théâtre à la détrempe, à ficelles plus apparentes, par conséquent.

« Eh bien! mon humble sentiment est que l'auteur dramatique doit être une espèce littéraire à part, une entité, aurait dit M. Bouillet.

« Il doit concevoir théâtralement, c'est-à-dire par oppositions nettes, par situations (pathétiques ou comiques). Il doit déduire beaucoup plus qu'imaginer. Un romancier peut parler au lecteur de tout ce qui a rapport à son sujet, et décrire, et raisonner. Son dialogue même, quand dialogue il y a, peut s'attarder à l'esprit, à la fantaisie, que sais-je?

« Le dialogue théâtral, lui, doit être un dialogue d'action, et faire marcher l'action, pas à pas, scène à par scène, en duo, en trio, en quatuor, avec des mouvements divers et rythmés, des piano, des allegro, des forte, etc...

« Le dialogue théâtral, c'est, en un mot, le tissu de la pièce, la pièce même.

« Et de plus, et sans cesse, l'auteur dramatique doit compter avec le décorateur, avec le costumier... Et avec ses interprètes donc! Sans parler de son collaborateur collectif et tout-puissant, le public, qui, chose étrange, refait involontairement la pièce à mesure qu'il l'écoute, et finit par s'applaudir souvent lui-même, d'avoir deviné les péripéties, et le dénouement, comme pour les vers, s'il a deviné la rime...

« Ed. GOT. »

23 mai 1841. — Le docteur Maenzer m'a fait visiter

ce matin une curiosité des plus intéressantes, l'atelier de M. Niepce de Saint-Victor, au Louvre. Ce M. Niepce est le neveu de Nicéphore Niepce, l'inventeur du daguerréotype, et il perfectionne depuis 1833, aidé par l'État, les trouvailles de son oncle, avec M. Daguerre.

Les procédés et les résultats sont vraiment merveilleux.

Ce que l'on rencontre par-ci, par-là, de daguerréotypes, donne déjà une étonnante impression de la nature, et je me rappelle, à ce propos, les stations clandestines des collégiens de mon temps devant un certain étalage d'académies de femmes aux vitres d'une petite boutique borgne des Passages-Panoramas. Nous n'y pouvions pas croire... Tout y était!

Mais aujourd'hui l'on m'en a montré de toutes sortes, et des vues, et des scènes, et des paysages de tous les pays. Et l'on est en train de trouver mieux, la reproduction indéfinie sur papier.

Quelle révolution alors dans l'éducation de l'œil, et par suite dans tous les arts du dessin!

L'à-peu-près ne sera plus permis que dans l'idéal. Tant mieux pour les artistes!

22 juin 1841. — Mme Menjaud me l'avait bien dit, l'autre jour : « Prenez garde, mon cher enfant, on parle trop de vous autour de vous. Ce n'est point votre faute, soit! Mais il paraît que vous faites des vers, que vous écrivez dans les journaux, que vous affectez de vivre un peu à part. Vous le voyez, tout se sait vite quand les froissements et la jalousie s'en mêlent. Or vous avez des dons naturels ou acquis déjà, dont on

n'a pas pu se taire, même après une seule audition,
M. Scribe lui-même en a causé tout de suite au foyer
avec MM. Provost et Samson, pendant la représentation du *Verre d'eau*. Votre venue ne pourrait-elle point
déranger telle ou telle combinaison de l'année pour les
créatures à prix? Et vous n'avez pas même un professeur pour vous défendre, puisque M. Beauvallet garde
la chambre depuis plus de trois mois. Vous n'êtes donc
encore par le fait que simple auditeur. Enfin, je ne sais
quoi me dit qu'il faut vous défier de votre prochain
examen; il y a quelque chose dans l'air... »

Hélas! c'était vu comme à travers un cristal!

En effet, hier même, on choisissait, par concours
préalable, ceux des élèves qui concourront au mois
d'août. J'avais, malgré tout, le plus beau courage du
monde avec la scène de Sganarelle (troisième acte de
Don Juan), préparée à loisir, et dont Mme Menjaud
m'avait une fois admirablement indiqué la tradition.

Une trentaine d'élèves, hommes et femmes, avaient
déjà passé devant le jury, mais voilà qu'à l'appel de
mon nom, tout s'arrête; on ferme les portes. Une
longue délibération a lieu, et le secrétaire, M. de Beau-
chesne, me fait enfin venir dans son cabinet : « La
classe préparatoire, me dit-il, ne sera pas admise à
concourir, surtout puisqu'elle n'a point encore reçu de
leçons. »

— Mais j'ai assisté à tous les cours, et j'espérais du
moins être entendu, ai-je risqué en essayant de me raccrocher aux branches.

— Eh bien! on vous entendra dans quinze jours,
pour vous faire passer titulaire dans une classe définitive, pour l'année prochaine.

Ah ! mille millions de …!

Ce n'est pas tant pour le prix. Je n'y pensais certes pas, et je m'en moque ; j'en ai eu toute ma vie ; je sais donc ce qu'en vaut l'aune. Mais cela m'aurait fait essayer mes forces sur des vraies planches et sur un vrai public, et j'enrage d'être tenu sous le boisseau.

N'importe ! mon drame est fini ; je le recorrige, je le recopie, et tout de suite après la lecture et sa date marquée, je jouerai n'importe où, à Chantereine, à Molière, à la banlieue, chez les Seveste ; et n'importe quel rôle, pourvu qu'il soit d'étude et utile pour mon avenir. Feu de bâbord et de tribord !

3 juillet 1841. — Assez bon examen, aujourd'hui même. J'en suis sorti élève de M. Provost. Mais je veux regarder plus loin.

25 juillet 1841. — Quelle quinzaine, bon Dieu ! Fièvre, délire, médecines !... Sans ma mère, je crevais !...

Ah ! c'est que la tape a été féroce... Un effondrement, quoi !

Les frères Cogniard ont eu beau me dire : « Retravaillez, nous comptons sur vous ; il y a de belles choses... »

De belles choses ! Non. *Le Bâtard* est enterré.

J'ai senti des glissades, des trous, des vides. J'ai même refusé d'achever la lecture.

Énervé, épuisé, vaincu, je ne·crois plus en moi, je ne crois plus à rien. Je ne suis pas blessé... je suis mort... Ou du moins je suis un autre homme. Bien pis ! Je suis redevenu un enfant.

Ma plume m'épouvante! Il me semble que je n'oserai plus me montrer au journal; j'ai la cervelle creuse.

Pourrai-je même refaire du théâtre comme acteur? C'est à douter de tout.

Il faut manger pourtant. Filippi m'avait parlé jadis de traductions grecques avantageuses, des Pères de l'Église, je crois. C'est une besogne de pédant, la seule à quoi je sois bon, hélas!

J'irai voir Filippi à ma première sortie.

1er août 1841. — Près d'un mois perdu. Mais les forces reviennent et la volonté avec. Puisque je ne suis pas mort, il s'agit de vivre.

Envisageons donc la situation bien en face. Comme auteur dramatique j'avais trop présumé de moi, c'est évident. On ne peut pas penser, sentir et combiner à dix-huit ans une action humaine pour la foule. Il faut avoir plus vécu et plus réfléchi. Ainsi, de ce côté, partie remise.

Comme acteur, rien n'est décidé encore, et je puis lutter. Que diable! Je n'ai pas même tâté du public; je veux donc m'exercer, jouer, me donner une conviction pour ou contre, tout au moins.

Au Conservatoire, on n'a fait ce mois qu'empiffrer les candidats de leurs scènes de concours. Laissons donc encore passer ces deux mois de vacances.

Et dans les théâtres d'élèves ou à la banlieue, que pourrais-je faire par trente degrés de chaleur, même si on me permettait de faire? Je m'efforcerai pourtant de préparer les choses vers ce but.

Reste la vie matérielle. Comment y pourvoir?

Le National me fait cruellement attendre la publication de deux pauvres feuilletons, reçus en juin, et je crois flairer là un peu d'abandonnement... *Donec eris felix*.

Heureusement MM. Roustan et Filippi m'ont donné d'autre part du Saint Basile à traduire, trente-deux francs la feuille, cela paraissait assez bon; mais je n'imaginais guère que pendant les sept premiers jours, j'arriverais à peine à accoucher de ma feuille.

Je commence cependant à m'y rompre. La besogne va plus vite et à la rigueur j'en viendrai à bout. Enfin, ce sera, moyennant quatre ou cinq heures régulières par jour, un morceau de pain tranquille et assuré, quatre-vingts à cent francs par mois. Assez pour ma pension et mon entretien.

Aussi, je puis encore, d'après l'ordonnance du médecin, me payer un bain froid quotidien (de quatre sous, s. v. p., avec les gentilshommes de la rue Mouffetard) et quand je vais être tout à fait valide, je retournerai bravement au manège, en profiteur, comme si de rien n'avait été.

Que j'aie avalé de travers ma déception, soit. L'important, vis-à-vis du monde, est de la recracher.

6 août 1841. — Mon baromètre a l'air de se remettre au beau.

A propos de la fête de ma mère, ma marraine, une vraie providence, lui avait donné cent francs pour me faire suivre un cours quelconque de déclamation pendant les vacances du Conservatoire; et dès le lendemain, j'étais allé tout droit me faire inscrire au cours particulier de M. Samson (rue Richelieu, 8), moyennant quarante francs par mois. Mais hier, après m'avoir écouté avec grande attention, au milieu de ses élèves, dans le monologue et la première scène de *Sosie*, M. Samson m'a poliment congédié, « de crainte, a-t-il dit, de blesser la juste susceptibilité de M. Provost, mon nouveau professeur ».

Quelle drôle de chose ! Comme s'il pouvait y avoir une école personnelle au théâtre ! L'observation, la nature et la pensée de l'auteur amalgamées, tout n'est-il donc pas là ?

Il me semble, à moi, qu'un professeur devrait prendre un rôle comme texte à des conseils généraux, comme matière à exercices, plutôt que comme une étude spéciale et isolée.

Aussi ai-je accepté ce congé sans nul chagrin.

Cela me fournira d'ailleurs les moyens et le loisir de répéter *le Dépit amoureux* (en deux actes), qu'une Marinette amateur m'a proposé de jouer le 14 août à la salle Chantereine.

Je risquerai donc mon premier pas, à petit bruit, et en assez piètre compagnie, je le pressens, rue de la Victoire, 21, dans la cocasse et proprette petite boîte carrée du père Gromer, ancien machiniste en chef de l'Opéra. J'y ai déjà suivi quelques représentations variées... et c'était peu excitant. Mais il faut bien tâter l'eau avant de se mettre à nager.

11 août 1841. — Voilà deux répétitions, et c'est encore la même chose ! Drôle de monde ! Toujours en l'air et à la baliverne.

Il serait si intéressant de travailler de bonne foi et d'accord. Mais non ; tout se traite par-dessous jambe.

Je les trouve exécrables... et moi avec.

Est-ce que le vrai théâtre est comme cela? Ce n'est pas possible... ou j'aurais décidément aspiré à descendre.

14 août 1841 (minuit et demi). — Gros-René, enfin, dans *le Dépit amoureux*. Un costume passable, et un assez bon physique, paraît-il, avec une bonne voix, quoique un peu criarde à mon avis.

Mais quels partenaires, hélas ! et quelle salle, clairsemée et somnolente. J'avais si peu prévu la chose comme elle est ! Quand on a ri par-ci, par-là, il me semblait que c'était de moi et j'avais presque honte. J'avais pourtant bien étudié, et j'aurais, je crois, joué la pièce tout seul, beaucoup mieux peut-être...

Un dépit aigu m'en a saisi au second acte, et à certains vers que j'ai senti passer à travers moi, le public repris m'a écouté, c'est sûr, et on a fini par applaudir nettement.

Bah ! qu'est-ce que cela signifie ? Quand je vois chaque jour applaudir à peu près de même des nullités si fâcheuses !

A dire vrai, je donnerais beaucoup pour avoir devant moi, quand je joue, une personne rigide et désintéressée qui m'avertirait inflexiblement de tout, comme je m'efforce de le faire moi-même. A dire vrai encore, je suis mal satisfait de ma première épreuve. Et déjà pourtant de plusieurs parts, ce soir, on est venu m'offrir de recommencer. Je recommencerai.

15 août 1841. — Deux élèves du Conservatoire ont

débuté dernièrement à la Comédie-Française : M. Paul Leroux et Mlle Augustine Brohan. M. Leroux est un jeune premier doué d'un assez joli physique et de bonnes façons. C'est jusqu'ici, je crois, le plus clair de son mérite. Il a réussi convenablement.

Mlle A. Brohan est d'une bien autre portée. C'est une jolie soubrette, alerte et spirituelle ; fille d'ailleurs d'une artiste distinguée, Mme Suzanne Brohan, qui vient de quitter le théâtre du Vaudeville.

Un détail plaisant. Le jour de son premier début on jouait *les Rivaux d'eux-mêmes* et, dans une des scènes de son rôle de Marton, elle tient à la main un petit ouvrage de broderie. Or, comme elle a la vue basse, par un mouvement de distraction et d'émotion combinées, elle s'est outrageusement piqué le bout du nez. Ce qui ne l'a pas empêchée d'obtenir un vrai succès et d'être une des promesses de l'avenir.

16 août 1841. — Ce que c'est qu'une répétition à Chantereine. Plus tard cela m'égayera peut-être.

Quelqu'un veut monter « une partie », il recrute çà et là ses acteurs, et loue la salle pour une soirée. C'est affaire d'une centaine de francs avec les costumes. Les répétitions commencent dans les huit jours qui précèdent, quelquefois la veille — et faites comment ?

Il y a toujours là, dans ce qu'on appelle « le Foyer » (?) quelque cabotin flâneur de planton : si l'on ne répète pas sur-le-champ, on court le risque de subir plusieurs calembours, ou n'importe quelle anecdote rancie, panachée de discours sans fin sur l'art dramatique, tandis que les acteurs convoqués arrivent chacun à son

heure, quand ils arrivent... Les hommes ordinairement
tirés du Conservatoire, les femmes, femmes entretenues
pour la plupart ou pis que cela, avec des airs penchés
et un sourire en permanence pour les gaudrioles plus
ou moins filtrées qu'on épanche autour d'elles, en
manière de cour.

La répétition commence et marche de guingois, entre
les timides qui ânonnent leurs rôles et les malins qui
font la charge de Frédérick, de Ligier ou de Monrose....
J'ai vu avant-hier sauter à la corde derrière une scène
d'*Iphigénie*... Le reste à l'avenant.

Maintenant, le soir de la représentation :

Le spectacle est annoncé pour sept heures et demie.
Il y a généralement dans la salle, mal éclairée à l'huile,
douze bourgeois mélancoliques, disséminés à toutes les
places. Chaque artiste vient à son tour les compter au
trou du rideau, ou reconnaître à mesure son monde à
lui. Car cela se passe beaucoup en famille, et le rare
public payant n'arrive que plus tard avec des billets
pris chez l'épicier à côté, vu qu'il n'y a point de recette
officielle.

Cependant, les acteurs se sont habillés lentement et
tumultueusement : les costumes, sortis chiffonnés du
panier de location, sont rajustés avec des épingles...
Bah ! à la rampe, ça ne se voit pas... (je t'en fiche !)
Souvent aussi un habit manque pour une pièce de la
soirée ; l'autre jour on a joué Dupont des *Rivaux* avec
un haut-de-chausses de Valère, une steinkerque
Louis XIV, et des escarpins...

A huit heures, la toile se lève. Une grande agitation
règne d'abord dans les loges des acteurs : — Britannicus,
tu vas manquer ton entrée... — Ah ! mais, dame ! tant
pis... il faut que j'étale mon blanc... — Dis donc, Nar-

cisse, est-ce à moi ? — Ah ! bien oui ! on n'en est encore qu'à la sincérité

> D'un soldat qui sait mal farder la vérité.

Cré nom de Dieu ! mon cher, Chose est-il mauvais ! Ah ! vous, à propos, vous devriez bien ne pas faire tant de gestes... Je vous dis cela, ça ne vous fâche pas ? Je ne le dirais pas à Chose par exemple, mais à vous. — L'autre balbutie un remerciement affectueux, les dents serrées et la figure décomposée.

Ou bien c'est quelque incident de scène, imprévu, quelques blagues en général amusantes pour les seuls blagueurs. Et quelques accrocs presque de fondation dans les ensembles ou les dénouements, l'Exempt de *Tartuffe*, l'Alcade du *Barbier*, etc., etc.... gourmandises spéciales pour les véritables amateurs des spectacles de société, et qui sont aussi la joie réflexe de la coulisse.

Le tout, au milieu d'un feu roulant de banalités, de trivialités et de stupidités.

Ce qui ne veut pas dire que parfois je ne lâche aussi quelque bonne grosse niaiserie. On n'a pas toujours la force d'être moins bête que son voisin, et, pour parler, les duchesses finissent par parler avec leur bonne.

17 août 1841. — Pour en finir avec les « théâtres d'élèves », ceux d'abord qu'on nomme « à parties », c'est-à-dire où l'on ne joue pas régulièrement et qui n'ont point de troupe attitrée, il y a le théâtre Molière dans un passage qui relie la rue Saint-Denis à la rue Saint-Martin. La différence de Molière à Chantereine est un peu celle de la population respective de leurs deux quartiers : là on se costume dans l'obscurité et dans la crasse, à travers un fouillis d'escaliers à cordes et de toiles d'emballage. Les représentations ont lieu généralement le dimanche, dans le jour, avec une vingtaine de quinquets accrochés à deux grosses colonnes qui obstruent la vue de la scène, devant un public... qui, jusqu'à midi, a travaillé la passementerie, l'écaille ou le fer-blanc... et l'apprenti comédien impitoyable. C'est pourtant là que Mlle Rachel a débuté, il y a six ans, à l'école de son premier maître, Saint-Aulaire.

Il y avait autrefois la salle Génin, rue de Lancry, où j'ai vu dans mon enfance Mlle Sylvanie jouer *la Fille d'honneur* avec un grand succès. Mlle Sylvanie est devenue Mlle Plessy.

Viennent ensuite les cinq théâtres de banlieue dits « Galères Seveste » dans l'argot cabotin, qui s'y connaît : Belleville, Montmartre, Montparnasse, Batignolles et Grenelle (ces deux-là plus récents). Ils ont tous une troupe quelconque, ou du moins deux ou trois de leurs troupes se dédoublent pour les desservir tous alternativement avec les pièces à succès des répertoires parisiens. Puis certains entrepreneurs marrons (le père Lagardère, par exemple, et Ludovic Fleury) haricotent avec la direction pour le montage à part d'ouvrages anciens, à l'aide d'amateurs ou d'élèves à qui ils remboursent à peine leurs frais de transport, quand ils n'en exigent pas une redevance pour chaque beau rôle distribué.

Je ne parle enfin que pour mémoire de deux théâtres d'enfants, restes du mauvais temps jadis, le théâtre Comte et le Gymnase enfantin, situés, le premier dans le passage Choiseul, et le second dans les Galeries

de l'Opéra. On y joue tous les soirs avec une troupe de
mineurs, trop tôt émancipés, des vaudevilles idiots ou
des féeries entremêlées de ballets et de prestidigitation.
La police municipale finira par fermer ces tristes
boui-bouis. Espérons-le.

Mme Veret-Varlet et M. Riché en sont cependant
sortis pour entrer à la Comédie-Française, et M. Charles
Pérey à l'Ambigu-Comique.

Peut-être y en a-t-il d'autres, mais je ne les connais point.

19 août 1841. — J'arrive de l'expédition la plus
bizarre, la plus ridicule, la plus dégingandée, etc., etc...
Partis à trois heures dans un vaste omnibus, nous voilà
cahotant par la route de Rueil, avec nos paniers de
costumes, nos boîtes à perruques, nos paquets, hommes, femmes, emmêlés, causant, braillant. A cinq
heures, nous entrons dans la bourgade ; et pendant que
nous sommes à la recherche du théâtre à travers de
petites rues fangeuses, chacun donnant un avis contraire, une trentaine de galopins, attirés par le bruit,
se lancent après nous en criant à tue-tête : Ohé ! Voilà
ceux qui jouent.

Enfin le théâtre est trouvé. C'est une salle de danse,
avec une scène de vingt pieds carrés. On jouait *Andromaque*. Un décor banal. Après un dîner en commun à
la gargote, le spectacle commence. *Andromaque*, puis
le Dépit. Le Dépit, débridé tellement quellement. Bref,
à une heure on remonte en voiture. Nous étions seize
en venant et l'omnibus marchait mal. Au retour nous
étions vingt et l'omnibus ne marchait plus du tout.
Quant à moi je m'étais réfugié sur l'impériale avec les

colis, parce que la Marinette m'avait réclamé trop haut,
à mon avis, dans l'intérieur, pour dormir sur mon
épaule... A quatre heures nous étions enfin à Paris, au
plein jour, forcés de reconduire les femmes au bout
des faubourgs, et cela fait, de promener piteusement
notre fatigue et nos mines délabrées, le long des trottoirs déserts. O Scarron !

« A M. Anatole Nancy, à Lyon.

« Août 1841.

« Merci, mon cher ami, des bonnes paroles que tu
m'envoies. A travers leur franchise un peu rude, je
sens la commisération d'un brave cœur, et je t'en sais
gré très véritablement.

« Tu es avec Victor Lacrampe, oui, Lacrampe, tu
sais bien, dont les petits vers nous faisaient tout bas
rire si fort, un des seuls, sans doute, que mon avorte-
ment n'ait point réjoui et qui ait gardé quelque respect pour la sincérité de mon effort.

« Mais, crois-moi, je suis aussi sévère que n'importe
qui pour moi-même.

« Mon outrecuidance n'était qu'apparente et voulue,
car je suis un timide.

« Je ne vois donc presque plus personne. Et tiens,
ce soir même, j'ai conduit à la diligence de Blois,
Firmin, qui était arrivé ce matin de Rennes avec Garsonnet. Il est triste de voir ainsi partir tous ceux dont
on s'était fait une habitude... L'an dernier, c'était toi...
Chacun prend sa route dans le monde, et le plus solitaire est encore celui qui assiste au départ.

« Quant aux oiseaux de luxe ou de passage, qu'ils s'envolent, je m'en moque. On n'a que faire des indiscrets et des fâcheux. A quoi bon servir à l'utilité ou à la distraction de plus bas que soi?

« Pendant trois ou quatre heures de la matinée, je traduis les *Ascétiques* de saint Basile, à trente-deux francs la feuille. Ce n'est plus de la littérature, cela, du moins. Trois fois par semaine, au nom du journal, je vais gratis à un manège de la Chaussée-d'Antin, où j'extermine de vieux habits pendant deux heures de la journée. Trois autres fois je vais aux bains froids.

« Mais par-dessus tout, je tâche de combiner tout cela avec des répétitions pour des « parties » qu'on est en train de monter à la banlieue de Paris. Car la scène est devenue mon unique objectif, jusqu'à nouvel ordre; j'ai déjà joué deux fois; je sais une douzaine de rôles; et j'espère toujours de ce côté.

« A cinq heures, je rentre dîner avec mes parents. Très bon cela.

« Et le soir, à moins que je n'aille par hasard étudier à quelque théâtre, je remonte chez moi pour apprendre ou avancer d'autant ma tâche du lendemain.

« Du reste, toujours le célibat; je dirai presque volontaire. Je n'admets pas que la femme régale; donc, pas d'argent, pas de cuisses... Clôturons sur celui-là !

« *Vale, ama, et quam celerrime responde.*

« Ed. Got. »

22 août 1841. — Hier dimanche, longue promenade avec Victor Lacrampe, comme j'en faisais l'an dernier avec Anatole, au hasard, sans but, sans argent, jetant au vent nos paroles perdues, insouciants et enivrés de nature et de vie.

Cette fois, nous nous étions mis en route de très bonne heure, et grâce aux ombrages et à la riante campagne qui côtoient le canal de l'Ourcq, le temps et le chemin fuyaient d'une manière charmante. A tel point qu'après un frugal déjeuner sur l'herbe, l'envie nous prit de faire des vers; et pour ma part, j'improvisai ces six méchants quatrains, qui me semblent délicieux pour tout ce qu'ils me rappellent, en ronsardisant :

Quitter la ville,
Être heureux encore une fois,
Suivre un petit sentier tranquille,
Au fond d'un bois.

Sous la rosée
Sentir la fraîcheur du matin,
Voir une fleur gaîment posée
Près du chemin.

Voir dans les herbes
Courir les insectes dorés,
Voir reposer les blondes gerbes,
Parmi les prés.

Dans leur sillage,
Suivre de l'œil les lourds chalands,
Avec les chevaux de halage,
Penchés et lents.

S'asseoir à l'ombre,
Les pieds pendants au fil de l'eau
Où les arbres mirent sans nombre
Leur vert rideau.

Avoir un livre,
Des vers qu'on sait déjà par cœur,
Et tout vain de s'écouter vivre,
Dire en son cœur :

Oh ! dans un bois,
Suivre un petit sentier tranquille,
Être heureux encore une fois,
Quitter la ville !

3 septembre 1841. — « Loyal » de *Tartuffe*, et encore
« Gros-René », il y a huit jours à Courbevoie :
« Basile », du *Barbier*, et « Grapin » de *Brueys et Pala-
prat* à Corbeil !

Le tout convenablement, oui, mais pas encore comme
j'aurais voulu. C'est la quatrième fois que je vais en
public, et ce n'est pas assez pour moi. Dans ces em-
plois secondaires, d'ailleurs, qui forcent un jeune
homme à se tatouer comme un Canaque pour grimacer
la vieillesse, la demi-vieillesse, surtout, celle de quarante à cinquante ans, je me sens étriqué, mal à l'aise.

Et du bas de mon infirmité, j'aspire à ces rôles
larges, à ces caractères, qui se posent avec ampleur,
et s'imposent. Que je joue de pareilles broutilles plus
tard au Théâtre-Français, si j'y arrive, à la bonne heure,
c'est l'ordre, et il le faudrait bien ; mais aujourd'hui, je
n'en veux plus, c'est du temps gâché, voilà tout.

Et même en y repensant, à quoi mène le cabotinage
des banlieues ? A répéter dans les corridors des rôles
appris souvent de la veille, à ribotailler au hasard de la
fourchette, avant, pendant et après ; ou à gaspiller
clandestinement quelques heures de nuit en « accélérée », comme cela m'est advenu hier même, s'il faut
l'avouer, entre une fille et une mère... Quelle société !
Avec pas mal de pinçons des deux parts. Ces mères
prenant volontiers parfois la chose au sérieux avec les
plus jeunes adeptes.

Fort drôle peut-être cela, mais de sang-froid le cœur m'en lève et je ne veux plus aller ainsi battre l'estrade.

Je tâcherai de ne jouer désormais que quand je me croirai assez sûr d'un rôle pour l'essayer sur le public, et quand la partie sera montée convenablement, consciencieusement tout au moins.

D'ici là, j'étudierai, je verrai du théâtre autant que possible.

1er octobre 1841. — Entre la première page de ce journal et la dernière que j'écris à cette heure, une année s'est écoulée. Je viens de la relire. C'est bien là ce qui s'est passé — et c'est bien moi.

La physionomie du moins s'y retrouve toute. Peut-on demander plus à un homme qui se peint lui-même, sans retouche aucune?

Mais, il n'y a pas à dire, j'ai baissé d'un cran. Je valais mieux que cela au départ. J'avais si beau courage pour m'envoler... Et voilà que je marche, intimidé, presque à tâtons, vers ma perte peut-être. J'ai pourtant fait certains progrès, comme apprenti, surtout depuis un mois de solitude presque complète et de travail enragé. J'ai appris, j'ai comparé, j'ai vu, et en allant toujours du même train il me semble que je serai bientôt prêt pour le théâtre.

Car je n'ose plus autre chose à présent. Non, je n'ose plus. C'est terrible. Ah! il faut manger... Moi qui espérais vivre! Mais lorsque manque l'argent, l'être s'aplatit. On s'acoquine à une gueuserie qui vous rétrécit tout. Ainsi, n'osant pas tirer trop fort sur l'immense bonté de mes parents, je m'accommode pour mes très menus plaisirs d'une dizaine de francs piteusement retenus sur la pension que je paie chaque mois. Un ou deux vêtements que le temps ou la mode ont râpés s'exténuent au porte-manteau. Faute de gants, j'ai des poches... et cependant je ne suis pas de ceux qui veulent toujours être à la mode de demain, puisque je me pique un peu d'avoir la mienne.

Les vacances du Conservatoire se terminent dimanche.

L'hiver fume déjà sur les maisons et bruine dans les rues... Allons, pauvre bougre, du courage encore et un peu de bonheur !

Mais avec le ferme dessein de confesser toujours ici l'entière vérité, fût-ce à mes dépens. — Qu'aurai-je à relire l'année prochaine ?

23 octobre 1841. — C'est la troisième fois que je dis quelque chose au Conservatoire depuis la rentrée. D'abord « Carlin » du *Distrait;* il y a huit jours, un acte de *l'Étourdi,* et ce matin, à l'improviste, *le Dépit amoureux,* mais sans gaieté; je n'osais pas. Cependant M. Provost m'a de nouveau bien encouragé : « La voix est un peu dans la tête; mais vous phrasez juste le vers, mon cher garçon, et vous dites dans le mouvement. Courage... cela ira. »

« La voix dans la tête »... C'est trop vrai, je me le suis reproché déjà. L'émotion fait toujours grimper la voix, paraît-il, même chez les chanteurs, — et le son même chez les instrumentistes.

Pour le « mouvement », ce mot m'intrigue. Est-ce le rythme qu'il appelle ainsi, ou l'allure, ou l'action? Personne n'a pu me renseigner, quoique tout le monde eût l'air de comprendre.

Quant au courage... l'attention absolue de la classe, lorsque je suis en scène, et la mine grinchue de certains collègues — pendant et après — suffiraient presque à m'en donner, soit dit tout bas.

Mais, chose bizarre, je me sens plus de poigne, là, sur cet auditoire, avec le silence, que devant les blanchisseuses de Rueil ou de Courbevoie, malgré les gros rires.

Je travaille donc ferme. Et pourtant, à côté de mes pauvres livres qui paressent sur leurs planches, il me pousse des regrets et des désirs. C'est une si douce chose qu'une étude frileuse et attentive, que ces grandes méditations dont une page ouverte n'est que le prétexte, que ces longs enfantements pleins de négligence et de fantaisie... Il n'en faut plus, hélas!

De quoi me plaindrais-je? Je l'ai voulu, je le veux encore. D'autant que cela marche, que les qualités et la pensée y sont.... Reste donc l'habitude à acquérir... L'habitude, qui fait d'une chose comprise une chose vraie; l'habitude, qui fait qu'on est à l'aise et qu'on s'asseoit, pour ainsi dire, dans son rôle; l'habitude, enfin, qui fait l'acteur, puisqu'il est convenu que la nature fait le comédien.

14 novembre 1841. — Un long silence. J'ai tant à faire : traductions d'abord, équitation, escrime, Conservatoire, répétitions en ville et représentations même; car hier j'ai joué « Oronte » du *Misanthrope* et « Lubin » des *Fausses Confidences,* à Chantereine, dans une partie consciencieuse enfin, montée par Mlle Marie Blangy, sœur de la danseuse de l'Opéra. Mlle Mars occupait la loge d'honneur.

« Oronte » a été couci-couci : la perruque et l'habit
Louis XIV m'écrasent et je manque de grand air, je

SALLE CHANTEREINE,

19 bis, Rue de la Victoire.

SOIRÉE DRAMATIQUE

DONNÉE PAR

Mlle Marie **BLANGY**,

LE SAMEDI 13 NOVEMBRE 1841.

LES FAUSSES CONFIDENCES,

Comédie en 3 actes de MARIVAUX.

DORANTE,	MM. *Charles P.. ...*	Le GARÇON JOAILLIER,	*M. Pépin.*
DUBOIS,	*Boudeville.*	ARAMINTE,	*Mesd. Blangy.*
REMY,	*Bert.*	MARTON,	*Bonval.*
Le COMTE,	*Félix.*	Madame ARGANTE,	*Chapuis.*
LUBIN,	*Edmond.*		

LE MISANTHROPE,

Comédie en 5 actes de MOLIÈRE.

ALCESTE,	MM. *H. Maubant.*	DUBOIS,	MM. *Boudeville.*
PHILINTE,	*Henry.*	Un GARDE,	*Auguste.*
ACASTE,	*Charles P......*	CÉLIMÈNE,	*Mesd. Blangy.*
CLITANDRE,	*Félix.*	ARSINOÉ,	*Bonval.*
ORONTE,	*Edmond.*	ÉLIANTE,	*Coralli.*
BASQUE,	*Pépin.*		

On commencera à 7 heures 1/2.

Imprimerie de Dezauze et Comp., Passage du Caire, 2 et 21.

dirai d'âge aussi. Mais jamais je n'ai eu de réussite
plus incontestée que dans « Lubin ».

16 novembre 1841. — Combien voilà-t-il de semaines que je vis comme un chartreux, ou comme Abélard après l'accident?

Dire que le diable n'a pas fait plus que de me tenter parfois, sur ma couche rigoureusement chaste, — il n'y a pas manqué, le bandit ! — dans les premiers jours surtout, car le difficile, sur toute pente, c'est le temps d'arrêt.

On s'y habitue, et on finit par s'étonner presque d'y repenser.

Le travail de l'esprit et du corps est d'ailleurs contre cela le plus sûr topique, — et j'en ai encore devant moi pour un laps indéterminé...

Qui sait? Peut-être regretterai-je avant la Trinité la fin de ce carême. Et, en tout cas, il n'y aura que deux moyens d'en sortir, ou par quelque rôti qui en vaille la peine, — *rarissima avis,* — ou par la maraude et le chapardage dans tous les poulaillers du monde.

Mais, jusqu'à nouvel ordre, je persiste à m'interdire impitoyablement l'un comme l'autre.

17 novembre 1841. — Hier, M. Monrose jouait Sganarelle de *Don Juan* en vers. Qu'en dire? C'était Monrose, une nature sympathique et chaude, mais un peu grimacière; une sorte d'Arlequin transcendant, oui; mais pas de physionomie nette, de personnage tracé et bien au plan. C'est toujours le même artiste par-dessous; avec des qualités splendides, il est vrai, pour certains rôles. Et, quand il est enrhumé, Mascarille et Scapin ont très mal à la gorge.

Quant à M. Menjaud (Don Juan), il en a toutes les grâces seulement. Car il faudrait, à mon sens, une largeur et une puissance morale presque insurmontables pour remplir un pareil personnage. Songez donc! Ce troisième acte... et ce cinquième!... Et toute cette épopée légendaire, qui transparaît même à travers les Faust et jusque dans les *Ames du Purgatoire* de Mérimée; Don Juan, enfin, qui sous tant de formes a hanté l'âme de lord Byron, et qui nous vaut son pendant sublime : Sardanapale!

Sardanapale, c'est le vice beau; Don Juan, c'est la beauté vicieuse. Il parcourt en virtuose toute la gamme du mal, et son dernier recours en ce monde est l'hypocrisie; c'est un personnage un peu sombre et fulgurant, qui ressort tout droit du moyen âge, et qui doit tomber dans quelque trou.

Sardanapale, au contraire, est héroïque; des deux côtés le sacrifice existe, mais l'un se sacrifie, et l'autre est sacrifié; l'un a une auréole toute faite, l'autre une chaudière toute bouillante.

Le même soir que *Don Juan,* on donnait aux Français l'*Œdipe* de Voltaire. Si c'était vraiment tout de Voltaire, c'eût été colossal pour un cerveau de dix-neuf ans. Mais ce qui est prodigieux c'est que Sophocle avait fait, lui, son *Œdipe-Roi* — un absolu chef-d'œuvre, je le sais par cœur — près de cinq cents ans avant Jésus-Christ. Il y a juste deux mille trois cents ans de cela!

Or, l'écart est plus grand encore entre ces deux Œdipe qu'entre le Don Juan de Thomas et le Don Juan de Molière.

Pourquoi ne s'avise-t-on pas aussi, à l'Odéon, d'une concurrence à Voltaire, avec Sophocle même. Comme elle serait vivante, cette résurrection! Le public ignore tant de choses, même celui qui pose pour savoir.

1er décembre 1841. — L'entreprise se poursuit, plus j'ai l'air de fuir... Et je sens que je vais perdre du terrain. Ce serait terrible! Solitaire, le cœur affamé, en proie aux bouillonnements de ma jeunesse, je serais un jouet vraiment trop facile pour les ongles roses de cette apprentie Célimène.

— Vous êtes bien sérieux, m'a-t-elle dit en venant m'offrir le café dans un coin du salon; est-ce que vous faites des vers? Vous m'en feriez, n'est-ce pas?

— Je n'en fais plus. C'est un luxe... Et je suis pauvre, mademoiselle.

— Que faites-vous donc?

— Des traductions, pour vivre.

— Il n'y a pas de honte à cela... Pas plus qu'à être pauvre.

— Je suis trop fier pour en rougir.

— C'est crâne ce que vous dites là!... Vous aimeriez pourtant l'argent?

— Oui; pour n'y plus penser.

— Mais vous avez un avenir superbe...

— C'est Boudeville qui vous a dit cela!

— Vous êtes jaloux?

— Je le serais.

Et quel bain d'yeux alors, mon doux Jésus?

Tant il y a que, rentré chez moi, je me suis mis à faire des vers et que j'y ai passé tout mon dimanche, et que je les lui enverrai demain matin, avec un bouquet.

Mais il me semble que ces vers m'ont guéri à moitié. Jongler en artiste avec un sentiment, se dépêtrer d'un tas de rimes biscornues, se discuter, se satisfaire, c'est un travail à côté, travail du diable, qui vous fait traverser des mondes d'idées... On se distrait dans tous les cas, on s'use.

7 décembre 1841. — Quel effet imprévu ! Une réponse en trois pages, « en poulet, cachetée ». Célimène brûle ses vaisseaux. Voyons-la venir, à mon tour.

Je n'ai pas encore de temps à perdre à

L'Amour... cette douleur qui console de tout !

C'était un des vers, peut-être le meilleur de mon épître d'hier.

2 janvier 1842. — Près de trois semaines que la pauvre M... est malade : bronchite, pleurésie, que sais-je ? Et presque chaque jour, après le Conservatoire, je suis allé rue Richer prendre de ses nouvelles. Hélas ! elle est bien plus touchante ainsi ; et la convalescence serait dangereuse — pour moi — si la coquetterie lui revenait à mesure.

4 janvier 1842. — Décidément, il faut couper dans le vif. Plus tard serait trop tard. Je n'y retournerai point.

———————

« *A M. Anatole Nancy, à Lyon.*

« 9 janvier 1842.

Un froid vif, un ciel gris aux lointains horizons,
Paris grelotte assis sous un manteau de neige ;
La bise aux dents de feu, qui, l'hiver, nous assiège,
Moire de diamants les vitres des maisons.
Les toits fument sans nombre, et la gelée aux branches
Se balance gaîment en girandoles blanches.

« Non, pas d'épître. Je voulais t'illustrer une lettre à

ma façon ; tu m'avais bien illustré la tienne d'un lever
de soleil vaporeux et intense comme une méditation de
Lamartine, en vérité.

« Mais de même que le premier zingueur venu, je
n'ai presque que mon dimanche de libre, et la chasse
aux rimes me forcerait peut-être à faire le lundi, ce
qu'il me faut éviter par-dessus tout. Le temps est ma
monnaie.

« Je vais donc te répondre en vile prose, chèrement
et longuement, comme un ami à un ami.

« Le théâtre d'abord, puisque tu veux que je t'en
parle. C'est une chose bien difficile, si tu savais : art,
pratique... tout. Rien de plus rude et de plus complexe.
Un musicien, instrumentiste ou chanteur, a toutes ses
inflexions, ses mouvements même, notés d'avance par
le compositeur, et ce n'est qu'une affaire de science,
d'exercice et de goût. Mais, nous autres, c'est bien pis.
De science, à la vérité, on peut s'en passer davantage,
mais d'exercice, de goût, et d'invention surtout, beaucoup moins. C'est sa musique à soi qu'il faut adapter
aux paroles d'un autre, et sa voix, et son regard, et ses
gestes, et sa nature. Se grimer, s'habiller, se poser,
écouter, marcher, il faut de chaque chose une étude
spéciale et approfondie.

« J'ai comparé la déclamation à l'exécution musicale, et c'est tout ce que je voulais faire. Les autres arts,
la peinture, la sculpture (je ne les connais presque
pas), ne peuvent d'ailleurs, positifs et monumentaux
qu'ils sont, entrer en comparaison avec quelque chose
d'instantané, de fugitif. Les statues et les tableaux
restent aux admirations de l'avenir; tandis que le
théâtre est la chose du présent par excellence. C'est
son vice et sa force.

« Et c'est un art pourtant, un grand art comme les
autres, puisque c'est la pensée aussi qui le fait vivre.
Ses moyens sont étroits, mesquins souvent, mais son
action est immense.

« Ah ! l'art... l'art, vois-tu, c'est le second créateur.
Dieu détrôné se ferait rapin...

« Le niveau de ma vie morale n'a guère remonté.
Quant à ma vie commune, elle est encore la même
matériellement. Presque toujours chez moi ou au Conservatoire. Beaucoup de travail. Mais mon cœur s'ennuie. Je me crains.

« Reviens-moi donc, cher ami. Si tu étais là, nous
aurions chacun, au moment utile, un encouragement
ou un conseil désintéressé.....

« A toi, de loin comme de près.

« Ed. Got. »

16 janvier 1842. — Mon camarade Charles Ponchard
m'avait fait envoyer une invitation pour un bal que son
père donnait hier, chez lui, place Saint-Georges ; et je
n'ai pas cru pouvoir refuser de traîner ma triste personne au milieu de la resplendissante société artistique
qui s'y pressait : Mlle Mars, Mlle Damoreau, Mme Ga-
vaudan, Mme Persiani, MM. Frédéric Soulié, Daguerre,
Cicéri, Samson, Levasseur, Mario di Candia, Hermann,
Panseron, et cent autres. Après le concert qui a été des
meilleurs, cela va sans dire, on a joué et j'ai regardé
tout cela en comparse jusqu'à deux heures du matin,
sans plaisir, comme sans envie.

Qu'iraient faire d'ailleurs dans un quadrille mon
habit fané, et mes quarante sous parmi les pièces de
cinq francs et les louis de la bouillotte? Du reste, il me

semble que riche j'éprouverais une sorte d'humiliation à entrer en lutte avec le sort aveugle, à la merci d'un as ou d'un brelan de sept, et je bénis ma chance de n'être point affolé de cette passion bête. Mais on ne risque, aisément je crois, que l'argent gagné sans peine, et c'est surtout le jeu qui doit nourrir le jeu.

Voilà ce que je pensais cette nuit, en revenant chez moi philosophiquement, à pied, à travers le plus fangeux dégel que j'aie vu.

18 janvier 1842. — J'ai dit ce matin les cinq rôles du *Mercure Galant*, et M. Provost s'est déclaré « fort content », chose très rare au Conservatoire.

Je flaire comme un retour de veine.

Traduction en langue vulgaire : « Ma pécore de vanité se gonfle sous la louange, et je vois tout couleur de rose.., jusqu'à tout à l'heure peut-être. »

Ah ! j'ai appris à me défier.

26 janvier 1842. — Avant-hier, j'ai passé, dans les deux premiers rôles du *Mercure*, un examen brillant, si brillant qu'on m'a donné la pension à l'unanimité, sans que je l'eusse demandée.

Me voilà donc avec six cents livres de rente, et mes entrées à la Comédie-Française.

Cela va apporter des changements notables dans mon existence. Je n'aurai plus besoin que de gagner mon entretien. Ci : deux heures de traduction par jour au lieu de quatre que je donne à cela tristement depuis six mois. Et puisque le titre de Pensionnaire me donne droit aux entrées de la Comédie, je compte bien profiter de cette incomparable pratique toutes les fois que je n'aurai pas à pratiquer moi-même sur une scène quelconque.

Une heure importante vient de sonner dans ma vie.

27 janvier 1842. — Aujourd'hui, j'ai fait mes visites de remerciements. L'unanimité du vote ne me laissait point d'embarras.

Je suis donc allé d'abord au Conservatoire même, chez M. Cherubini. C'est un tout petit vieillard, avec de beaux yeux pleins de feu. Son accent italien mêlé de « ché ! ché ! » continuels, donnent une animation grognonne et presque comique à sa parole. Il a été vraiment paternel et touchant avec moi. « Ché !... ze vi ourais donné mi dou voix di Président ; ma... ché na pas ou bésoing, moun ami. »

Ensuite, rue Olivier, chez M. Scribe, que j'aurais dû remercier déjà lors de mon premier examen. Il m'a serré la main, et prédit un bel avenir : « Soyez tranquille : si vous marchez toujours de même, mon cher enfant, d'ici à un an, nous travaillerons peut-être ensemble au Théâtre-Français. »

Puis rue Lavoisier, chez Mlle Mars. J'étais ému sincèrement, oui, très ému. Elle a eu la grâce toute féminine de ne point me le laisser dire, et a causé longuement avec moi.

Je n'ai point trouvé M. Édouard Monnais chez lui, ni M. Germain Delavigne.

M. Provost m'a reçu avec la bonhomie distinguée qui lui est propre : « Je compte beaucoup sur vous », m'a-t-il dit.

M. Samson, bien qu'un peu guindé, à ce qu'il m'a paru, m'a loyalement révélé les secrets de son scrutin : « J'avais d'abord voté pour un de mes élèves, je dois vous le dire puisque vous me remerciez. Mais je me suis de très bon cœur rallié à la majorité. »

M. Michelot a été aimable.

Et M. Beauvallet, que j'avais réservé pour le dernier, afin de prendre poliment congé, puisque j'aurais pu être son élève, m'a parlé comme un camarade à un camarade. C'est, à première vue, l'homme le plus sans-gêne qu'on puisse se figurer.

30 janvier 1842. — Autre chose : M. Baucher, le grand écuyer du Cirque, presque un savant dans la matière, vient pendant l'hiver travailler ses chevaux et enseigner « sa méthode » au manège Sainte-Cécile, près duquel il demeure. Or, M. Baucher, auteur de plusieurs ouvrages spéciaux, prépare en ce moment une *Méthode d'équitation.* Il a jugé à propos de s'adjoindre pour cela un « tincturier », et M. de Fitte m'a présenté : journaliste et zélé amateur, je lui avais donné dans l'œil, et l'affaire s'est faite. Il me fait donc participer depuis cinq jours à sa leçon à pied et en piste, chaque matin, de huit heures à neuf heures et demie.

Après quoi, je me rhabille à la hâte pour avaler une soupe dans un « Bouillon Hollandais » et courir au Conservatoire, car je tiens à assister à la classe de chaque professeur.

6 février 1842. — Je lis *Volupté* de Sainte-Beuve. C'est tirer du romanesque le plus distillé toute la quintessence, et à force de recherches sentimentales, Sainte-Beuve fait parfois plus que de « côtoyer » le ridicule, — quand ce n'est point l'immoralité.

Moi aussi, qui, par éducation sans doute plus que par nature, suis assez porté à ces délicatesses, je vois au fond de l'âme qu'à force de marcher de scrupule en scrupule pour le triste naturalisme du plaisir, à force de séparer l'âme du corps, on finirait par aimer la lune, et par frapper à la porte d'un b.....

Et puis, quoi! je suis au théâtre, c'est-à-dire dans un monde presque renversé, le monde des reflets. Le comédien n'a pas même d'ombre. L'amour-propre, le besoin de briller tout de suite et quand même, tous mêlés dans un même champ-clos, font que les hommes deviennent parfois femmes, jalousant comme des filles quelques bouffettes de rubans, jusque sur un corsage, tandis que la liberté complète rend souvent les femmes un peu hommes. Dans une pareille interversion des sexes, ce n'est pas merveille s'ils se mêlent plus que de raison.

Alors, pourquoi s'obstiner à vivre comme un pédant en dehors de ces mœurs. Qui en saura gré? Qui le croira même? Non. Des plaisirs commodes, et des vertus faciles. Rien de sérieux surtout...

Mais peut-on bien jurer de cela?

Ah! je valais mieux naguère... J'avais l'âme plus haute. Que me voilà donc loin de mes dernières années de collège où, au spectacle, par exemple, je voyais je ne sais avec quelle gêne pudique arriver la scène de la déclaration!

Le courant m'a emporté.

27 février 1842. — Un vieux comte de Castellane,

espèce d'excentrique et d'avare fastueux très coté, s'est avisé de faire construire dans le jardin de son hôtel, au faubourg Saint-Honoré, une salle de spectacle où il donne de temps en temps, devant son « grand monde », des représentations théâtrales, à l'aide d'aspirants dramatiques recrutés dans le dessus du panier du Conservatoire ou des écoles particulières de déclamation, et de quelques amateurs.

Mlles Planat-Naptal, Marie Blangy, Bonval, Coralli-Volet; MM. Charles Ponchard, Maubant, Chotel, Ballande, Fechter, Roger, le chevalier Cuchetet, ancien écuyer de la duchesse de Berry, et quelques autres, se partagent la gloire d'y jouer. Du moins m'a-t-il paru que c'est la gloire seule, car ayant été prié d'y remplir le rôle de Germain dans *la Jeune femme colère*, c'est à peine si l'on m'a fourni un costume, et je me suis aperçu trop tard que j'étais invité ensuite avec mes camarades à je ne sais quel ignoble souper d'office.

Aussi, quand on m'y reprendra!... C'est pourtant dommage, car en dehors de ces vilenies, le public aristocratique, de femmes surtout, est très fin appréciateur et nous dresserait rapidement à de meilleures façons.

A force d'avoir devant soi des juges communs ou de mauvais goût, en qui l'on ne croit pas, on s'acoquine à recourir aux gros effets ou même à blaguer en scène, simple duperie et faux aplomb avilissant. Je ne l'ai que trop éprouvé dernièrement à Chantereine, avec Brid'-oison, avec Grapin, et avec Basile, où j'ai été pitoyable.

Heureux encore de m'en rendre compte, la vanité aveugle étant le péché mignon du cabotin. Ainsi, lors de cette représentation à l'hôtel Castellane, un nommé Darey, premier rôle et prétentieux, fut accueilli dès

son entrée par des chuchotements et des sourires mal
dissimulés derrière les éventails...

« Ah! l'on applaudit donc la tenue, ici? » me dit-il
tout bas en se rengorgeant!

25 mars 1842. — M. Cherubini est mort. Il avait
quatre-vingt-deux ans, et passait pour un administrateur acariâtre. Il aimait pourtant la jeunesse, et m'a
témoigné personnellement tant d'intérêt pendant ces
derniers mois, que je suis attristé de sa perte.

La seule fois que je l'aie vu, dans son assez courte
maladie, il est arrivé une chose qui peint bien ce singulier et charmant petit vieillard. Certains élèves du
chant, logés comme pensionnaires au Conservatoire,
avaient plusieurs fois pénétré dans son cabinet et chipé
des billets pour les concerts du Carême. Le maître
ayant fini par s'en apercevoir, était devenu inabor-
dable.

Moi, qui ne savais rien de tout cela, je monte chez
lui un matin, et contre son habitude, à ma vue, il
fronce durement le sourcil et s'agite en colère sur son
fauteuil. Intimidé, je lui dis :

— Monsieur Cherubini...
— Non!
— Je viens...
— Non! Non!
— Vous demander...
— Non!... Tou n'auras pas...
— Mais, monsieur Cherubini, je venais vous de-
mander...
— Ché, si tou lé dis, zé té fous par la fenêtre.
— ... de vos nouvelles, monsieur Cherubini.

Lui, tout à coup adouci devant mon évidente sincérité et me tapotant doucement la joue :

— Té! vélà oun billet, pétit.

Cher vieux maître!

M. Auber, — l'auteur de *Fra Diavolo,* du *Domino
noir,* de *la Muette,* — lui succède. Si ce n'est pas un
bon choix, c'est un grand choix.

27 mars 1842. — Je parlais avant-hier des concerts
au Conservatoire, et cela me rappelle une bonne histoire qui s'y est passée l'autre dimanche.

M. Habeneck s'était cassé le poignet, en tombant un
jour de verglas.

En son absence, M. Tillemans, le sous-chef de la Société, crut à propos de se tourner vers le public avant
le début du premier morceau, et de faire l'annonce
suivante :

« Messieurs, forcé de remplacer à son pupitre habituel notre illustre maître, M. Habeneck, que sa *luxure*
retiendra probablement au lit quelque temps encore,
j'ose réclamer aujourd'hui, etc... »

18 avril 1842. — Depuis un mois, j'ai suivi assidû-
ment les représentations de MM. Monrose et Menjaud.

Monrose, c'est l'ombre d'un grand acteur. La pensée
n'y est plus, la mémoire est intermittente ; c'est un
fou qui fait des grimaces à un public tout embarrassé
de ne pas oser se fâcher. Et pourtant, il y a encore
par-ci par-là de beaux restes de tradition et de tempérament théâtral.

Menjaud, c'est différent. Quarante-cinq ans au plus,

à l'apogée de son talent : le marquis de *Turcaret*,
Dorante des *Fausses Confidences*, Bolingbroke, Clitandre, etc... Mais timide, simple, toujours en défiance
de lui-même.

M. Firmin, qui faisait hier sa rentrée, dans le même
Clitandre, n'était-il pas, lui aussi, au premier acte,
plus ému vraiment que la débutante? (Mlle Planat-
Naptal.)

Bizarre, cette émotion des vieux routiers, — et l'in-
commensurable confiance de presque toutes les recrues.

1er mai 1842. — Audacieux aussi, le bellâtre M. Brindeau, qui, sans être novice, ayant eu déjà certains
succès aux Variétés et au Vaudeville, débute dans les
« jeunes premiers rôles » à la Comédie.

Car, après y avoir joué tellement quellement quatre
ou cinq fois, il demande tout net une dernière épreuve,
pour être sociétaire.

Or, c'est *le Chevalier à la mode* qu'il a choisi.

Et à ce propos, un des vieux amateurs qui, comme le
baron de Lamothe-Langon, assidus aux représentations, me témoignent personnellement une très aimable
bienveillance, et me font volontiers asseoir à côté d'eux,
M. le marquis de Saint-Aulaire, l'académicien, l'ex-
ambassadeur à Londres, me dit après le troisième acte,
du haut de sa tête, en levant le siège :

— Ça, *le Chevalier à la mode...* Le bœuf à la mode !

7 mai 1842. — Hier, à Chantereine, Mondor, des
Fausses Infidélités, et Petit-Jean, des *Plaideurs* — passablement.

A la fin de la représentation, une vieille dame, que personne ne connaissait, m'est venue dire : « Bien ! jeune homme; deux silhouettes différentes... Il y a de l'avenir là dedans ». Ni plus ni moins que le vieillard du parterre à Poquelin, après *les Précieuses*. Mais c'est sitôt fait, on est toujours si bien reçu, et on ne risque que de se tromper.

Je me rends compte pourtant que j'ai fait de grands progrès pour conduire un personnage en scène, chose qui dépend parfois d'un seul geste en plus ou en moins, et j'ai certainement pour cela un tact assez rare chez un commençant. Mais la peur me paralyse toujours... C'est si bien ce que je rêve !

26 juin 1842. — Hier, ma pension a été augmentée par le jury de l'examen, ci : huit cents francs.

Si peu brillante que semble cette assurance de soixante-six francs par mois, — c'est une immense sécurité pour un pauvre diable qui avait coutume de se réveiller chaque matin devant le douloureux point d'interrogation de sa journée à gagner.

Encore, moi, j'ai mon père et ma mère, et leur adorable dévouement à mon aide, dans le passé, dans le présent, dans l'avenir, et je le sais, quand je me risque...

Mais après le naufrage du *Bâtard*, par exemple, si j'avais été seul au monde... découragé, malade, que serais-je devenu, grand Dieu ! Aurais-je eu la force ou même le temps de me raccrocher aux branches?

L'hôpital alors, et l'aumône... Et les capitulations de conscience... et l'abjection. C'est à faire frémir.

Ah ! soyons indulgents pour les misérables.

10 juillet 1842. — On répare en ce moment la grande salle des concerts du Conservatoire ; de façon que les concours sont remis cette année au mois de novembre prochain.

J'en ai d'abord été très contrarié ; mais prenons le temps comme il vient, puisque je peux passer des vacances agréablement à aller aux Français, à excursionner à cheval, — cependant que je travaillerai tout doucement, sans en rien dire à personne, la scène excellente et peu banale que je rêve pour mon concours : Pancrace, du *Mariage forcé*.

Je l'ai dernièrement vu jouer par M. Samson, — en maître.

13 juillet 1842. — Ce soir, en traversant le Palais-Royal pour aller au Théâtre-Français, j'ai appris que le duc d'Orléans était mort le matin dans un accident de voiture.

Tout en France va donc reposer maintenant sur la vie du vieux Roi, qui a tant de fois été menacée déjà ; car une régence serait sans doute impossible. L'esprit du siècle n'est plus à ces respects de seconde main ; à peine au respect royal, à peine même au respect divin.

Le petit clan du *National* va tressauter d'espérance. Il est sensible que cela peut rapprocher son heure et que les gueules ouvertes par là sont terriblement affamées.

C'est même le compte que j'ai pu me rendre de ces appétits hypocrites, qui m'a toujours dégoûté de la politique, comme la soif du temporel m'a toujours éloigné des pratiques de la religion.

La croyance, la conviction, la foi, sont choses saines et fortes. L'intolérance et la tyrannie sont odieuses.

Ah! s'il y avait des dévots charitables sans tar-
tuffes! Et de la République sans républicains d'action!

10 août 1842. — Je fais des progrès sérieux en équitation; j'ose. M. Baucher me soigne jusqu'à me faire
isolément travailler chez lui. Depuis quelque temps, il
s'est engoué d'un cheval entier — *Dorsay* — de quatre
ans, bai clair, du plus beau modèle, mais aveugle,
qu'il s'agit de dresser en haute école; et comme étude,
il m'a chargé d'abord de lui faire faire les flexions et
de le mettre en main. Comme l'animal est souple et
fort bien doué, le dressage préliminaire a marché si
vite que le patron m'a dit de passer aux airs de manège, en même temps qu'il s'occupait, lui, d'achever un
percheron de labour, assez difficile, — *Partisan* — qu'il
doit monter bientôt au Cirque des Champs-Élysées.

Hier même, nous avons fait partie de sortir de bon
matin pour fournir à nos deux bêtes une promenade
de fond au bois de Boulogne, et nous les avons ra-
menées faire une reprise au manège même du cirque,
devant MM. Dejean et Franconi.

Il va sans dire que M. Baucher a eu les honneurs
mérités de la séance. Mais enfin, *longo sed proximus inter-
vallo,* j'ai tout de même été encouragé par les connais-
seurs de l'endroit. A ce point qu'on m'a spontanément
offert mes entrées aux représentations du soir et aux
répétitions du matin, en apprenant de M. Baucher que
j'étais aussi homme de lettres et comédien...

Suis-je donc aussi écuyer?

« Excusez-moi, messieurs, je n'entends que le grec. »

Je n'en profiterai pas moins de l'occasion pour
voir de près ce curieux petit monde de clowns et de

bayadères, qui n'est ni pis ni mieux que le nôtre, quoique assurément plus simple et plus familial même.

Déjà ce matin j'ai vu répéter en piste à Auriol un équilibre de bouteilles, où il est vraiment d'une précision surprenante.

6 septembre 1842. — J'ai rencontré A. P..., avec qui j'avais de plus en plus espacé mes rapports, surtout depuis que j'avais su positivement que certains petits objets prêtés par moi pour être engagés au Mont-de-Piété, sous prétexte de subvenir aux mois de nourrice de son enfant, avaient servi à tout autre chose, et qu'il en avait même vendu les reconnaissances. De ces objets, comme de l'argent, j'avais d'avance fait mon deuil ; si pauvre que je sois, quand je prête, je donne; mais je ne croyais pas un ami capable de cette vilenie et le procédé m'avait blessé.

Je m'étais donc tout doucement retiré de lui, et ne l'avais plus vu depuis près d'une année.

Il est pourtant venu à moi, comme si de rien n'eut été.

— Comment vas-tu, Roscius?

— Pas mal, je te remercie... Et ta fille?

Alors, lui, sans plus de transition que moi :

— Ah ! ne m'en parle pas ! Elle est morte chez sa nourrice en Bourgogne. Cora et moi nous avons reçu le billet doux, de monsieur son maire.

— Et tu dis cela en souriant.

— Ne veux-tu pas que j'en pleure? D'abord, est-ce que j'ai jamais bien su si elle était de moi, cette enfant?

— Alors, pourquoi l'avais-tu reconnue?

— Par bêtise... Et puis l'habitude! Il faut bien nicher quelque part.....

— Toujours simple et fier ! Cependant tu me sembles avoir fait quelques progrès encore.....

— Oh! Oh! vas-tu courir le prix Montyon au théâtre? Doubler les Moëssard? Allons, c'est ridicule, mon cher.....

— Il vaut encore mieux prêter au ridicule qu'à toi. Il ne vend pas les reconnaissances.

— Ah! tu trouves mauvais que je ne t'aie point parlé d'abord de la mienne.....

— Je t'en tiens quitte, comme du reste. Adieu.

Et je suis parti, le cœur sûrement plus serré que ce triste fanfaron.

Tout de même une leçon profonde est cachée dans cette histoire.

Car enfin, supposons qu'une Margot quelconque, si vous avez eu l'air de la prendre une minute au sérieux, ne fût-ce que par respect humain, vienne effrontément, après avoir dormi à l'ombre de quelque grenadier, vous camper un œuf de coucou! Quelle preuve invoquer contre son dire? Pas une. Et si le petit être est bien de vous par hasard?

Voilà donc l'entrave nouée, avec une femelle douteuse; et toute l'existence ratée peut-être, pour un devoir — terrible, quand, à jamais, le soupçon l'empoisonnera.

Que voulez-vous? La société est ainsi faite : c'est une muselière mise à la nature — qui est enragée de ce côté-là et veut toujours mordre.

Eh bien, alors, il faut être logique : se marier à vingt ans, comme un provincial; ou courir le guilledou parisien à ses risques et périls.

Mais les collages, les demi-vertus; les Galatées d'occasion..... Au diable !

Et d'abord, des vertus, s'il n'y en a guère, des demi-vertus, il n'y en a pas. La vertu est entière, ou elle n'est point.

10 octobre 1842. — La rentrée au Conservatoire a eu lieu lundi dernier ; notre concours est pour jeudi 10 novembre.

J'ai donc parlé immédiatement à M. Provost du choix que j'avais fait de la scène de *Pancrace.* Mais lui, sans vouloir m'entendre, tient absolument à me faire dire la scène de « Strabon », du *Démocrite amoureux,* à cause que Mlle B... concourra en même temps dans Cléanthis.

— Mais je ne sais même pas le rôle !.....

— Eh bien ! apprenez-le tout de suite. C'est votre intérêt, croyez-moi, me dit-il. — Encore plus peut-être celui de Mlle B..., aurais-je pu lui répondre.

Ah ! les hommes ! les hommes !..... Ils n'en finissent donc jamais ?

17 octobre 1842. — Quelle différence profonde entre l'art et la science !

En science, on part d'un fonds sans cesse accumulé de résultats acquis, — et de Ptolémée on passe à Copernic, à Newton, à Laplace, à Le Verrier ; de Papin à Stephenson, à Morse et à l'inventeur de demain.....

Mais en art, sculpture, peinture, musique, littérature même, chaque artiste doit se reprendre à l'A B C et nul n'a chance de dépasser Phidias, Michel-Ange, Sophocle, Virgile, Molière ou Mozart !.....

Que sera-ce donc des arts d'exécution personnelle et fugitive ?... De l'art dramatique par exemple ?

10 novembre 1842. — Les classes de déclamation viennent de concourir sous la présidence de M. Auber. Je concourais donc dans la scène du quatrième acte de *Démocrite,* — par obéissance — et soit hasard, soit jalousie de voisinage, je n'avais aucune réplique à donner. Aussi étais-je fort en défiance. Mais à ma surprise, le jury m'a décerné le prix à l'unanimité — en partage avec Mlle B..., ma partenaire.

Je dis « le prix », car il n'y en avait pas d'autre pour les hommes; mais d'après le conseil de M. Provost, paraît-il, on ne l'a appelé que « second prix », afin de me forcer à continuer mes études.

Soit! c'est toujours le prix.

14 novembre 1842. — La semaine dernière, l'affiche de l'Odéon annonçait la reprise d'*Antony* par M. Bocage et Mme Dorval. L'effet produit jadis sur moi par cette pièce, jouée par eux dans sa nouveauté, avait été si grand qu'un soir je m'étais sauvé de la pension pour retourner les voir, et avec quel plaisir!

J'ai donc fait queue l'autre jour et, ne voyant que très peu de monde avec moi, j'avais grand'peur que tout fût pris à l'avance.

A sept heures, enfin, j'étais à ma place au parterre. Et, chose étrange, la toile se leva pour *Antony* devant une salle à moitié vide, et comme ennuyée par avance. J'étais stupéfait..... mais après trois actes, je n'en pouvais plus moi-même, et je suis parti navré.

Comme le goût change! et que les modes passent vite pour les choses de l'esprit, et suivant les âges!

MANÈGE DE LA CHAUSSÉE D'ANTIN

SALLE SAINTE-CÉCILE

Samedi 10 décembre 1842, à 4 heures précises

FÊTE ÉQUESTRE EXTRAORDINAIRE

DONNÉE PAR LES ARTISTES

Des principaux théâtres et du Cirque de Paris

Sous la direction de M. de Fitte

PREMIÈRE PARTIE

1° Grande reprise et présentation des sujets.

2° Mlle ANGÈLE, de la Porte-Saint-Martin, *travail sur un cheval sans selle.*

3° La guerre des amazones, *carrousel par les élèves du manège, hommes et dames.*

Le jeu des bagues. — Les têtes. — Voltige
Sauteurs en liberté.

SECONDE PARTIE

4° *Chandor*, étalon hongrois, présenté par M. DE FITTE, *travail libre.*

5° Intermède comique par les poneys et les singes.

6° *Dorsay*, cheval de haute école, monté par M. E. GOT, *lauréat du Conservatoire et élève de M. Baucher.*

7° Quadrille équestre, par MM. HYACINTHE, des Variétés; GRASSOT, du Palais-Royal; LIONEL, des Variétés; Edmond G..., des Menus-Plaisirs; et par Mesdames MARIA et CORALLI-VOLET, de l'Opéra; ANGÈLE, de la Porte-Saint-Martin, et MINA ROUSSET, du Palais-Royal.

L'orchestre, composé de quarante musiciens, sera conduit par M. Sughers.

A cause des spectacles du soir, la fête sera terminée à six heures.

Oui, Hyacinthe lui-même, le Faucheux du *Maître d'école;* M. Grassot, le fantasque Duc de Coislin, de *la Montansier;* M. Lionel, le jeune premier des vaudevilles de MM. Dumersan et Bayard, et moi, caché cette fois sous mon nom de baptême.

Les deux sœurs Coralli, sans être précisément de l'Opéra, ont pour père et pour frère les Coralli, les deux maîtres de ballet. — Mlle Angèle est effectivement de la Porte-Saint-Martin, mais monte très bien, très bien. Elle ferait peut-être mieux d'être tout uniment écuyère.

Voilà le degré de banquisme où en est arrivé M. de Fitte pour achalander son manège : les journalistes d'abord, les gens de théâtre ensuite, dont les femmes surtout n'ont pas manqué d'attirer aux leçons une nombreuse et riche clientèle masculine.

La fête a fort réussi, et la recette était de plus de six mille francs. Tout est bien qui finit bien.

14 décembre 1842. — A force de paresser, l'esprit s'engourdit et s'empâte au point qu'on n'en est plus le maître. Autrefois, le travail de la pensée me charmait, maintenant la moindre idée large m'étonne et pour peu que je veuille la suivre, il me semble déjà que j'ai une roue de moulin dans la tête.

On ne peut suffire à tout.

Le travail du théâtre me tient seul en éveil, mais parce qu'il comporte l'action, sans doute; car c'est l'action corporelle à pied et à cheval qui me sauve un peu. Sans cela, je m'assoupirais dans la matière jusqu'à l'imbécillité.

Ah ! Qu'elle est envahissante, cette matière ! Et quelles

courtes satisfactions elle vous rapporte en échange de si longs écœurements !

2 janvier 1843. — Voilà donc ce nouveau chiffre d'année qui va être pour moi si remplie de hasards :

D'abord, la conscription; puis le premier prix à obtenir; enfin, les débuts.

Déjà à propos de la conscription, ce matin, à déjeuner, mon père m'a dit avec une émotion contenue :

— Bonhomme (c'est son mot affectueux), hier, quand tu es allé souhaiter la bonne année à ta marraine, tu as peut-être été surpris de ne rien recevoir d'elle. Jamais pourtant elle n'a été meilleure pour toi, ni plus généreuse, et c'est à ta mère qu'elle a glissé tout bas cette obligation, pour que nous t'assurions dans une agence de remplacement militaire. Ton oncle Émile, qui, en sa qualité de maire, a une grande pratique de ces choses, est absolument contraire à toute espèce d'assurance et affirme que souvent la meilleure n'en vaut rien. Quant à nous, ta mère et moi, nous n'osons point assumer cette responsabilité à ton égard. Réfléchis bien et agis ensuite librement dans un sens ou dans l'autre.

— C'est tout décidé dans mon esprit depuis plus de deux ans, ai-je répondu; je vous le prouverais au besoin. Je l'ai écrit. Gardez donc cette belle image. Je n'en ai que faire.

— Non, garde-la toi-même, a repris ma mère. Tu es un bon enfant et un esprit lucide. Embrasse-nous et que Dieu te mène !

Voilà donc pour la conscription..... Quant au premier prix, voilà la vraie chose d'avenir, et j'y arriverai, dussé-je pour cela renoncer encore à n'importe quoi d'à côté. Mais déjà, — je le sentais l'autre jour en jouant Bernadille à Chantereine, — la scène me paralyse moins. Je fais d'une allure plus aisée ce que j'ai résolu de faire, et quelquefois même la situation ou le caractère de mon personnage m'emportent sans m'étourdir. Je me juge, pour ainsi dire, en même temps que j'agis.

Ce doit être là un des premiers secrets du grand mystère, même ailleurs qu'au théâtre. Dans tous les arts, il faut payer de sa personne.

8 janvier 1843. — J'ai passé presque toute la semaine sans sortir, que les matins, pour le manège et le Conservatoire. Ma mère souffrait d'une forte bronchite, et moi, au coin du feu, près d'elle, j'ai doucement appris *les Fourberies de Scapin* et deux actes des *Ménechmes*.

Hier, en grande causerie de convalescence, je lui disais :

— De quelle génération pensante seront sortis ceux qui demain partiront pour la renommée? Quels sont aujourd'hui, en France, les grands artistes qui à tort ou à raison, — je ne juge pas, je constate — fouettent véritablement le sang de la foule?

Dans les lettres : Victor Hugo, Lamartine, Casimir Delavigne, Lamennais, Scribe, George Sand, Michelet, Alexandre Dumas, Eugène Sue, Chateaubriand et Béranger se survivent, mais sont déjà des ancêtres.

Parmi les peintres : Delacroix, Ingres, Delaroche, Horace Vernet, Decamps.

Parmi les sculpteurs : David d'Angers, Rude, Pradier.

Compositeurs : Meyerbeer, Auber, Rossini, — mais ce dernier se tait.

Orateurs : Berryer, Lamartine, Thiers, Guizot, Lacordaire.

Journalistes et publicistes : Émile de Girardin, Alphonse Karr. On pourrait presque ajouter : Gavarni et Daumier.

Artistes dramatiques : Rachel, Frédérick Lemaître, Bouffé, Mme Dorval, Deburau même, puisque nous comptons avec le succès.

Chanteurs : Duprez. Je ne parle pas de Mme Malibran qui n'y est plus, non plus que de Mlle Mars, ni même de Paganini et de son violon qui n'ont fait que passer, car dans ces arts-là, les disparus sont bien vite morts.

Maintenant, si l'on arrive aux premiers parmi les seconds, moins brillants et moins bruyants surtout, ne sont-ils pas plus forts quelquefois, et ne seront-ils pas souvent plus durables ?

Ainsi pour ne parler que de la littérature et du théâtre, Balzac, Mérimée, Musset, moins connus en vérité que Paul de Kock à l'heure qu'il est, n'auront-ils pas leur belle un jour ?

Et quant aux comédiens et aux chanteurs qui n'ont, hélas! à eux que le jour d'aujourd'hui : Firmin, Samson, Provost, Vernet, Bocage, Levasseur, Tamburini, Lablache, Mlles George, Plessy, Damoreau et Grisi, faut-il donc mesurer leur juste valeur à l'effort de la réclame et au trébuchet de la recette ?

Quelque autre dimanche où j'aurai le temps, je veux faire une note détaillée des exécutions théâtrales qui m'ont frappé depuis mon enfance, et dont les plus anciennes, qui remontent maintenant à plus de huit années, ont décidé sans doute mon goût, puisque je n'ai pas encore le droit de dire ma vocation, pour la scène.

Je puis dès aujourd'hui en esquisser la liste, avec les noms des artistes, soulignés proportionnellement à la trace plus ou moins vivante qu'ils ont laissée dans mon souvenir, et qui fait que, Mme Malibran, par exemple, même morte, je la vois et l'entends toujours.

D'abord à la Comédie-Française :

Dans le *Tartuffe* : Mlle MARS, *MM. Provost, Périer*.
Le Misanthrope : Mlle MARS.
Henri III : Mlle MARS, FIRMIN, *Joanny*.
Hernani : FIRMIN, *Joanny, Mme Dorval*.
Caligula : MENJAUD, *Ligier, Firmin, Beauvallet*.
Louis XI : LIGIER, *Joanny, Geffroy*.
Bertrand et Raton : SAMSON, *Duparay, Régnier, Mme Des-mousseaux*.
Le Barbier de Séville : MENJAUD, MONROSE, *Mlle Plessy*.
Le Mariage de Figaro : MONROSE, Mlle MARS, ANAÏS.
La Camaraderie : SAMSON, MONROSE, *Régnier, Mmes Volnys, Anaïs*.
Les Fausses Confidences : Mlle MARS, MENJAUD, MONROSE.
Mlle de Belle-Isle : FIRMIN, Mlle MARS, MANTE.
Le Menteur : FIRMIN, *Samson, Joanny*.
L'Étourdi : MONROSE.
L'Avare : PROVOST, *Mlle Dupont*.
L'École des Femmes : PROVOST, *Mme Anaïs*.
Les Femmes savantes : MENJAUD, *Provost*, Mmes DESMOUSSEAUX, *Mante*.
Le Verre d'eau : MENJAUD, Mmes MANTE, *Plessy*.
Les Enfants d'Édouard : *Joanny, Menjaud, Mmes Menjaud, Anaïs*.
Chatterton : Mme DORVAL, *Geffroy, Duparay, Joanny*.
L'Ambitieux : *Geffroy, Mme Menjaud*.
Les Horaces : Mlle RACHEL, *Beauvallet, Joanny*.
Une Chaîne : MENJAUD, RÉGNIER, *Samson, Mlle Plessy*.
Andromaque : Mlle RACHEL, *Ligier*.
Don Juan d'Autriche : FIRMIN, GEFFROY, *Ligier, Mmes Volnys*, ANAÏS.
Tancrède : Mlle RACHEL.

A la Renaissance :

Ruy-Blas : FRÉDÉRICK LEMAITRE, Saint-Firmin, *Féréol.*

A la Porte-Saint-Martin :

Richard d'Arlington : FRÉDÉRICK LEMAITRE.
La Tour de Nesle : Bocage, *Mlle George.*
Marion Delorme : Bocage, Mme Dorval, *Gobert.*
Le Barbier du roi d'Aragon : FRÉDÉRICK LEMAITRE.
Lucrèce Borgia : Frédérick Lemaitre, *Lockroy,* Mlle George.
Antony : Bocage, Mme Dorval.
Don Juan de Marana : *Mélingue.*

Au Gymnase :

Michel Perrin : BOUFFÉ.
La Fille de l'Avare : BOUFFÉ.
Pauvre Jacques : BOUFFÉ.
Le Gamin de Paris : Bouffé, Ferville, *Klin, Mme Julienne, E. Sauvage.*
Les Malheurs d'un amant malheureux : Ferville, *Numa, Mme Allan.*
La Chanoinesse : Ferville, *Mme Julienne, Rose-Chéri, Tisserant.*

Aux Variétés :

Kean : Frédérick Lemaitre, *Bressant.*
Mathias l'invalide : Vernet, *Mlle Flore.*
Les Saltimbanques : Odry, *Mlle Flore.*
Madame Gibou et madame Pochet : Vernet, *Odry.*
Le Tailleur de Saint-Jacques : POTIER, *André Hoffmann.*
Le Désespoir de Jocrisse : Brunet.
Le Chevalier de Saint-Georges : Lafont.

Au Palais-Royal :

Létorières : DÉJAZET, *Sainville.*
Les Trois Dimanches : *Levasser,* Alcide-Tousez, *Mme Pernon.*
Le Curé de Meudon : *Samson.*
Le Philtre champenois : Éjazet, Samson.
Vert-Vert : DÉJAZET.

Frétillon : Déjazet, *Achard, Leménil.*
Les Chansons de Béranger : Déjazet, *Lepeintre aîné, Boutin.*

Au Vaudeville :

Pierre le Rouge : Lafont, Mme Brohan.
Le Démon de la nuit : Mlle Fargueil.
Un Monsieur et une Dame : Arnal, Mme Brohan.
Passé minuit : Arnal, *Bardou.*
L'Humoriste : Arnal.
Un de plus : Arnal.

A l'Ambigu :

L'Ouvrier : Boutin, *Albert.*

Aux Folies-Dramatiques :

Robert Macaire : FRÉDÉRICK LEMAITRE, *Rébard.*
La Fille de l'air : Mlle Nathalie.
Les Bayadères de Pithiviers : Mlle Sophie.

A la Gaîté :

Marcel : Laferrière.
Le Sonneur de Saint-Paul : Francisque aîné, Laferrière.

Aux Funambules :

Le Muet d'Ispahan ; le Billet de 1000 francs : Deburau.

Maintenant les théâtres de chant et de danse.

A l'Opéra :

Les Huguenots : Duprez, LEVASSEUR, *Mme Stoltz.*
Guillaume Tell : DUPREZ, *Massol, Mme Dorus-Gras.*
La Favorite : Duprez, *Baroilhet,* Mme Stoltz.
La Juive : DUPREZ, Levasseur.
La Sylphide : Mme Taglioni, puis, *Lucile Grahn.*

A l'Opéra-Comique :

Le Domino Noir : Mme Damoreau-Cinti, *Couders.*
L'Ambassadrice : Mme Damoreau, *Jenny Colon, Roger.*
Le Chalet : Inchindi, *Roger,* Mlle *Prévost.*
Le Postillon de Longjumeau : Chollet.

Aux Italiens :

Sémiramide : Mme MALIBRAN.
Puritani : RUBINI, TAMBURINI, LABLACHE.
Lucia : RUBINI, TAMBURINI, *Mme Persiani.*
Norma : GRISI (IRMA).
Don Giovanni : TAMBURINI, LABLACHE, *Mario, Mmes Grisi,*
PERSIANI.
Il Barbiere : MARIO, LABLACHE, Mme PERSIANI.

Au Cirque :

M. BAUCHER, AURIOL, CAROLINE LOYO.

19 février 1843. — La course aux femmes n'est
souvent, comme les autres courses, qu'une affaire d'en-
traînement. Elles se mettent à mesure en forme et par
une, c'est étonnant ce qu'il vous en arrive d'autres
dans le petit monde à l'envers où je vis.

Irai-je croire à quelque charme particulier?

Non, certes. Elles ne me regardaient même point
l'an dernier. Et tout à coup, sans intérêt apprécia-
ble, par curiosité, par contagion, par pure méchanceté quelquefois, pour faire enrager une voisine...
Elles partent, elles partent... elles prendraient des
numéros.

Et pourtant faire la cour pour le mauvais motif à
une fille qui aurait le sens commun devrait être
perdre sa peine. Mais voilà... Elles n'ont pas le sens
commun. Elles en viennent aux avances ; elles sont
si perverties par approche. Le vice les attire comme
le vide les chèvres. *Lasciva capella.* Mais comme
tout cela est troublant pour la probité de la vie ! Allez
donc croire à quelque chose après !

Quand la pudeur n'y est plus, toutes choses sont
égales en chiennerie, pour l'homme et pour la femme.

21 février 1843. — J'ai joué quelquefois depuis deux mois :

Frontin, de *l'Épreuve nouvelle,* passablement.

Cliton, du *Menteur,* convenable.

Gros-René, pas fameux.

Alain, des *Héritiers,* bien, pour moi.

Bernadille, de *la Femme juge et partie,* deux fois pas mal.

Le Marquis, du *Joueur,* assez bien, vu la difficulté.

Trissotin, des *Femmes savantes,* un peu contre la tradition, mais bien étudié.

Crispin, des *Folies,* pour ma satisfaction, car je doute que le public ait été satisfait.

Tout cela à Chantereine. Et Durozoir, du *Jeune homme* de M. Camille Doucet, une fois à Saint-Marcel, passablement, et une autre fois au Panthéon, assez bien, dans des bénéfices.

Enfin, Gros-René, au Conservatoire, mieux pour l'effet que pour moi. C'était la première fois qu'on faisait rejouer les élèves dans la nouvelle salle des Menus-Plaisirs.

23 février 1843. — Depuis plusieurs années, on organise pour la « saison à Londres », qui va du 1ᵉʳ avril au 1ᵉʳ juillet, une troupe française au théâtre Saint-James. Cette année, c'est Mlle Rachel qui sera l'Étoile pour une moitié, et Mlle Plessy pour l'autre. Si je pouvais m'y faire engager, pour la première moitié surtout, cela ferait bien mon affaire.

Paris me pue au nez pour toutes sortes de raisons, et ce me serait un si beau prétexte pour une purgation générale.

Ah ! pauvre Lubin ! j'ai bien du tourment dans le cœur. Je ne sais plus à présent si c'est Marton que j'aime ou si c'est Lisette. Je crois pourtant que c'est Lisette... à moins que ce ne soit Marton.

25 février 1843. — Pour la première fois de ma vie que j'ai joué, quelle déveine ! Et gros jeu encore... puisqu'il s'agit de la conscription. Numéro **252**, pour un contingent de 83 sur 567 inscrits !

Las, ennuyé, vexé, je parade le soir à Chantereine, dans Deschamps, des *Étourdis*, et Mascarille, des *Précieuses*, pitoyablement à mon premier avis ; et comme à point nommé, Mlle Rachel vient m'entendre. D'où je conclus que toute affaire pour Londres est rompue pour cette année.

Après cela, peut-être que je conclus fort mal et que les choses ne sont pas si pires qu'elles me semblent.

C'est égal, j'ai l'âme ensevelie.

N'a-t-il pas plu toute la journée !

4 mars 1843. — La curiosité du régiment pour deux mois, ne danse pas trop désagréablement devant mes yeux, surtout si je puis choisir mon corps. Par exemple à Lyon, avec Nancy et Hilariot, je serai là en pays de connaissance, et cela me ferait rompre avec certaines habitudes que je suis sur le point de prendre ici fort sottement.

Mais que deviendrait le Conservatoire pendant cela? Et ma pension ?...

Quel dommage pour moi que le père Cherubini ne soit plus de ce monde !

8 mars 1843. — Les choses s'arrangent beaucoup plus vite et mieux que je n'osais l'espérer.

Ah ! que c'est précieux et actif la protection sincère d'une femme ! Mlle Mars est allée en personne chez M. Auber. Elle a obtenu la promesse qu'on ne suspendrait point ma pension au cas où je serais forcé de passer quelques mois au régiment, et que, même si je ne pouvais revenir à Paris pour l'examen de juin, je conserverais le droit que me donne mon second prix de concourir en août pour le premier.

D'autre part, elle a parlé au général de Brack, un de ses amis, à qui elle m'a présenté comme chevaleresquement désireux de tâter pour un temps du service militaire dans la cavalerie ; et le général, un vrai homme du monde et du meilleur, s'est chargé de me recommander au colonel dont je choisirais le régiment. Donc, le 4ᵉ chasseurs en garnison à Lyon. Et les démarches auprès de la Place de Paris sont déjà entamées.

11 mars 1843. — C'est étonnant combien c'est malaisé d'arriver à se faire mettre au coup le collier militaire. Que de paperasses et de pas perdus !

Pourtant, j'ai ma feuille de route de dix-sept étapes, et je dois être arrivé au régiment le 30 mars au soir.

12 mars 1843. — J'ai pu me glisser l'autre soir à l'amphithéâtre pour la première représentation des *Burgraves.*

Quelle salle curieuse ! Tout Paris intelligent et mondain. Mais aussi quel remue-ménage, si bien que la maison Hugo et Cⁱᵉ sache outiller ses machines ! On se

serait cru au jour légendaire d'*Hernani* et de *Marie
Tudor*. Il faut en rabattre pourtant, cela commence à
sonner le vieux-neuf.

Parbleu ! la forme est toujours merveilleuse ; et
quand le grand, le très grand poète chante juste, c'est
à coup sûr le plus étonnant lyrique du monde. Sa
pièce même est presque plus que du drame. Cela
devient une sorte d'opéra grandiose dont on pourrait
dire : Paroles et musique de Victor Hugo.

Mais l'exposition par récits brisés est filandreuse et
le troisième acte est souvent obscur ou emphatique.
Aussi est-ce là que la réaction et les sifflets ont pu s'en
donner.

Restent une fin de premier acte et un deuxième
acte entier admirables.

Ah ! cela devrait consoler les impuissants comme
moi de voir un pareil homme impuissant par échappées. Mais voilà ce que c'est que l'adulation des autres
et, par suite, de soi-même.

J'ai souvenir de la Place Royale. On finit par
s'adorer le nombril, et par croire qu'on ne crache
plus que des perles. N'importe ! Si M. Victor Hugo
a vraiment du flair, risquera-t-il encore du théâtre ?

Une heure nouvelle semble sonner, ô race incons-
tante !

A qui le tour ?

19 mars 1843. — Depuis dix jours, je suis en train
de monter pour mon bénéfice, avant le départ, une
forte partie à Chantereine.

Je dois jouer, avec les meilleurs élèves en comédie
du Conservatoire, *Tartuffe* et *le Médecin malgré lui*; j'y

ai beaucoup travaillé déjà, et je compte m'en tirer à mon honneur, et à mon profit. Autrement je vais être à sec.

Du reste, il est sain pour moi-même que je m'en aille. Je m'affadirais à la fin. Ainsi j'ai joué dernièrement, par hasard, *le Barbier de Séville,* « Figaro », à Montmartre. J'avais un mal de gorge qui m'étranglait et un costume de chie-en-lit. J'ai été monstrueux.

26 mars 1843. — J'ai joué hier soir Tartuffe, convenablement pour moi, et Sganarelle assez bien. Tout a bien marché; la salle était belle. Et tous frais faits, cent quarante-sept francs me sont restés, sur une recette totale de 322 francs, chiffre inusité à Chantereine.

Maintenant je n'ai plus que trois jours juste avant mon départ pour Lyon. Quelques visites à faire encore, mais, presque pour tout le monde, éclipse soudaine. J'irai au Théâtre-Français voir le spectacle de demain soir, et mardi matin, j'assisterai à toute la leçon du Conservatoire.

La curiosité vient de me prendre de dresser une liste des rôles qu'en deux ans j'ai appris et étudiés, et, en dehors de toute facilité native, cela représente une somme de travail véritablement respectable.

J'emporte donc dans ma tête au moins quinze grands rôles de Molière : Mascarille, de *l'Étourdi;* Gros-René, du *Dépit;* Sganarelle, du *Cocu imaginaire;* Mascarille, des *Précieuses;* Sosie, d'*Amphytrion;* Sganarelle, du *Festin de Pierre;* Scapin, des *Fourberies;* Lubin, de *Georges Dandin;* Sganarelle, du *Médecin malgré lui;* Oronte et Acaste, du *Misanthrope;* Trissotin et Vadius,

des *Femmes savantes;* Tartuffe, Sbrigani et Pourceaugnac, Thomas Diafoirus.

SALLE CHANTEREINE,

21, Rue de la Victoire.

Soirée Dramatique

DONNÉE LE SAMEDI 25 MARS 1843,

Par M. GOT (Edmond).

LE MÉDECIN MALGRÉ LUI,

Comédie en 3 actes, de Molière.

Sganarelle	MM. E. Got.	Léandre.	M. Charles R
Géronte	Roger.	Martine.	Mme Julie
Lucas	Pépin.	Jacqueline	Paturel.
Valère	Chotel.	Lucinde.	Grandhomme.

TARTUFFE,

Comédie en 5 actes, de Molière.

Orgon.	MM. Roger.	L'Exempt.	M. Louis.
Tartuffe.	E. Got.	Pernelle.	Mmes Grandhomme.
Cléante	Chotel.	Elmire	Amélie.
Damis.	Charles P.	Dorine	Paturel.
Valère.	Berton.	Marianne	Dufau,
Loyal.	Pépin.		

Ordre : *Tartuffe, le Médecin.*

On commencera à 7 heures & demie.

De Regnard : Crispin, des *Folies;* — Crispin, du *Légataire;* — Hector et le Marquis, du *Joueur;* — Carlin, du
Distrait; — *Ménechme.*

De P. Corneille : Cliton, du *Menteur.*

De Beaumarchais : Figaro et Basile, du *Barbier de Séville;* — Figaro et Brid'oison, du *Mariage.*

De Marivaux : Dubois et Lubin, des *Fausses Confidences;* — Pasquin, du *Jeu de l'Amour;* — Maître Blaise et Frontin, de *l'Epreuve nouvelle;* — Bernadille, de *la Femme juge et partie.*

De plus : l'Intimé et Petit-Jean, des *Plaideurs;* — Alain, des *Héritiers;* — Mondor, des *Fausses Infidélités;* — Deschamps, des *Étourdis;* — Palaprat et Grapin; — Laroche, de *Ma Place et ma Femme;* — Dumont, de *l'Amour et la Raison,* etc...

Total ? plus de quarante rôles. C'est un vigoureux répertoire. D'autant que je ne mets pas en ligne de compte ce que je puis savoir à moitié. Il y en a un certain nombre que le Conservatoire m'a appris, rien qu'à les entendre dire, et appris dans le mouvement. C'est là d'ailleurs un des côtés les plus utiles de l'institution.

« L'Arbresle, dimanche 2 avril 1843.

« *A M. Anatole Nancy, à Lyon.*

« Mon cher ami,

« Regarde d'abord là-haut d'où t'arrive cette lettre. Tu es stupéfait? Ce n'est rien encore. Voilà le bouquet : depuis trois jours, je suis ici, cavalier au 4ᵉ régiment de chasseurs à cheval.

« Oui, le régiment que vous avez à Lyon. Et c'est pour cela que je « nous » l'avais choisi, en devançant l'appel. Mais le dépôt est à l'Arbresle, et c'est ce que j'ignorais. Impossible à présent de me déboîter. Mais toi, ne pourrais-tu sacrifier vingt-quatre heures? Dimanche

prochain, par exemple, le dimanche étant le seul jour
où le troupier soit à peu près libre, dans l'après-
midi?

« Tout le reste de la semaine, corvées, exercices et
pansage. Certes, je connais le cheval, au manège ou
en plein air, oui, mais peu à l'écurie. Songe donc!
Enserré deux fois par jour, dans les bat-flanc, avec
un coursier, et souvent deux successivement, la queue
d'une main et l'étrille de l'autre, entre une ruade et
une morsure! Sans compter la botte, l'abreuvoir et le
fumier à pleines mains! C'est inouï, n'est-ce pas?
Qu'est-ce que je fiche là?

« Va! je t'expliquerai tout; et je réserve même un
peu ta curiosité pour être plus sûr de te voir.

« La seule chose que je puisse risquer par avance,
c'est que je n'y suis que pour deux mois environ. C'est
un secret pourtant. Garde-le pour toi.

« Mais je m'arrête, car il me faut écrire à la hâte à
mon père et à ma mère.

« Ton vieil ami,

« Ed. Got,

« *Au 4ᵉ régiment de chasseurs à cheval,*
4ᵉ escadron, 3ᵉ peloton.

« Donc à dimanche prochain, je t'invite à dîner au
estaurant des pelucheurs de soie.

« Cela me remettra un peu de l'ordinaire du quartier, qui n'est pourtant pas à coup sûr inférieur de
beaucoup à celui de feu notre peu regrettée pension
Jauffret.

« Viens même avec Hilariot, si son théâtre le laisse
libre. Je l'invite aussi. »

« L'Arbresle, 2 avril 1843.

« *A Madame Got, Paris.*

« Ma bonne et chère mère,

« Je fais bien partie du 4ᵉ régiment de chasseurs qui est à Lyon, que j'avais choisi, tu sais pourquoi. Mais le dépôt de ce régiment est à l'Arbresle. Or, comme tout conscrit doit passer six mois au dépôt, je suis physiquement à l'Arbresle, tout en étant moralement à Lyon. C'est limpide, n'est-ce pas ?

« Dis bien vite à papa de ne point risquer quelque démarche rageuse auprès de l'autorité compétente, toujours infaillible quand elle porte épaulettes. Cela pourrait être nuisible, et dans tous les cas, superflu. Deux mois, ce sera sitôt passé !

« Je ne suis nullement à plaindre, chers et vieux amis, et n'ai pas même besoin d'argent, car il me reste deux cents francs qui me mèneront, j'espère, jusqu'au bout, jusqu'au retour, en dépit des soiffards, fort curieux de voir clair au fond de ma bourse. Mais, *nix !* à corsaire, corsaire et demi; sans que cela m'ait empêché de faire convenablement les choses traditionnelles de bienvenue.

« Adieu. Je tâcherai de vous écrire chaque dimanche.

« Ayez confiance. Moi, j'ai courage. Votre fils,

« Ed. Got ».

« L'Arbresle, 9 avril 1843.

« *A M. Victor Lacrampe, Paris.*

« Mon cher Victor,

« C'est une légende de « haulte gresse » que celle de
« l'incomparable machine de Chicago » d'où le
cochon, introduit vivant à l'entrée, ressort deux heures
après par vingt issues différentes, cuit, fumé et tanné,
jambon, boudin, petit salé, chair à saucisse, dessus de
malle ou manche de couteau, et nous en avons jadis
ri de bon cœur.

« Eh bien ! de même pour le conscrit, révérence parler.
Du moment qu'il a passé la porte du quartier et montré
sa feuille au maréchal des logis de garde, l'engrenage
qui marchait hier, qui marchera demain, qui marche
toujours avec sa régularité de pendule vous le
prend, vous l'enlève, l'immatricule, le tond, le décor-
tique, le repasse aux rouages voisins qui se comman-
dent, s'entre-croisent sans se brouiller jamais, et le mêle
d'un coup aux autres petits bonshommes de fabrique,
qui, dans leur mouvement automatique et à chaque
sonnerie nouvelle de trompette l'entraînent au pansage, au pain, à la corvée, à l'école à pied, au manège,
à la théorie, à la soupe, à la voltige, aux appels, aux
contre-appels, etc., etc. L'être le plus rugueux, poursuivi de tous côtés par le tocsin du Code militaire et
de l'ours inéluctable, est bien vite nettement ratissé
sur toutes ses faces, et sort brossé, obéissant, timide,
inquiet, ahuri, discipliné. Le collège nous avait ébauchés
naguère vaguement pour cela, mais nous sentions
la famille derrière, et elle suffisait à nous conserver à

chacun quelques traces d'individualité. Au régiment on devient seul de partout, seul comme tous, un numéro, et la première impression est terrible, quoi qu'on ait pu prévoir.

« Ah! ceux qui arrivent là pour leurs sept années de jeunesse, sans rachat possible à l'horizon, doivent entendre tout d'abord, comme un cri au fond d'eux-mêmes, le mot du Dante à la porte de l'enfer : *Lasciate ogni speranza!...*

« Mais moi, qui, Dieu merci, n'en ai que pour quelques mois, à la grande rigueur, je regarde la chose plutôt en philosophe qu'autrement, et comme cela, c'est fort curieux. Je serai enchanté de l'avoir vu de près.

« Te dirai-je mon entrée le soir, dans l'atmosphère déjà opaque de la chambrée à moitié endormie, avec la camoufle qui brûle encore pour faire semblant d'éclairer ses vingt-quatre hommes, le réveil au petit jour, et l'étonnement du peloton à l'aspect de ma brosse à dents et de mes premières tentatives d'ablutions sérieuses à l'abreuvoir?

« Qu'il te suffise d'apprendre qu'arrivé le 30 mars, on s'était plu d'abord à me considérer comme un « fils de famille », mais j'ai coupé court en déclarant tout de suite la vérité — et six francs de vin de l'Hérault à la cantine ont fermé le bec des plus assoiffés. Il est vrai, que, par chance, cela fait ici vingt-cinq litres, au taux de la dernière vendange.

« Une garnison de Cocagne, quoi ! Car on « s'ivrogne » plus que je ne croyais encore dans la cavalerie française.

« Les six premiers jours ont pourtant passé vite à force de besogne nouvelle, de fatigue aussi, et je dormais debout hier même avant l'extinction des feux.

N'importe, on se fait rapidement au métier et déjà
dans ce milieu inconnu qui me semblait d'abord composé uniquement d'abrutis et d'égoïsmes bestiaux, je
commence à reconnaître quelques qualités naturelles,
parfois un bon sens assez fin et de la gaîté jeune.

« Pareil effet s'est produit à mon endroit, c'est évident, que diable ! On sent bien l'homme sous l'attitude,
la pensée derrière le regard. Il y a dans chaque conscience un pèse-esprit, comme à la douane. J'ai été
partout quelqu'un. Je suis donc quelque chose ici, c'est
sûr.

« Adieu, mon cher Victor. Écris-moi le plus souvent
possible. Une forte correspondance, c'est l'orgueil et
la consolation au quartier. Le cœur me bat toutes les
fois que passe le vaguemestre.

« Tout à toi et à bientôt j'espère.

« Ed. Got ».

« L'Arbresle, 7 mai 1843.

« *A M. Victor Lacrampe, Paris.*

« Tu me demandes ce que je fais, ce que je lis, dans
la chambrée, à mes heures de loisirs...

« Ah ! mon pauvre Victor ! Ce que je fais ! Hélas, je
me brosse, je me cire, je fourbis mes armes, j'astique
mon fourniment, le tout en prévision de quelques sou-
daines et formidables revues de chambre.

« Quant à ce que je lis... Grand Dieu ! Tu m'avais
aidé au départ ·pour fourrer dans mon baluchon un
Rabelais, un petit Horace, etc... Je me préparais, pédant naïf, à jouer les Paul-Louis au quartier... Oui !

Allez donc lire au milieu du remue-ménage impitoyable
d'une vingtaine de troupiers, et des chansons, et des
propos vides, et des espiègleries massives, et des
engueulements, et des sonneries au brigadier, au fourrier, au diable, et du retentissement de grosses bottes
éperonnées dégringolant de partout vers un appel ou
une corvée. Lire!... On n'y pense même plus. Tout pour
l'action. Les journaux sont interdits. Que viendraient
faire les livres dans ce mouvement perpétuel ?... Un
Hugo, un Musset, un La Fontaine... la bonne blague!...

« Ah! par exemple, une théorie, oui! Parlez-moi de
cela! L'école du cavalier, le service en campagne, l'hip-
pologie, les fortifications... à la bonne heure! Deux
cents pages par alinéas, par numéros, à ruminer, à
potasser, à apprendre par cœur... Voilà le livre, la
bible du soldat! Bible d'ailleurs maudite par un chacun
et que les seuls fauves ambitieux s'imposent, pour
passer élèves brigadiers, ou pour capter les bonnes
grâces des chefs, la plupart du temps aussi paresseux
que la dernière recrue, — l'activité du corps étant en
général, même chez les généraux, une excuse topique
pour l'engourdissement de l'esprit.

« Car ils sont rares, va, les sujets d'élite que la
vocation des armes pousse et maintient studieux dans
cette voie austère.

« Aussi, en dehors de la masse inculte, robuste, et
comme prédestinée, qu'y entassent la conscription et
l'impôt du sang, l'armée n'est une carrière que pour
ceux qu'attire l'uniforme, ou c'est encore le dernier
pis aller honorable pour les incomplets ou les décavés,
à qui il reste de quoi arroser les galons.

« Le tableau n'est ni flatteur ni flatté.

« En guerre, c'est peut-être autre chose, mais pas

d'illusion, en garnison c'est comme cela.. Et l'on s'y abrutit ferme.

« Dire que parfois quelques vagues éclairs, quelques souvenirs classiques, quelques lambeaux de théâtre, ne me hantent pas encore la cervelle, çà et là, quand je chemine sous ma trousse de six à huit bottes de paille, ou que je suis de garde d'écurie, la nuit, avec insomnie et silence forcés. Si, certainement... parce que les idées inoculées à ma mémoire pendant vingt ans circulent encore à travers moi, comme une portion de mon sang d'il y a cinq semaines. Mais si la paralysie montait toujours du même train, je ne tarderais pas à devenir gaga...

« Adieu, mon cher Victor. J'espère te donner en personne ma poignée de main dans cinq ou six semaines, si les bruits de guerre qui ne manquent jamais de circuler au quartier, n'arrivent pas à confirmation.

« Cette question d'Orient!... terrible!...

« Mais M. Guizot est là. Donc à bientôt.

« Ed. Got.

« P.-S. — Je viens de relire ma lettre. Certaines parties sont évidemment poussées trop au noir. Que veux-tu? Il fait un temps abominable et je me suis réveillé de travers. Il y a des jours comme cela : j'ai mes vapeurs!... »

« L'Arbresle, 14 mai 1843.

« *A M. Hilariot, au Grand-Théâtre de Lyon.*

« Mon cher Hilariot,

« L'Ernestine annoncée a fait ta commission, et même en vraie femme qui s'en donne la peine. Aussi le capi-

taine m'a pris à part et m'a dit : « Vous avez donc eu
« des prix, l'an dernier, au Conservatoire ? Quelqu'un
« m'a parlé de vous, une de vos camarades, la duga-
« zon du Grand-Théâtre de Lyon. »

« J'ai fait la grue. — Ah !...

« — Mlle Nordet, a-t-il ajouté.

« — Charmante personne ! Quelle voix ! Quel talent
et jolie ! Elégante ! Spirituelle !...

« Tu penses si je lui en ai mis plein son panier... Il
jubilait.

« — Eh bien ! si vous voulez la voir, elle est chez
moi... de passage.

« De passage ! Quel parfait gentilhomme !

« — Venez prendre le café aujourd'hui à sept heures.
Vous avez permission. Je veux lui en faire la surprise.

« (Est-il assez bien dressé !)

« A sept heures tapant j'ai sonné à la porte. Quelle
installation ! Excusez ! Les deux amoureux achevaient
de dîner. La gaillarde ne s'est pas déferrée un instant,
et nous nous sommes tendu la main comme si nous
nous étions réellement connus d'enfance.

« — Vous voilà donc au régiment ! J'ai su cela par
notre ami Hilariot.

« — Et vous à l'Opéra de Lyon ! Je l'ai appris par
mon capitaine.

Bref, la comédie a été jouée à merveille. C'est si
amusant une complicité féminine devant un tiers !

« La soirée s'est donc passée aussi bien que possible.
Elle a chanté au piano son air de la reine dans *les Diamants de la Couronne*, et on m'a fait dire à moi des
vers. Je les ai laissés seuls tous les deux à dix heures.
Mais j'aurais autant aimé rester à la place de l'amphitryon. Deux mois d'économies et de printemps ! Alcmène

eût-elle donc encore tant perdu au change ? Et puis nous avons l'air de nous entendre si bien !

« Quoi qu'il en soit, depuis lors, le capitaine ne manque plus de me cligner avantageusement de l'œil.

« Cela m'arrange à tous les points de vue et je te remercie de ta bonne idée, qui peut me devenir véritablement utile à un moment donné.

Pâques ! Un beau soleil ! Les cloches aux sons frêles
Appellent lentement à vêpres les fidèles ;
Et l'église lointaine, un gothique géant,
Ouvre sa triple ogive et son porche béant,
Où le flot murmurant de la foule s'engouffre,
Comme un ruisseau qui va se perdre dans un gouffre.

Quelque siège traîné, quelque toux de vieillard,
Un cri pour provoquer quelque lointain regard,
Puis tout se tait. On voit auprès d'une matrone,
Un jeune impertinent qui vient dormir au prône ;
On entend les enfants parler à demi-voix,
On voit aussi gronder les mères. Et parfois,
A l'œil noir des chasseurs, l'œil bleu des demoiselles
Lancer en se voilant d'humides étincelles.

« J'aime à croire que le bon Dieu ne me tiendra pas rigueur de ces quatorze vers cavaliers que j'ai commis, et m'épargnera un plus long purgatoire à l'Arbresle.

« Adieu, cher ami, souhaite de ma part un bonjour reconnaissant à la charmante dugazon, en attendant d'elle, ici, un nouveau passage.

« Bien à toi,

« Ed. Got. »

> « L'Arbresle, 2 juillet 1843.

> « *A M. Hilariot, près Lyon, à l'île Barbe.*

> « Cher ami, que tu es heureux dans ton île Barbe, à l'ombre, par ces temps de sirocco !

> « Ah ! si tu nous voyais rentrer au quartier après deux heures de dressage ou de manœuvres, tout raidis de poussière collée, et bouchonner nos chevaux d'abord, c'est là que tu comprendrais ta chance. Sans compter qu'une adorable main peut te verser le cinname et la myrrhe, à l'heure où nos plus veinards n'ont même pas la ressource de « la marchande de tabac. »

> « La marchande de tabac ! Oui, cette forte brune dont je t'ai montré l'arrière-boutique, et qui ne comprend le chasseur qu'en grande tenue et le sabre traînant, voilà la Mère des Grâces à l'Arbresle.

> « Ajoute, par aventure, en dehors d'un établissement de... l'État, quelques dévideuses en bordée, et tout sera dit sur le menu galant d'une garnison de soixante gaillards râblés dont le plus vieux a vingt-cinq ans.

> « Or, quand la pensée presque unique de tout jeune être en liberté va là, juge ce qui doit se passer dans ces cloîtres sans cilice. Que de rêves, de hennissements, que de rage !

> « Mais que de larmes cuisantes en revanche, et de tisane ! C'est là sûrement un sujet scabreux, difficile à toucher d'une plume légère, et qui me ramène tout droit à la question de l'autre jour. Certes, je ne suis pas un corps glorieux et j'ai ma bonne part des communes misères, pourtant, est-ce orgueil, est-ce dégoût ? J'ai horreur des gamelles. Cela m'a toujours sauvé.

> « Une idée m'est venue : Si Ernestine travaillait sans

affectation mon capitaine, en ma faveur, lors de son prochain « passage ». Il faudrait que je fusse à Paris vers le 25 juillet. Ne lui dis que cela. Elle connaît la matière. Elle a le très juste amour-propre de sa finesse et de son influence. Aie soin de conclure par ces mots fatidiques qui feront tressauter son perfide cœur : « Tout pion « gagné mène à dame. »

« Tu ne comprends pas? Tant mieux. Cela te fera dire la chose à la lettre.

« Embrasse-la cependant pour moi, par-dessus le marché.

« Ton vieil ami,

« Ed. Got. »

« L'Arbresle, 14 juillet 1843.

« *A M. Hilariot, à l'île Barbe, près Lyon.*

« Mon cher Hilariot, ce congé que j'osais à peine espérer de vingt jours, et vers la fin de juillet, notre amour de petite bonne amie vient de me le faire octroyer d'un mois et à partir de demain samedi. Car c'est elle, je n'en puis douter.

« Quoi qu'il en soit, m'en voilà pour jusqu'à l'Assomption. Et je dois être sauvé, ou je ne suis qu'une bête.

« L'important c'est que mardi prochain je tombe comme un obus en pleine classe de M. Provost, avec mon second acte des *Fourberies*. Quel effarement de grenouilles ! Bon Dieu !

« En cas de succès le rachat me viendrait au besoin de tous côtés, ou même la libération définitive, c'est clair.

« En cas de chute... Dame ! tout comme si je ratais mon premier prix, je retrouverais à l'Arbresle ma paillasse toute bordée, et j'attendrais les événements au port d'armes, ce qui ne me fait plus la moindre peur.

« Voilà mon plan.

« Bien à toi de cœur.

« Ed. Got.

« J'écris un mot à Ernestine. Mais dis-lui, par surcroît, que je suis heureux d'être heureux par elle.

« O ces anges ! sont-ils assez canailles ! »

17 juillet 1843. — En partant de Trévoux, la diligence avait quitté l'ancienne route et ce matin ma surprise a été grande quand la voiture s'est arrêtée à la gare du chemin de fer, qu'on nous a transportés tout crus avec elle sur un « truck », et que le train s'est mis à courir tout droit.

En 1836 ou 37, certain jour de congé, mon père m'avait bien fait aller d'un hangar de la place de l'Europe jusqu'au Pecq, en wagon, comme dans un joujou bizarre, montagne russe ou balançoire... Qui donc y croyait alors ? Mais aujourd'hui, je sens cela tout à fait sérieux.

De Choisy-le-Roy, j'aperçois les clochers de Paris, ses fumées. Voilà le faubourg, voilà Bercy. Dans une demi-heure, je descendrai rue Notre-Dame-des-Victoires.

20 juillet 1843. — Ma chambre, mes livres, mes papiers, mon train-train d'il y a quatre mois. J'ai tout retrouvé, ou à peu près... Mais comme mon père et ma mère sont bien les seuls vivants dans mon cœur ! Comme je l'ai senti à chaque tour de roue qui me rapprochait de Paris ! En apercevant Sainte-Geneviève et les églises lointaines émerger de la brume du matin, je ne voyais qu'eux, je carillonnais à leur porte, je jouissais délicieusement de leur surprise... Voilà le troupier ! Voilà votre fils ! Jeune, bien portant, résolu, comédien ou soldat, n'importe, mais croyant à vous, à l'avenir et au bon Dieu, puisqu'il nous fait ces joies !

Et j'avais raison. Excepté là, quelle indifférence parfaite au fond, et que le monde s'arrangerait bien sans moi... au Conservatoire, à la Comédie-Française, partout.

M. Provost s'est déclaré surpris des progrès que j'ai faits au quartier, et l'impression produite sur la classe a été manifeste.

Mes idées se sont classées, ma voix s'est assise et assouplie, mon geste est devenu plus volontaire, pour ainsi dire, sans que je m'en sois presque mêlé autrement qu'avec la préoccupation vague qui fait que toute idée dominante est digérée sans doute par les nerfs et par le sang.

23 juillet 1843. — Malgré le grand talent personnel des maîtres l'enseignement au Conservatoire est presque toujours puéril et incomplet. Becquée mal digérée, viande creuse, tout au plus bonne pour les enfants ou les ignorants crasses.

« Ne grasseyez pas, prenez la tradition ; suivez ce mouvement, et surtout dites comme je dis, dussé-je vous le faire redire cent fois. »

En voilà vraiment trop peu pour un art aussi com plexe que celui-là.

Certes la rhétorique ne fait pas plus l'orateur, que la prosodie le poète. Mais enfin, pour parler correcte ment une langue, n'est-il pas indispensable d'en savoir au moins la grammaire ? Or, comme il n'y en a pas d'écrite, ou même d'enseignée, pour la déclamation, il est utile d'en dégager une, aussi brève que possible, de tout ce fatras, et de l'étude constante de ce qu'on entend, de ce qu'on voit, de ce qu'on sent au théâtre, ou de ce qu'on essaye d'exécuter soi-même.

Et d'abord, un grave défaut presque général à la scène, où l'émotion et l'inquiétude instinctive de ne pas se faire assez entendre contractent les muscles de la voix, c'est de parler plus haut que de raison. De là, une foule de conséquences : le manque de naturel et l'impuissance pour la vérité et la variété des inflexions. Puis la fatigue et même l'énervement dans les rôles les plus bénins du monde.

Il est certain, au contraire, que tout réside : 1° dans la pose initiale du son, vers le médium, comme pour le chant; 2° dans l'économie de la respiration, dont les points et les virgules sont le guide tout trouvé pour la prose comme pour les vers (notez ceci) ; 3° et dans l'articulation constante, surtout pour le soutien des finales. Car c'est vers la finale toujours que tend la pensée.

Quant à vous faire entendre, n'en ayez cure; avec une voix rigoureusement suffisante, vous serez alors entendu beaucoup mieux et mieux compris qu'avec la plus belle voix dépensée au hasard ou mal à propos.

Que de qualités pourtant ne faut-il pas encore pour faire un comédien !

Je ne parle pas de la mémoire, cela va de soi, mais

des simples qualités physiques : le visage, l'œil, le
corps, la taille, la jambe, la voix, l'articulation,
l'adresse, le charme, la physionomie, la distinction ou
l'originalité.

Quant à l'intelligence... Ah ! ne l'étendons guère, de
même que pour bien d'autres arts, au delà de leur
intelligence spéciale ; donc, pour le théâtre, à l'organisation, à l'habitude et à l'instinct théâtral, qui appren-
nent parfaitement leur métier à la plupart des comédiens, sans qu'ils s'en rendent bien compte ; puis à la
chaleur, aux nerfs, à l'âme ou parfois à la conviction
bête, tout bêtement.

L'intelligence à côté paralysant plutôt, hélas ! en
général, parce qu'elle donne le sens critique et la
défiance de soi-même.

Le parterre, d'ailleurs, ne préfère-t-il pas trop souvent une somme de qualités bien en dehors à toute la
science du monde sans grands moyens d'exécution ?

« Ris donc, parterre ! » faisait dire au marquis Turlupin, de la *Critique,* Molière en personne, pour fla-
gorner cette même foule qui vient au chaud digérer le
spectacle.

Mais il ne devait pas non plus la croire infaillible.

Je veux terminer par certains conseils que me donnait ce soir même (27 juillet 1843), dans une intermi-
nable promenade sur le boulevard Saint-Martin, à
propos du côté plastique du théâtre, un oncle de Ponchard, M. Mathis, comédien d'expérience et de talent,
ancien premier rôle de province, puis aux Variétés,
maintenant à l'Ambigu. Le côté plastique a bien aussi
son importance. Ne voit-on pas l'acteur avant de
l'écouter ?

« L'unité étant le but d'une œuvre d'art, tout dans

un personnage doit tendre à l'unité. Il faut donc établir un rapport harmonieux entre la pensée et la forme.

« Ce qui frappe, après l'ensemble, c'est le visage, la physionomie, puis l'habillement, l'ajustement.

« Or, pour le visage, les traits abaissés sont sévères, les traits relevés sont comiques. La lumière venant invariablement de la rampe, il faut adoucir les ombres par en bas. Quand on veut se grimer, ne jamais forcer les tons sur quelques parties, et se défier des teintes générales qui tuent presque toujours l'expression. La perruque est une chose fort considérable. La barbe aussi. Laisser aux lèvres tout leur jeu apparent, même avec les moustaches.

« Pour l'habillement : Autant que possible ne point déplacer l'attention par quelque ajustement brillant, ou de couleur tranchée. Bien accorder la coupe avec le caractère. Tâcher toujours de jouer un rôle avec un seul costume. On reste ainsi plus sûrement dans la mémoire du spectateur. »

Tout cela est-il absolument vrai ?

Je le crois, car c'est vraisemblable. Je le note en attendant la pratique.

M. Mathis m'a beaucoup aussi parlé de la mise en scène, art accessoire, art de recherches et d'ingéniosité, dont il fait le plus grand cas, et qui gagne évidemment du terrain sur toutes les scènes françaises, mais qui n'est, en fin de compte, qu'une sauce (très estimable sans doute, quoique fort chère) destinée peut-être quelque jour à remplacer le vrai poisson.

31 juillet 1843. — En matière théâtrale, rien ne

s'est produit de bien nouveau pendant mon absence.

Si, pourtant, un succès à l'Odéon, une tragédie de M. François Ponsard, *Lucrèce*. Comme l'Odéon ferme en été, je suis allé voir jouer la pièce, au Théâtre-Montmartre, par plusieurs élèves du Conservatoire. L'exécution a été assez bonne. Mais l'ouvrage, honorable assurément, scénique même, et plein de vers qui font penser souvent à André Chénier, est-il vraiment de force à ce qu'on l'oppose aujourd'hui à ceux de l'École romantique d'hier encore? Je ne vois là ni les qualités, ni même les défauts qui s'imposent. Mais il fallait un succès à la réaction. C'était dans l'air. Je l'avais pressenti après *les Burgraves*... Échec au Roi?

Au Théâtre-Français, rien ou presque rien. Une espèce de grand vaudeville à costumes, *les Demoiselles de Saint-Cyr*. Le père d'*Antony*, de *la Tour de Nesle* et de *Mademoiselle de Belle-Isle*, en venir à cette fausse couche enfantine! Que diable le nom d'Alexandre Dumas fait-il sur l'affiche? C'est de n'importe qui, un pareil badinage. On assiste à cela sans ennui... Puis on s'étonne... Mais c'est du théâtre, et cela suffit, car c'est bien joué, très bien joué même, en quatuor, par MM. Firmin, Régnier, Mlles Plessy et Anaïs.

Demain, le concours. Et il s'agit pour moi du premier prix, quand même! C'est tout ou rien.

La grande scène de Scapin, au second acte des *Fourberies*, et une réplique, Géronte, dans le quatrième acte du *Légataire*, — que j'espère rendre importante, — voilà mes atouts.

Je viens, en rentrant du spectacle, de tout repasser une dernière fois, et je note impudemment que j'ai bon espoir.

9 août 1843. — Vive moi!... J'ai le premier prix.

Minuit. — Quelle abominable tuile! Le Comité a décidé, depuis quatre jours, qu'il n'y aurait plus de débuts nouveaux cette année à la Comédie-Française.

Me voilà bien!

J'ai trois jours pleins devant moi. Luttons d'abord. Mlle Mars, M. Provost, M. Auber, M. Édouard Monnais, M. Cavé... tout le monde à la rescousse!... Dès neuf heures, demain, je forcerai les portes.

10 août 1843. — Mes affaires ne marchent pas comme je voudrais, et voilà que, ce soir, un bon petit ami, sans doute, a remis à mon nom, chez mon portier, une feuille de chou qui m'éreinte en deux colonnes.

Bah! la presse, je la connais; et la presse spéciale, donc!

Le théâtre est devenu chose si importante dans les mœurs parisiennes que chaque grand journal a, de fondation, « un critique du lundi », généralement écrivain distingué, plus ou moins compétent dans la matière, plus ou moins consciencieux aussi, et dispensateur de gloire hebdomadaire aux auteurs et aux acteurs... qui ne manquent guère à le saluer de loin.

Avances en politesse, escompte en compliments. C'est le train du monde.

Mais certains feuillistes ont greffé bien vite là-dessus une industrie aussi lucrative que malhonnête, et, parmi ceux-là, un nommé Charles Maurice, plus malin certes que les autres, car il a été comédien jadis, et sait à merveille que l' « on peut aisément louer ou blâmer tout ». Seulement tout, pour lui, dépend du cadeau qu'on fait : feuillette, andouille, argenterie, n'importe ; ou tout au moins abonnement à son *Coureur de Spectacles,* suivant les moyens de « la ousted ».

Et depuis vingt ans, chaque jour, le forban compose sa gazette de bout en bout, est duelliste au besoin, et se flatte carrément de faire repousser les plumes aux pigeons avec le sale onguent de sa publicité. « Donnant, donnant », quoi ! C'est sa devise à cet homme.

Or, je n'étais pas même allé voir les premiers. Inutile de dire si aux seconds j'ai rendu hommage ! A lui, surtout.

Aussi, après mon second prix, m'avait-il fortement étrillé, me contestant net tout avenir.

Cette année, il ne se dément point, pardieu ! Mais voici comme il conclut : « Enfin, M. Got a raccroché le premier prix de comédie, dans ce rôle de Scapin. Est-ce bien là le même jeune homme qui, l'an dernier, faisait concevoir de belles espérances ? »

Le vieux pitre ne s'était pas avisé de relire son jugement d'il y a neuf mois. C'est assez typique.

Faut-il bien regretter un métier où l'on est justiciable de pareilles espèces ?

Je suis allé voir à la Comédie-Française l'assez faible *Latréaumont* d'Eugène Sue et Dinaux, et M. T. Toussenel, mon ancien professeur à Charlemagne, m'a mené, pendant un entr'acte, au café du théâtre, où il m'a présenté à son frère, le phalanstérien ; à M. Français, le paysagiste, et à M. Sue en personne. Mais combien différent, celui-là, du viveur au gilet blanc, à la boutonnière fleurie, dont on racontait les élégances au temps de *la Salamandre*, de *Mathilde*, etc... Eugène Sue est maintenant un gros petit homme roulé en boule et tout plein de piquants... Il n'avait pas même voulu assister à la reprise de sa pièce.

« L'Arbresle, 15 août 1843.

« *A Monsieur Hilariot, île Barbe, près Lyon.*

« Encore moi! Oui, de retour à l'Arbresle, descendant de patache en plein jour d'Assomption.

« Et pourtant, lorsque samedi dernier les journaux de Paris t'ont apporté la nouvelle que j'avais enfin enlevé ce premier prix, tu n'auras pas manqué de penser : « Voilà mon copain hors d'affaire. » Ah ! bien oui ! Trois heures après cette chance, le guignon se mettait après moi, s'acharnait après moi, et je ne me suis plus vu debout.

« D'abord, ç'a été la Comédie-Française qui ne fera redébuter personne cette année. Puis le Conservatoire qui m'a dit : « Vos études sont terminées, vous ne toucherez la pension que jusqu'à la fin des vacances. »

« Enfin le ministre de la Guerre vient de couronner l'œuvre en répondant de sa grosse voix : « Tout décompte — quand décompte il y a — ne peut avoir lieu qu'après six mois au régiment. »

« Du coup, j'étais noyé.

« Mais tes protecteurs naturels, me diras-tu, Mlle Mars, M. Provost, *le National* même, M. Jules Bastide ou Marrast, que sais-je ?

« Eh! je les ai tous vus, cher ami. Benoîtes paroles confites dans beaucoup d'espérance vague, voilà ma glane. Je n'insisterai donc pas. Autant attendre la libération pure et simple, si elle doit venir. Que ferais-je d'ailleurs d'ici là ?

« Mais, dans le fond de l'âme, je suis irrité, j'en conviens, surtout contre le Théâtre.

« Et puis, à la grâce de Dieu !

« A un bon bientôt, et tout à toi.

« Ed. Got.

« Je finissais de dîner à mon auberge, quand j'ai appris que demain matin nous partons pour le camp de Villeurbane, qui n'est qu'à deux lieues de Lyon. Je suis dans la joie. J'ai rouvert ma lettre pour ajouter ce *post-scriptum.* »

———————

« 20 août 1843.

« *Au même.*

« Sur le bateau à vapeur du Rhône.

« Qui aurait pu penser, mon cher ami, quand tu m'as vu jeudi actionné et souriant au milieu des embarras pittoresques de l'établissement d'un camp, que, quelques heures après, mon avenir serait décidément bouleversé de fond en comble ?

« Mais cette démarche auprès du général, démarche qui, avec la bonne lettre du général de Brack, nous paraissait sensée à tous deux, n'est-ce pas? Comment prévoir qu'elle serait aussi mal reçue ?

« Oh ! ce Waldner de Freundstein, quel triple schlagueur ! Quel cosaque ! Qu'allais-je pourtant demander, qu'un autre modeste bout de congé?

<table><tr><td>I.</td><td style="text-align: right">9</td></tr></table>

« — Et que le congé était déjà de trop... Et que c'était d'un cabotin que reconnaître ainsi la trop grande faveur qu'on m'avait accordée, etc., etc.

« Alors fausse honte, dépit, je ne sais quoi, un éclair aigu m'a traversé la cervelle, faisant tout à coup la nuit derrière moi, à côté de moi et en moi-même, et je demandais aussitôt à aller faire campagne dans le 6e escadron que l'on forme là-bas aux chasseurs d'Afrique.

« Était-ce assez stupide ! Quoi! Mon père, ma mère, mon passé, mon avenir entrevu et touché presque déjà, ma mère surtout, hélas ! je jetais ainsi tout au vent, avec une parole, dite bien plutôt que pensée! Mais au fond c'est si bien tout moi : des nerfs, une rage, une crânerie, un rôle enfin. Quelle pitié!

« Et comme je suis aussi fort en école du soldat et en théorie, en cheval surtout, que n'importe quel brigadier de deux ans, le lendemain j'étais désigné avec vingt-sept de mes camarades, dont deux sous-officiers, pour quitter le camp au passage du bateau à vapeur qui descend le Rhône et qui, dans trois jours et demi, nous aura déposés à Port-Vendres, sans armes, en petite tenue.

« Quel jour serons-nous à Oran? Je l'ignore. Mais c'est à Oran que nous allons.

« Mets tout de suite à la poste du camp la lettre ci-incluse à l'adresse de ma mère ; et ne dis rien à personne, j'aviserai.

« Tout à toi de cœur,

« Ed. Got. »

« Oran, 29 août 1843.

Au même.

« MON CHER AMI,

« Je viens d'arriver à Oran, il y a deux heures, en bonne santé, et je t'écris ceci à la hâte sur le coin d'une table de cantine.

« C'est donc bien vrai! Oran!... l'Afrique! Il y a vingt jours je répétais tranquillement dans mon lit, boulevard du Temple, 10, ma scène de concours pour l'après-midi au Conservatoire.

« Et me voilà follement dans la machine de fer et de feu... Que de choses, de rêves, de cauchemars sans doute!

« Pour les lettres de ma mère je compte absolument sur toi.

« Je te récrirai aussitôt que je saurai où nous allons en garnison, ou en campagne, ce que je souhaite plus que tout. Bah! les canards l'ont bien passé! Et j'en vaudrai au moins un autre, que diable!

« Mon seul souci réel, c'est que le bon Dieu respecte la sainte ignorance de ma mère.

« A bientôt et tout à toi,

« Ed. Gor. »

1ᵉʳ septembre 1843. — Ah! il faut le dire, l'Afrique n'est point belle d'abord le long de notre route. Un pays plat, pas un arbre, de la poussière blanche et de l'herbe sèche ou même brûlée, car nous marchons quelquefois sur de la vraie cendre, dans une espèce de vieille voie romaine; au fond, en face de nous, une campagne assez verdoyante, oui, et par derrière, au loin déjà, la mer toute bleue, avec ses petits moutons blancs qui courent sous le ciel; mais à notre droite, des marais saumâtres où l'on nous défend de boire, parce qu'il s'y trouve une masse de petites sangsues.

Vers dix heures, on s'arrête pour manger à un village, une sorte de trou. Des Espagnols et des Juifs en quantité.

Le maréchal des logis, devenant plus communicatif, nous dit que nous allons au « fort d'Orléans » pour nous équiper et que nous y arriverons le soir.

Quelle réception, à ce camp du Figuier! C'est le nom de l'avancée.

Le commandant, un vieux lieutenant-colonel de ligne, arrive avec une humeur de dogue, et demande si l'on se fout de lui, d'envoyer soixante hommes comme ça? Il jure après nous, après l'intendance, après tout.

Et il nous tourne le dos.

On arrive au quartier de cavalerie et le maréchal-chef distribue les chevaux. Puis après un pansage, nous mangeons la soupe, et on va s'étendre sur la paille, où la fatigue sauve notre sommeil des cancrelats et des moustiques.

Mascara, 8 septembre 1843. — Je suis à Mascara depuis six jours. Du camp du Figuier, nous sommes venus en deux étapes, par une route toute neuve qui, après avoir côtoyé en haut des montagnes superbes, traverse de riches plateaux cultivés presque à l'euro-

péenne. Mais on y sent une autre nature, et d'autres
hommes aussi, rien qu'à voir sur les pentes éclater au
soleil ces petits amas de maisons blanches semblables de loin à des pierres de taille au pied des grands
cyprès qui découpent l'horizon.

Quant aux noms de tous ces beaux pays, je ne m'en
doute même pas, et les anciens de la colonne les
ignorent ou les estropient à qui pis-pire. Le soldat
marche par ordre, vit comme il peut, agit quand il
faut, mais ne pense point. Qu'importe ! Voir c'est
avoir, n'est-ce pas ? Et je me réveille parfois déjà Afri-
cain jusqu'aux moelles. Il n'y a pas jusqu'à mon petit
arabe qui ne me charme à présent, et j'ai partagé avec
lui mon biscuit d'ordinaire, car les changements
d'air et de nourriture m'ont fort éprouvé durant vingt-
quatre heures. Après quoi je suis redevenu ferme,
comme *Sidi* lui-même — qui est mon dit coursier — et
nous avons fait notre entrée à Mascara. C'était jour de
marché. Nos pelotons bigarrés ont traversé sabre en
main les deux « fondouks » grouillants de bouchers
en plein vent et de vendeurs de légumes accroupis sur
leurs talons, la grande rue, puis la place de la Mosquée. Et le quartier a refermé sur nous ses portes.

10 septembre 1843. — Ce matin on avait demandé
un homme pour répondre la messe, et je m'étais offert.
Ma manière de lire le latin et mes *Kyrie eleison* ont
frappé l'abbé si sympathiquement qu'il m'a retenu à
déjeuner. C'est un excellent homme, au moins aussi
soldat que prêtre, et après deux exquises tasses de
café turc, en tiers avec des pipes et un carafon d'eau-
de-vie, assis face à face comme une paire d'amis, nous

avons taillé une forte bavette en regardant une carte géographique par lui faite à la main et que j'ai copiée.

C'est ainsi que je me trouve, à l'heure qu'il est, au courant d'une foule de nouvelles et de choses qui n'entrent jamais dans l'oreille d'un simple cavalier, et qui sont pourtant du plus haut intérêt. Et qu'Abd-el-Kader a repris tout à coup l'offensive dans le Sud avec des contingents réguliers, et l'aide sournoise des tribus mal soumises, et même du Maroc. Et qu'il y a eu deux affaires importantes mais indécises depuis quinze jours. Et que des blessés assez nombreux ont été amenés dans la nuit d'hier à l'hôpital...

Nous ne tarderons pas à avoir du nouveau.

L'autre nuit, prenant le frais et fumant à la fenêtre avec un brigadier de ma chambrée qui est enfant, bon enfant de Paris, et artiste par tempérament, nous avons entendu certaines mélopées que les femmes arabes chantent au clair de lune sur les terrasses de leurs maisons. C'était charmant.

———

« Mascara, 1ᵉʳ octobre 1843.

« *A M. Hilariot, au Grand-Théâtre à Lyon.*

« Cher ami, je t'écris à nouveau de Mascara, mais j'en ai été absent vingt jours sans avoir couché autre part qu'à la belle étoile. Je n'en ai été et n'en suis ni moins bien portant ni plus triste, au contraire.

« Cela fait, procédons par ordre, ou plutôt par émotions, pour être franc, en me reportant aux notes jetées en courant sur les pages de mon carnet, pages

au crayon déjà effacé à demi par la transpiration, le
frottement et la pluie.

« Le 12 septembre, à l'appel du pansage, un petit
général, brun, grosses moustaches, longs cheveux,
fez rouge cabossé, est entré brusquement dans la cour
avec le colonel Morris, et ils ont tous deux procédé à
la revue, nous regardant droit à l'œil. Après quoi on
a formé le cercle et le général a dit :

« — Jeunes gens, je viens chercher l'effectif des
« escadrons présents à Mascara, pour rejoindre l'ar-
« mée du Sud-Ouest. Que la colonne soit prête à trois
« heures pour faire demi-étape. »

« Un incident cocasse l'interrompit ; le maître trompette, mal dégrisé de la veille, se mit à crier : « En
« avant, marche ! » Mais pendant que deux sous-officiers enlevaient l'ivrogne du rang pour le mener au
poste, il cria plus fort : « Vive Lamoricière ! »

« Car c'était lui. Un crâne officier, à première vue.

« Le général se contenta de sourire et ajouta :
« Quelques-uns parmi les arrivés volontaires n'ont
« encore que la tenue de leurs régiments d'attache. Ils
« recevront aujourd'hui un képi avec pente en toile,
« un manteau, et le reste des effets de paquetage.
« L'habit d'ailleurs n'est rien, pourvu que le cœur soit
« français ».

« L'annonce imprévue faite par cette voix vibrante
remuait-elle plus que de raison mon pauvre cœur de
conscrit ? Je ne sais. Mais un souffle passa sur ma
face, et le poil de ma chair se hérissa.

« A trois heures nous partions, par un gros orage.
Nous allâmes à cinq lieues environ vers l'Ouest, jusqu'à l'Oued-Habra, dans le pays des Beni-Amer. Nous
avions trottaillé gaîment ma foi ! fumant et chantant,

pendant deux heures, sans rencontrer d'autre humain
que quatre ou cinq femmes arabes, sorte de bestiaux
chargés de corbeilles en natte pleines d'olives et qui
détournaient le nez pour ne point voir les « giaours ».

« Vers six heures, on mit pied à terre à un kilomètre
du cours d'eau; on confectionna le « fricheti »; on
donna l'orge aux chevaux, mis à la corde, attachés au
paturon, et le bivouac fut préparé.

« On me désigne de grand'garde avec cinq cavaliers.
On nous fait charger nos fusils, et nous nous en allons
à mille pas du bivouac, au bord de l'eau.

« La nuit tombe très rapide. Des milliers d'étoiles...
Pas de lune. On n'aperçoit plus la vedette sur son cheval
à cent mètres en avant. Mon tour de faction arrive à
minuit. Me voilà à l'avancée, immobile à cheval, le
fusil haut, le doigt sur la détente. Je regarde dans le
noir, j'écoute le silence. Des chiens aboient loin, loin;
le temps est moite, le ciel admirable.

« Mais ma première demi-heure est stupide. Mille
images incohérentes me traversent la cervelle comme
des lueurs : mon père, ma mère, toi, Paris, les hyènes,
les boulevards, le Théâtre-Français, des Arabes ram-
pants.... C'est trop bête ! Je finis par en rire, par en
rire même si haut, que *Sidi* s'en étonne, et je réfléchis
qu'en somme l'instinct du brave animal est de meilleure guette que mon âme vagabonde, et qu'il me suffira
de regarder faire ses deux oreilles. Et puis j'y suis,
soyons-y en homme.

« La patrouille passe, la ronde... Tout va bien; et je
me dis : Bah ! c'est amusant, après tout, cette existence
active et aventureuse. Il n'y a pas jusqu'à la discipline
qui n'ait son charme. C'est sain, cela repose l'esprit
d'avoir sa vie réglée d'avance, sans discussion possible,

et par conséquent sans irrésolution et sans regret. C'est de là que viennent l'insouciance et la gaîté. On sait ce qu'on doit faire, on le fait, et on est content (1).

« Reste encore pour moi la question des premiers coups de fusil et la mêlée. Que ferai-je? Cette inquiétude me persiste.

« Voilà mot pour mot ce que je relis sur mes notes datées au jour le jour, et j'en reprends la suite du 12 au 20, avec nos marches et contre-marches. Ainsi dès le lendemain, au petit jour, nous avons battu la plaine. Plus de routes.

« Le temps s'est tout à fait remis au beau. La campagne, fertile et désertée partout, prend un grand caractère. A peine à la traverse, un marabout noir et blanc, un village abandonné ou brûlé, et dans le lointain quelques tentes brunes avec leurs fumées droites et leurs bestiaux à l'entour.

« Nous bivouaquons la nuit dans un petit bois, près d'une source, dans un campement arabe incendié.

« Enfin, samedi 14, campement à Ouisert, vers le sud, au confluent de l'Oued-Habra et de l'Oued-Herarib, où nous retrouvons nos deux premiers escadrons et les colonnes mobiles d'infanterie qui ont battu pendant la semaine le pays des Djafra et des Sdema.

« Hein? Quelle topographie! Tu vois si je profite de la carte manuscrite de l'aumônier, dont j'ai la précieuse copie en poche. Trésor inappréciable, car de ce coin de l'Oranais, on n'aurait des renseignements

_____

(1) En 1853, après la mort du pauvre Hilariot, qui m'avait légué quelques souvenirs, mes lettres me furent rendues, et Emile Augier, après les avoir lues, fut frappé de ce passage qu'il me demanda pour la seconde scène du *Gendre de M. Poirier*.

pareils ni pour or, ni pour argent, que chez le ministre
de la Guerre, et encore !

« Aussi moi qui ne dis point mon secret, je commence à passer pour sorcier dans le peloton, et les
sous-officiers ne dédaignent pas de se renseigner
auprès du petit chasseur.

« Le 16, il y a concentration à Ouisert de plus de
quatre mille hommes de toutes armes.

« Le 20, on nous réveille en douceur pour éclairer la
route à droite de la grosse colonne qui va suivre à travers champs, et nous nous faufilons de notre mieux
entre les plis du terrain, dans le lit de petits torrents
desséchés, sur des galets de marbre blanc.

« Le temps est chaud, le ciel d'un bleu féroce. L'air
est si léger que nous apercevons distinctement là-bas,
à plusieurs lieues peut-être, des Bédouins, grands
comme ça, faire les orges et s'agiter sur la pente des
monts en face, sous un gros nuage qui court à contre-
vent, et qui, une heure après, passe en grinçant au-
dessus de nos têtes, regain, paraît-il, des sauterelles du
printemps.

« J'enjambe des notes de veillées, de bivouac, toujours à peu près pareilles, pour arriver au 22. C'est le
point capital.

« Le soleil est devenu si méchant, qu'on ne peut
plus guère marcher que le soir ou le matin. La discipline s'est détendue ; on va un peu sans rangs gardés.
Les fantassins ne se plaignent pas, mais on les entend
souffler. Le but c'est Saïda, qu'on aperçoit fort bien,
ainsi qu'une grosse forteresse blanche, un peu plus
haut, à gauche, dans la montagne. Je chemine avec
tous, un peu affadi de fatigue et de sueur... quand un

grand bruit s'élève à notre gauche, et des cris terribles, et des poussières, et des coups de feu. *Sidi* dresse les oreilles, bondit. Des spahis qui sont en flanqueurs, à droite, passent en hurlant, le sabre au clair, précédés par leur commandant, le pistolet au poing. *Sidi* s'emballe dans leur tourbillon... Nous voilà tout près d'une mêlée. On crie à tue-tête ; les lames, les flissas se choquent et se relèvent rouges ; les coups de pistolet partent de tous côtés. Trois ou quatre chevaux se cabrent et galopent en saignant. Auprès d'un marabout, quelques chasseurs sont aux prises avec une vingtaine d'Arabes ; le commandant des spahis, démonté, fait tête à coups de sabre contre un grand cavalier qui a sur lui l'avantage du terrain. *Sidi* dans son élan furieux renverse ce moricaud et mord le cheval au poitrail. J'agite mon sabre, qui n'atteint personne. L'Arabe se relève pour se pendre à ma jambe, je n'ose pas le piquer et je le rejette d'un coup de botte entre les deux yeux, en même temps que le commandant le traverse d'un coup de pointe...

« Des zouaves arrivent qui nettoient tout à la baïonnette. Les feux de peloton commencent à rouler à la cantonade. La surprise tentée par les Arabes a manqué, et leur retraite vers Saïda est poursuivie par les balles du 13ᵉ léger ; mais leur attaque imprévue et vigoureuse avait d'abord jeté un grand désordre sur notre gauche...

« Dame ! tout cela s'est fait en moins de temps qu'il n'en faut pour te le raconter.

« Voici le résultat net : le lieu du combat s'appelle les Marabouts de Sidi-Iouseff. « C'était une escarmou-« che d'avant-postes, dit le rapport. Les pertes de l'en-« nemi ont été sérieuses. Nous n'avons eu que trois « tués et quelques blessés. »

« Pour ce qui est de moi, j'ai eu les meilleures chances du monde. La surprise m'a enlevé toute appréhension. J'ai couru dans le tonnerre sans y penser, et j'en suis sorti avec une sorte de curiosité satisfaite.

« Car voilà le fond : une émotion poignante, puis l'espoir et la joie indicible de pouvoir survivre avec honneur à cette grosse partie, que l'instinct de la conservation ne se résoudrait jamais à jouer, sans un immense effort moral venant de l'orgueil, ou même sans la contrainte plus sûre encore de la discipline.

« Enfin, comble de gloire, j'ai été nommé brigadier le soir même.

« Oui, mon cher, brigadier, après six mois de service, et brigadier, sur le champ de bataille.

« J'ai l'air d'en rire, mais cela m'a touché à fond, et c'est sûr que la croix d'honneur ne me remuera pas davantage quand je l'aurai...

« Je n'en puis plus... Voilà deux heures que je griffonne. Ma tête est creuse et mon récit depuis longtemps va par à-coups, comme la queue d'un cerf-volant en détresse.

« Mes notes seront d'ailleurs épuisées, quand je t'aurai dit que le lendemain et le surlendemain, de courts engagements d'infanterie et plusieurs obus bien pointés ont ouvert successivement la ville et la forteresse d'à côté ; Abd-el-Kader ayant jugé prudent de disparaître vers le Maroc, pendant la nuit, pour ne pas se faire prendre à Saïda, comme dans une ratière

« Le 28, je suis rentré à Mascara avec dix cavaliers, pour escorter un convoi dans notre quartier presque vide, horriblement sales, en loques, avec des barbes de vingt jours, mais fiers comme des paons, au milieu du respect et de l'effet moral de la victoire.

« J'ai trouvé chez le vaguemestre toutes tes lettres en paquet, et celles de mes parents, bon nanan ! Je voulais être artiste par choix, pour rester à côté d'eux... Le sort m'a fait soldat, et je resterai soldat s'il le faut, en les conjurant de ne point rompre la veine qui semble me revenir par là.

« Adieu, cher ami, je tombe de fatigue et vais, pour me remettre, retrouver deux sous-officiers de la remonte, dont l'un, ancien élève des Beaux-Arts, veut à toute force me « portraicturer » en petit chasseur.

« Adieu encore. Ne manque pas de m'écrire comme par le passé dont je te remercie.

« Ed. Got. »

Mascara, 7 octobre 1843. — Je suis tombé sous la coupe d'un lieutenant perpignanais qui n'est pas du tout commode aux jeunes, noun dé Diou !

Ah ! que j'aimerais donc mieux repartir en campagne ! Au grand air, avec l'imprévu et le danger, on redevient soi. Tous ont besoin de chacun.

L'injustice taquine dans le commandement, voilà un des abrutissements de la garnison.

Mascara, 15 octobre 1843. — Hier, le brillant colonel Bouscarin, tout poudreux de la route, et traversant Mascara pour retourner à Oran, est arrivé au galop sur la petite esplanade derrière la Mosquée, où je faisais faire un « à gauche » à quinze chasseurs, sous l'œil de mon farouche lieutenant.

— Le brigadier Got ?

— Le voilà, mon colonel.

— Bonjour, mon enfant, comment cela va-t-il depuis Sidi-Iouseff? Je vous apporte le bonjour de l'abbé Besnus. Et il vint me frapper familièrement sur l'épaule de son bras galonné jusqu'au coude.

J'en avais piqué un rouge jusqu'aux yeux.

— Après la manœuvre, venez dîner chez moi, à la Maison Carrée. Je l'attends, n'est-ce pas, lieutenant? C'est compris.

De retour au quartier, je me suis mis en tenue. J'arrive chez le colonel qui me présente comme son sauveur, en vérité, à deux de ses officiers, dont l'un fils aîné de Talma, facile entrée en matière pour une conversation, et à 8 heures je quittai notre très aimable amphitryon, sur la bonne nouvelle que dès le lendemain il emmènerait les nouveaux de chez nous exécuter une promenade militaire de l'autre côté de l'Atlas, à une quinzaine de lieues nord-est de Mascara (1).

(1) « C'était dans les vallées du Chélif, sur le bord du fleuve, — je ne saurais préciser la date, — j'aperçus un homme à barbe gigantesque, enveloppé d'un burnous : c'était Bouscarin, alors colonel, depuis général, tué à l'attaque de Laghouat. D'abord élève de l'École polytechnique, puis officier de génie et de spahis; à l'exemple de ses camarades de l'X, Duvivier ou Marey-Monge, il portait le costume arabe. Bouscarin avait comme porte-fanion un tout jeune brigadier de chasseurs de France, une vraie physionomie de gamin de Paris, à la voix nasillarde, très blond, très imberbe, à la taille mince, fort élégant dans son dolman. Après quelques minutes de conversation, Bouscarin lui fit signe d'approcher et me le présenta : « Tel que « vous voyez cet enfant, il vient de me sauver la vie. Ça lui a « valu les galons de brigadier. C'est un artiste, du reste; il a « déjà obtenu deux prix au Conservatoire; il se destine au « théâtre quand son service militaire sera fini. »

« J'ai toujours retenu son nom : il s'appelait Got.

« Quelque temps après, Bouscarin nous quitta et alla dans la province de Constantine. Son porte-fanion fut blessé à Nmon-

Ce sera donc un jeu, et pour moi, une délivrance.

L'abbé Besnus est venu me voir au débotté et nous nous sommes revus avec une sympathie réciproque. C'est l'être le plus ouvert, le plus uni qu'on puisse rêver, et chrétien dans le plus grand sens de la chose.

Il n'a pas eu de cesse qu'il ne m'ait présenté, avec toutes sortes de louanges incidentes, à plusieurs notables officiers : MM. de la Rochefoucauld, Carayon-Latour et Pierre de Castellane, ce dernier guère plus âgé que moi, artiste et Parisien par-dessus le marché.

Il m'a appris que Sidi-Iouseff a été un gros coup, et qu'Abd-el-Kader, successivement démuni de ses principaux lieutenants et de ses réguliers, ne bat plus que d'une aile vers le Maroc, où l'on ne tardera pas à le relancer encore.

Serai-je cette fois de la meute ?

NOTES DE MARCHE

6 novembre 1843. — Où va-t-on ? Des petits vallons, des coteaux pierreux, de l'alfa vert, pas un arbre, et toujours et toujours...

nèche sous les ordres du duc d'Aumale. Celui-ci le fit rentrer en France, et comme il s'intéressait à lui parce qu'étant condisciples à Henri IV, ils avaient remporté au Concours général l'un le premier, l'autre le deuxième prix... dans je ne sais plus quelle matière, il parvint à le faire exempter du service et à le faire entrer à la Comédie-Française, où Mlle Mars le poussa rapidement.

« Il y a quelque dix ans, je rencontrai un soir Got au Théâtre-Français. Nous avions bien changé tous les deux. Je le reconnus néanmoins. Je lui rappelai notre entrevue sur les bords du Chélif et nous parlâmes longuement de Bugeaud, de Bousearin et d'Abd-el-Kader. » (*Mémoires du maréchal Canrobert*, t. Ier p. 435-436.)

Le temps est gris. L'entrain me manque cette fois. Je ne sais pas même le nom du général qui commande...

9 novembre 1843. — J'ai suivi depuis ce matin, dans le tas, et parce que mon pauvre *Sidi* me porte bravement, c'est tout, car je suis malade. La force me manque avant le courage... Mais que de misères déjà ! Et si j'étais fantassin ? Admirables, ceux-là !

Ce soir, à cinq heures, le temps se gâte tout à fait. Il pleut à verse. Il paraît qu'il va y avoir marche de nuit. Bah ! autant marcher que de bivouaquer dans ce cloaque !

On part à minuit.

10 novembre 1843. — Grande halte à neuf heures. Quelle nuit j'ai passée ! Pluie continue ; rafales fouettantes. Pas de lune : on n'aperçoit pas la croupe du cheval de devant. Et voilà la pluie qui éteint les feux de l'ordinaire.

Bon ! le boute-selle... Il faut repartir. En vingt-quatre heures nous n'avons pas dormi deux heures en tout... qu'à cheval. C'est à en rire ou à en crever...

11 novembre 1843. — Après une marche forcée et effroyable de trente-six heures, la pluie a cessé. Halte et café dans une vallée. Lever de soleil superbe. Brouillards qui roulent vers l'Ouest, découvrent à mesure des collines rocheuses, des mouvements de terrains, un beau pays. Là-bas, un bois... Une grosse fumée derrière. Tout le monde l'a vue à la fois. Grand silence. Chevaux attentifs. Ordres partout. Paquetage enlevé. Cavalerie sur trois colonnes. Je suis d'un des deux escadrons du centre.

Cavalier sorti d'un taillis se sauve en tirant. On part alors au grand trot. On entend au loin les cris et les tambours arabes.

Moment indicible. Toutes fatigues oubliées.

On s'emballe dans un ordre merveilleux, sans tirer un coup de feu, et le colonel Tartas en tête ! On entre comme un coin dans l'ennemi que deux colonnes tournantes achèvent d'envelopper. Alors mousqueterie et canon, une heure durant, pendant que nous coupons la fuite et faisons des prisonniers.

Mille choses se passent, dame ! dont je ne vois pas même toutes celles d'à côté de moi. Le ciel est limpide.

Pas mal de morts et de blessés, Français d'abord ! Mais que d'Arabes ensuite ! Que d'Arabes !

On finirait par tuer pour tuer... Oh ! la chasse à l'homme ! Ivresse étrange !

C'est étonnant comme la cruauté se gagne, et comme le sauvage qui est en chaque homme reparaît vite au-dessus.

Que de scènes j'ai vues de notre part, même par ordre supérieur, férocement inutiles ! Le plus triste à dire cependant, c'est que ce procédé farouche est sûrement le bon. La Force... c'est la grande chose pour les Arabes, comme pour tous les êtres primitifs que n'a pas encore pénétrés « l'Idée ».

25 novembre 1843. — Je viens d'être nommé fourrier et je pars demain en poste pour Mostaganem, comme secrétaire du colonel Bouscarin.

J'avais le cœur serré tout à l'heure à l'écurie en caressant mon pauvre *Sidi*...

Le 26 novembre au soir, arrivée à Mostaganem. Réception charmante du colonel Bouscarin qui m'apprend qu'il a été désigné pour passer aux spahis de Constantine, et qu'après un congé passé en France, il est revenu afin de rallier en deux jours, par mer à Philippeville, Son Altesse le duc d'Aumale, qui, lui, arrivera d'Alger, dans la nuit du 30.

Et il ajoute :

« J'ai pensé à vous, et je vous emmène comme secrétaire. Au besoin vous passerez dans mes spahis. Pas de remerciements, mon cher garçon. Vous êtes de ceux qu'on doit pousser. Finissez votre café ; fourrez des cigares dans vos poches et allez dormir. »

Le 28, à midi, nous étions à bord, et le 30 nous débarquions à Philippeville.

Le duc d'Aumale, en grand arroi, est arrivé le soir même, et les uniformes de toutes armes ont circulé par la ville.

Musiques, illuminations, pétards, mais temps fort indécis. Enthousiasme officiel en somme un peu raté. Dame ! les indigènes n'y vont guère que d'une fesse, et je le conçois.

Depuis lors, ma situation est en vérité la plus souhaitable du monde. Je suis logé chez mon colonel et j'ai même eu l'honneur d'être présenté par lui au Prince-Gouverneur, qui a daigné spontanément se souvenir que mon nom fut naguère couronné à la Sorbonne à côté du sien.

Je reste à cheval jusqu'à midi aux anciennes écuries du bey ou en promenade, sur les bêtes de l'état-major.

Le reste du temps je rédige des notes pour le colonel ou j'écris sous sa dictée; travail qui me laisserait le loisir de lire ou de rêvasser la plume à la main, si je ne m'étais pas un peu ankylosé l'esprit à force de n'en rien faire. Je me surprends pourtant parfois en train de ruminer mes rôles ou mes vieux rogatons classiques.

Souvent aussi mes séances avec le colonel s'entrecoupent de longues conversations; il sait beaucoup, et dans l'intimité c'est le plus causeur des hommes et le plus sans façon.

« Constantine, 17 décembre 1843.

« *A Mademoiselle Mars, rue Lavoisier, 4, à Paris.*

« MADAME,

« Permettez-moi de contenter un besoin de mon cœur, en vous envoyant, de bien loin, hélas! d'un coin de l'Afrique, mes souvenirs reconnaissants, avec mes vœux pour la prochaine année.

« La dernière fois que j'ai eu le bonheur de vous voir, au mois d'août, après mon premier prix, j'avais cru toucher de si près à cette grande scène que j'ai tant aimée par vous! Et me voilà brigadier-fourrier au 3ᵉ chasseurs à cheval, à Constantine, secrétaire particulier du lieutenant-colonel Bouscarin du 3ᵉ spahis, et déjà fait à la rude vie qui sera peut-être désormais la mienne, mais qui a bien aussi ses heures d'enivrement, ou tout au moins d'oubli. Le général de Brack avait raison.

« Dire que je n'ai jamais regretté le théâtre et ses œuvres... et ce qu'il m'avait valu déjà de sympathies, la vôtre d'abord, madame, plus précieuse que toutes, serait dire trop assurément.

« Enfin, il le fallait. J'en ai donc fait le sacrifice. Mais plus dur encore a été celui de mes parents, de ma pauvre mère surtout, si vaillante au fond!

« Veuillez, je vous prie, recevoir, avec mes souhaits pour l'avenir, l'assurance de ma gratitude profonde.

« Ed. Got.

« *P.-S.* — A Mascara, il y a deux mois, après ma première campagne, j'ai eu la chance inespérée de pouvoir causer de vous à plein cœur, avec un jeune officier de spahis, qui vous aime bien aussi : le fils de Talma. »

Constantine, 1ᵉʳ janvier 1844. — Dans la lettre où mes parents m'envoyaient aujourd'hui leurs bonnes nouvelles, j'ai trouvé avec joie un mandat de cent francs. L'argent court si vite quand on est libre, que j'accueillerais avec une espèce de soulagement la nouvelle d'une campagne dans le Sud pour l'entrée de la bonne saison; et j'y crois un peu, le duc d'Aumale n'étant certes pas ici pour des prunes.

En attendant partie, nous sommes allés l'autre semaine, mon colonel, deux officiers, un maréchal des logis et moi, faire une curieuse chasse, le long de l'Oued-Boumer-Zoug, chasse au faucon, s'il vous plaît. Pendant que nous étions là en grand équipage, il a été parlé d'une battue aux lions, mais la pluie a repris le surlendemain de Noël.

Ce qui n'a pas empêché deux jours après le sous-officier Gérard d'en tuer un à l'affût, son troisième — dont je viens de voir la peau toute fraîche au Palais du Bey, chez le duc d'Aumale.

« Constantine, 6 février 1844.

« *A M. Hilariot, au Grand-Théâtre, à Lyon.*

« Cher Ami,

« Ma chance ne se dément pas, et mon patron m'a tenu parole. Me voilà, depuis cinq jours, maréchal des logis dans son beau régiment qui va partir en campagne avant la fin de la semaine...

« Je suis plein d'espoir, de force et de bonne volonté, pour aller de nouveau à la conquête de l'inconnu.

« Mais d'où te daterai-je ma prochaine lettre ? Dieu seul le sait.

« L'inconnu n'est-il pas Dieu même ? L'aveuglant, l'immense, l'universel inconnu ; c'est ainsi qu'on devrait l'appeler... Peut-être comme cela tout le monde en tomberait d'accord...

« A toi de cœur,   « Got. »

Notes au crayon. — *8 février 1844.* — Départ de l'avant-garde par Bab-el-Kantara. Constantine, au revoir !

10 février 1844. — A Medgassen, c'est l'entrée de la partie haute des Djebel-Aourès et Mastaouah, dont les neiges blanchissent au loin quelques crevasses sous le plein soleil. On voit de grands aigles roux planer immobiles. Les cigognes font leurs nids dans les villages kabyles qui fument parmi les oliviers, çà et là, sur les pentes. Le pays est splendide, l'air déjà chaud. C'est le printemps. Les chevaux se querellent toutes les nuits.

11 février 1844. — On nous fait camper à l'avancée de Batna, dans les ruines romaines de Lambessa, restes de temples, théâtres, cirques. J'ai trouvé à terre un morceau de journal français, où j'ai lu que Casimir Delavigne était mort à Lyon au mois de décembre, et que l'inauguration de la fontaine Molière a eu lieu à Paris le 14 janvier. Théâtre, me suivras-tu donc partout?

Dans la nuit du 19-20, des coups de fusil sont tirés sur nos avant-postes. Un homme blessé.

Le 22, masquée, comme à l'Oued-Malah, par le brouillard qui montait de la vallée vers les crêtes, notre colonne infanterie s'est faufilée dans les gorges du Kantara, et à huit heures, la fusillade, triplée par les échos, rabattait vers nos escadrons cinq à six cents cavaliers Ouled-Solthan et Lagdars, à qui nous avons tué pas mal d'hommes dans une poursuite effrénée — sans grand bobo de notre côté.

(Je dis : nous, et jamais je n'ai pu me résoudre à piquer dans un dos.)

29 février 1844. — Par une brèche ouverte avec une dizaine d'obus, dans le méchant mur d'enceinte, nous sommes entrés à Batna les premiers, le commandant Devaux, Gérard et moi, en tête de l'escadron, au galop — comme dans les pièces de cirque. C'était très amusant.

L'entrée à Biskra pourrait être moins commode, mais le régiment donne l'excellente habitude de ne s'inquiéter des choses que lorsqu'elles arrivent. N'avons-nous pas bu même et rigolé ce soir un peu plus que de raison?

Gérard me disait tout à l'heure, avec son accent du Var, très attendri : « Adieu, El-Kantarah, pour les plaisirs de l'amour!... »

O Dumanet, pends-toi!

Note ajoutée en 1860. — Ici, une brusque lacune jusqu'au mois de juin. Je suis pourtant sûr d'avoir continué d'écrire des notes au crayon pendant les mois de mars et avril.

Quelques pages de mon carnet auront donc été égarées à la fin de la campagne, ou lors de mon transfèrement à l'hôpital de Batna.

J'aurais eu plaisir à y retrouver, comme partout jusqu'ici, mes impressions vivantes...

Je vais me borner à raconter les faits principaux. Quoi?

Notre marche de deux journées sur le bord du désert; la concentration de nos troupes près de Bordj-Turco, en vue d'un siège probable; puis leur entrée sans coup férir dans l'oasis de Biskra.

Alors, pendant plus d'une semaine, le corps expéditionnaire disséminé dans le Liban, fouillant tous les villages, et l'occupation organisée à la hâte en regagnant toujours le Nord.

Le gros de la besogne était fait; mais, après de grands mouvements, l'agitation subsiste toujours quelque temps, et les spahis furent chargés d'aller battre le pays.

Je fus donc de la partie.

Vers le 10 avril, au pays des Ouled-Solthan, et dans une affaire de nuit, je reçus en bas de la jambe gauche un coup de crosse violent ou de matraque, — je n'ai jamais su au juste, — qui, sans plaie apparente, produisit une telle enflure et si douloureuse, que, malgré ma ferme volonté, il me fut impossible de remonter à cheval... On m'attacha piteusement sur un cacolet, et avec un lot de blessés et de malades, je fus ramené en trois petites journées jusqu'à l'hôpital de Batna.

La nuit fut longue. Je souffrais cruellement. Il faisait chaud et l'instinct me fit demander à la sœur de service qu'elle m'aidât à me traîner jusque sous un robinet à l'entrée de la salle, mais la brave fille eut la complaisauce extrême, pour me laisser étendu sur mon lit, d'aller vingt fois chercher de l'eau, et de m'en arroser en silence la jambe et le pied jusqu'au petit jour.

Bref, l'eau fraîche et le moral aidant, les médecins me trouvèrent le matin moins de fièvre, avec la jambe un peu désenflée. Les bons soins firent le reste, et moyennant un grand mois d'hôpital et de béquilles, j'en fus quitte ainsi. Il ne s'agissait que d'une fêlure du péroné.

A mon insu un autre courant s'était établi par ailleurs dans ma destinée. A quelque temps de là, une lettre de Mlle Mars me parvint à l'hôpital; elle me lisait : « J'ai tout appris par votre bonne mère et ma joie est grande de vous savoir hors de danger. Mais quelle dure existence, mon pauvre enfant ! Et quel dommage aussi ! Car si le théâtre vous tenait toujours au cœur, jamais il n'aurait été mieux ouvert pour vous. Tâchez donc de nous revenir, ne fût-ce que quelque temps et pour vous retremper auprès de vos parents et de vos amis ! »

Puis vers le milieu du mois de mai, l'hôpital étant sous l'influence d'une sorte de fièvre pernicieuse, je venais d'en subir deux fortes atteintes, quand le duc d'Aumale nous fit une visite officielle. Il s'approcha de mon lit, et me dit avec une bonté parfaite qu'il avait reçu du colonel Bouscarin en personne une demande de congé en ma faveur, et qu'il m'accordait volontiers un congé de convalescence de six semaines, par avance, pour le jour de ma guérison. « Dès demain, ajouta-t-il, espérons-le. »

La semaine suivante, avec tous les hommes à peu près valides, on nous évacuait sur Constantine, d'où repartent mes notes, le 3 juin 1844.

Philippeville, 3 juin 1844. — On m'a délivré avant-hier à la place mon congé de convalescence pour deux mois. J'en avais besoin à tous les points de vue... Ah ! combien je vous remercie, mon cher colonel !

C'est sain au cœur, la reconnaissance.

4 juin 1844. — A bord de l'*Asmodée.* — En route enfin !... C'est le nouveau ; sera-ce l'oubli ? Le temps est éclatant. La mer « d'huile fine ». Chaque coup de piston me rapproche de vous, chers parents... Bonjour ! Ne craignez rien, le bâton sur quoi je m'appuie encore n'est plus que pour les besoins de la cause ; je le jetterai en l'air avant de vous embrasser.

8 juin 1844. — Depuis le matin, nous longeons ces belles côtes de Provence... et je suis resté sur l'avant pour m'en emplir les yeux, tandis que nos deux roues, blanchissantes d'écume, poussaient la proue dans le bleu de la mer et du ciel.

Toulon, 9 juin 1844. — De Saint-Mandrier, où l'on m'avait mis pour vingt-quatre heures en subsistance, je suis allé à l'église d'abord. Sous ces voûtes de pierre, l'âme s'isole, s'interroge, et se répond mieux. Puis, à la Place et à l'Intendance.

La diligence ne partira qu'à midi.

Ma béquille et mes galons continuent à faire merveille ! Les voyageurs n'étant pas nombreux, un employé supérieur des postes me fait galamment placer dans le « coupé ».

Est-ce assez féodal !

11 juin 1844. — Grand relais à Lyon.

Quel beau voyage ! Quelle bonne causerie avec un compagnon de route, vieillard charmant, paradoxal et spirituel au possible. Il connaît tout ; il a tout vu. Mais il croit mal au progrès, la presse l'agace, la vapeur l'irrite, à peine s'il admet les chemins de fer dans un lointain avenir... Et le vieux Monde doit en

:rever... Il ne sort pas de là. Enthousiaste d'ailleurs :omme moi-même pour toutes les belles choses, admi-:ant en jeune homme et en artiste la Corniche, les Gorges d'Ollioule jusqu'à Marseille, et par échappées, :n bas, à gauche, contre les rochers, la mer bleue :rangée de blanc. Puis le lendemain à partir d'Avi-gnon, le long du Rhône, les coteaux de vignes, et les champs de blé, qu'on moissonne déjà.

Ah ! la France... Pour l'exilé, c'est si doux ! Après dix mois, je m'en saoule ! L'Afrique est plus large-ment belle, oui, mais ceci est la France !

14 juin 1844. — Paris ! Je suis chez mes parents depuis hier !

Je n'y croyais pas encore ce matin quand ils sont venus en riant me tirer de mon sommeil de plomb, et m'embrasser. C'était bien eux ! Mon père, ma mère...

Voilà qu'ici je me retrouve le même, oui, presque le même enfant qu'autrefois.

Rien ne change donc? Rien n'a donc changé? Les choses, non, guère en vérité... Mais les personnes ! Ah ! comme celles-là passent vite ! Je ne reverrai plus la pauvre Mme Menjaud. Elle est morte au mois d'avril. Monrose était mort avant elle... et chez le doc-teur Blanche !

D'autres peut-être vont avoir disparu, que je ne sais pas encore. La vie, c'est la bataille ! Le voisin tombe... Serrez les rangs !

Mlle Mars veut absolument que je débute. M. Pro-vost aussi. Les débuts vont commencer officiellement à la Comédie ; mon premier prix m'y donne droit et mon congé me laisse un bon mois de libre pour cela.

Mais je suis peut-être très rouillé maintenant en matière de théâtre.

L'indispensable est de prendre un parti immédiat. La nuit va me porter conseil.

25 juin 1844. — J'ai eu l'audience demandée à M. le général commandant la place de Paris et j'y suis arrivé bondé des meilleures recommandations dont j'avais pu m'aviser à la hâte.

Le duc de Nemours m'a écouté avec bienveillance, a pris des notes pour en référer au duc d'Aumale... ce qui me sauve, — et m'a dit que dans tous les cas il ferait proroger mon congé d'un mois.

En conséquence, je suis allé aussitôt voir le commissaire royal à la Comédie-Française, et j'ai réclamé des débuts.

— Fort bien. Mais il faut attendre que Mlle Rachel prenne son congé. C'est-à-dire à la fin de juin.

D'ici là je veux concentrer mes efforts sur cinq à six rôles d'ouvrages au courant du répertoire. Par exemple : Scapin, des *Fourberies;* l'Intimé, des *Plaideurs;* Sganarelle, du *Médecin malgré lui.*

27 et 28 juin 1844. — Hier et avant-hier, par suite d'un arrangement avec le père Lagardère, je me suis essayé à Batignolles et à Montmartre, dans deux de mes principaux rôles de débuts : « Scapin » et « l'Intimé ».

Je n'ai point perdu, au contraire, et l'on a été généralement satisfait.

30 juin 1844. — On m'avait parlé de deux pièces lonnées avec succès à l'Odéon, depuis le milieu du nois de mai : *Antigone* et *la Ciguë*. Comme elles sont de rois de mes anciens camarades de collège, Auguste Vacquerie, Paul Meurice et Émile Augier, j'ai voulu en uger par moi-même.

Antigone est tout simplement une adaptation habile et littéraire de la tragédie de Sophocle, servie aux Pariiens avec la sauce d'une mise en scène antique (?) par Meurice et Vacquerie.

Quant à *la Ciguë*, c'est tout à fait remarquable. La porion sérieuse de ces deux actes procède beaucoup d'Anlré Chénier et le reste un peu trop de la *Grèce* de Daunier... Oui, peut-être, mais c'est franchement comique, harmant parfois, et d'une forme toujours excellente.

Or, Émile Augier, qui était avec moi à la pension lallays-Dabot, ne doit avoir que vingt-trois ou vingt-quatre ans. Cette *Ciguë* est la révélation d'un tempéranent et d'une valeur vraie pour l'avenir. Ce que 'avais tant rêvé pour moi-même, hélas !

Il se fait temps d'ailleurs qu'une génération nourelle surgisse à la scène. Les producteurs de second rdre, et M. Scribe lui-même, leur grand chef, seront ientôt passés de mode.

J'avais toujours pensé qu'à force de vouloir, M. de lalzac donnerait enfin sa mesure au théâtre. Mais on... rien encore. *Les Ressources de Quinola*, en 1842, à Odéon, ne comptaient guère, et *Vautrin*, à la Porte-aint-Martin, en 1840, ne comptait pas.

2 juillet 1844. — Je travaille sans relâche... Et u'elle est loin, l'Afrique, jusqu'à nouvel ordre !

Le matin j'assiste à toutes les classes du Conservatoire, le soir, à tous les spectacles où j'ai des entrées.

J'ai revu M. Ligier dans l'*Hamlet*, de Ducis, Mlle Rachel dans *Catherine II*, le *Ménage parisien*, etc...
Samedi j'étais à l'Odéon pour *Antigone* et *la Ciguë*, et la
veille à l'Opéra, pour l'une des dernières représentations de Mme Taglioni dans la *Sylphide*.

On la traite d'idéale... Soit ! Sa pantomime est
chaste et souple, et dans les pas l'effort paraît moins
chez elle que chez les autres danseuses, c'est vrai. Mais
ce qu'on appelle « Académie » : les pointes, les orteils
faussés, le buste mangé par les jambes, le ballon, les
entrechats, les grands écarts, les triples pirouettes et
le sourire essouflé vers les applaudissements de « la
loge infernale », — tout cela m'agace au bout de cinq
minutes.

Malgré la musique, c'est un faux art, dédié, dans le
fond, aux seuls salopiaux.

Quant aux danseurs... à travail égal, ne feraient-ils
pas mieux dans un cirque? Il y faut du moins audace
et force.

Oh ! non, point de ballet, surtout deux heures
durant. Mais vivent pourtant les danses espagnoles,
hongroises, auvergnates au besoin, que sais-je? Les
danses de caractère ou de plaisir enfin, où la danseuse
a l'air de s'amuser pour son compte, et qui rendent le
danseur lui-même supportable.

Un art véritable, idéal, et plastique aussi celui-là,
passionnant et passionné, c'est l'art de Mlle Rachel,
par exemple !

Hier, clôture avant son congé, elle jouait pour la première fois, après *Phèdre*, la Marinette, du *Dépit*.

De Marinette, n'en parlons pas ; fantaisie et réclame. Inutile de faire chorus avec la claque. Mais Phèdre ! C'était parfait comme exécution, sinon comme étude antique. Dame ! elle n'a dû que bien peu fréquenter Euripide ou Sénèque. Le public d'ailleurs n'en demande pas tant. Il cherche une impression, elle la lui donne complète.

Les débuts vont se faire. Rousset commence demain ; ensuite ce sera Maria Lopez, puis Baptiste, Charles Ponchard, Fechter, Mlles Restoul, Marie Crosnier, etc... et moi entre temps.

Je reste inquiet par beaucoup de côtés.

4 juillet 1844. — Après mon retour à Paris, au milieu des préoccupations de mon prochain début, je ne savais trop de quel bois faire flèche, ne fût-ce que pour les costumes, quand mes parents m'ont rappelé qu'ils avaient toujours gardé l'obligation piémontaise que ma marraine m'avait donnée au mois de janvier 1843, pour m'assurer dans une agence de remplacement militaire. Je l'avais complètement oubliée. Voilà mille francs qui me tombent du ciel.

6 juillet 1844. — C'est à n'y pas croire ! L'obligation que je voulais vendre est sortie au tirage fait à Turin en mars 1843, remboursable avec une prime de quinze mille francs. Je viens de l'apprendre chez M. Odier, banquier, au coin de la rue de Provence et de la rue Taitbout, où mon père m'avait envoyé pour toucher les coupons échus. Ainsi, par le fait, depuis mon entrée au régiment, j'ai eu là quinze mille francs à moi, sans le savoir. Ah! si je l'avais su!... Eh bien ! Non. Tout est bien ainsi. Je n'ai rien à regretter, et je veux respecter cette manne providentielle. J'ai trop souvent endêvé contre la misère.

L'argent! C'est donc l'indépendance et la dignité de la vie en ce monde comme il est fait! Grande pitié ! Et pourtant, quelle force je me sens déjà en plus !

14 juillet 1844. — Je dois débuter sans remise mercredi prochain. J'aurais voulu commencer par Scapin, des *Fourberies,* et attaquer, selon mon tempérament, le taureau par les cornes. C'était aussi l'avis de Mlle Mars. Mais M. Provost, toujours traditionnel et temporiseur, est allé choisir sur ma liste Alain, des *Héritiers,* et Mascarille, des *Précieuses.* C'est plus modeste et plus habile, à ce qu'il prétend.

Qu'il en ait donc la responsabilité !

Il veut aussi que je donne quarante francs au chef de claque... Usage... dit-il. Soit encore !

18 juillet 1844. — Enfin, j'ai débuté, hier mercredi 17. « Alain » des *Héritiers* et « Mascarille » des *Précieuses ridicules,* après deux répétitions incomplètes.

C'est une impression dont on ne peut pas se douter, un jour de travers dans la vie.

Je n'ai pourtant pas eu peur. Mais je me sentais bridé, ce qui est tuant pour la gaîté, pour le naturel, et pour tout. Je ne suis pas content de moi.

C'est plus commode de se battre que de s'enguirlander, — de faire crier que de faire rire.

21 juillet 1844 (minuit). — J'allais ce soir, comme découragé, jouer *le Médecin malgré lui*, pour mon second début, sans goût et sans plaisir, sans nouveaux frais, avec les nippes du magasin, et voilà que, pendant la première pièce, *la Camaraderie*, comme je flânais à l'entrée de l'orchestre, un vieux monsieur, genre Restauration, debout à côté de moi, me dit :

— Eh bien ! jeune homme, nous allons donc jouer Sganarelle ?

— A qui ai-je l'honneur de parler ?

— Charles Maurice.

Je l'avais reconnu fort bien, et je saluai légèrement.

— Vous n'êtes pas venu me voir.

— Je n'avais pas l'avantage de vous connaître.

— Il y a toujours moyen de faire connaissance... Mon journal est là.

— Oh ! comme je vais retourner en Afrique, à mon régiment, et que je débute par simple curiosité...

— Qu'importe ! Quand on est bien élevé...

— Oh ! monsieur, cela n'a pas le moindre rapport. On m'a fait donner quarante francs à M. Vachier pour mon premier début, et je me suis fait le serment de ne pas repayer la claque.

— Vous êtes un insolent !

— Et puis après ?... Monsieur ?

Nous avions involontairement élevé la voix, et les

voisins se retournaient avec des chuts!... Quelques gens du parterre criaient même : A la porte!...

Moi, je restais en arrêt, prêt à n'importe quoi... Et puis j'avais l'œil mauvais, je l'ai senti.

Le vieux flibustier prit le parti de se retirer en faisant claquer la porte.

Cinq minutes après, je montai m'habiller, et le sang fouetté, en scène, la vérité, le sans-gêne me sont revenus dès les premiers mots, et le rôle a bien marché jusqu'au bout.

Bien. J'en ai conscience.

M. Provost me l'est venu dire pendant que je me déshabillais.

1er août 1844. — Aujourd'hui, je viens de jouer, pour troisième début, « l'Intimé » des *Plaideurs,* assez pauvrement. Mais mon passé de l'autre jour m'a déjà soutenu, et quelques bonnes gens ont même crié : Bravo! — Grand merci.

Reste à savoir si je serai engagé.

Ce qu'il y a de sûr, c'est qu'on me fait faire, mercredi prochain, un quatrième début dans *les Fourberies.*

L'offre d'un engagement viendrait maintenant hâter ma libération définitive du service militaire, sur laquelle la réponse si flatteuse du duc d'Aumale me permet presque de compter par avance.

Hier, pour sa fête, maman m'a fait chez nous déménager d'un étage et papa m'a, tout le jour, aidé de sa peine et de ses mains.

Quelle force on reprend dans ces bontés qui ne se lassent jamais!

7 août 1844. — *M. Got terminera ses débuts par le rôle de « Scapin »* (affiches d'hier et d'aujourd'hui).

Le rôle est joué. Les débuts sont terminés. Sans que j'aie été complètement à mon goût, — y serai-je jamais ? — j'ai véritablement réussi, et, somme toute, mes débuts auront été satisfaisants.

Plusieurs journaux en ont déjà rendu compte. MM. Rolle, Merle, Jules Janin m'ont traité favorablement. Quelques autres encore.

15 août 1844. — Soit bonne volonté des comédiens, soit pression du public d'abonnés, j'ai rejoué ce soir *les Fourberies de Scapin.* Mlle Rachel avait fait sa rentrée dans *Phèdre.* La salle était comble.

8 septembre 1844. — J'ai mon certificat de libération. Il n'y a plus à dire, me voilà redevenu civil.

J'écris donc aujourd'hui, p. p. c., au duc d'Aumale, au colonel Bouscarin, à l'abbé Besnus, et au tueur de lions.

Reconnaissance ou bon souvenir à tous, du meilleur de mon âme. Pourvu que je ne les regrette pas trop quelque jour !

10 septembre 1844. — Depuis un mois on parle de M. Frédérick Lemaître dans un drame que la Porte-Saint-Martin lui a fait faire sur mesure : *Don César de Bazan.*

Je suis donc allé juger par moi-même.

Pièce de facture, exécution remarquable dans certaines parties, bien que manquant de la finesse de race qu'apporta d'abord dans le rôle typique, à la Renaissance, le regretté Saint-Firmin.

M. Frédérick Lemaître, lui, est plus en dehors, plus à effet, peut-être ; mais à travers l' « Almanzor » de convention Robert Macaire transparaît.

C'est toujours cette articulation emphatique, causée, dit-on, par le manque de dents, mais dont il a su se faire une qualité, puisqu'elle le redresse et commande l'attention.

Et puis, avec ses beaux yeux, et son étrange adresse corporelle, qui le fit débuter tout jeune aux « Funambules », dans *les Singes et les Lions*, il est vraiment noble quand il veut, dans le silence et au repos.

C'est un grand comédien, passionné, penseur, oseur et fantaisiste. *Richard d'Arlington*, *l'Auberge des Adrets*, *le Monomane*, *Trente ans de la vie d'un joueur*, *la Mère et la Fille*, *la Dame de Saint-Tropez*, et tant d'autres... *Kean* enfin, son portrait en pied... Quel bagage pour la popularité !

Il a d'ailleurs eu la chance d'arriver à l'heure remuante de l'école romantique et de former un des coins, le plus fort, de la pierre angulaire : Frédérick, Bocage et Mme Dorval. C'est un si gros avantage, pour un artiste, d'être l'identification d'une forme nouvelle.

30 septembre 1844. — Réponse enfin de la Comédie-Française ! Mlle Zulma Restout, MM. Charles Ponchard, Fechter, Roussel et moi, nous sommes engagés, tous à dix-huit cents francs, ce qui n'est pas bien riche, vu la garde-robe qu'il faut traditionnellement se

fournir, mais engagés seulement pour le mois d'avril
1845.

C'est six mois imprévus à attendre. Bah ! Quand on
veut aller loin, il faut regarder en avant, et si je ne
gâte pas ma chance, elle est magnifique. M. Samson,
le doyen, est vieux, ne joue plus guère. M. Armand
Dailly de même. Richet est jeune, Rousset aussi; mais
j'ose croire qu'il ne tient qu'à moi de leur monter sur
le dos.

Ce n'est pas des hommes.

Je n'aurai donc bientôt devant moi que M. Régnier.
Du travail, du zèle, et du sang-froid, les dés seront
dans ma main. Et quand « le règne de M. Turcaret sera
fini, le mien pourra commencer ».

10 octobre 1844. — Les femmes? Oui... j'en revois
même qui ne demanderaient pas mieux d'écraser
quelques heures avec moi...

Mais pas de collage, grand Dieu !

2 novembre 1844. — Mardi, j'ai reçu une lettre d'un
correspondant de théâtres, qui me propose un engagement de quatre mois pour Nantes, au prorata des
recettes, avec maximum de trois cent cinquante
francs. Et je n'ai que quatre ou cinq méchants costumes pour toute garde-robe! Mon premier mouvement
fut donc de croire la chose inacceptable. Le lendemain,
à dix heures, l'engagement était signé, et les avances
touchées : deux cent vingt francs.

J'ai besoin de jouer, c'est vrai, de pratiquer surtout,
et l'on me promet tous les grands rôles du répertoire.

« Nantes, 12 novembre 1844.

« *A Madame Got, à Paris.*

« Ma bonne mère,

« Je suis arrivé hier lundi, à neuf heures du matin,
en bonne santé, quoique mes quatre-vingt-treize lieues
se soient faites au milieu d'un temps déplorable, à partir du moment où avec papa tu me disais adieu dans
la cour des Messageries.

« J'ai débarqué dans un hôtel garni où j'ai passé la
nuit, mais j'espère trouver quelque chose de plus con-
fortable, car j'ai là un vent atroce qui me chasse la
pluie par-dessous ma porte.

« Quant au théâtre, les uns lui promettent du succès, les autres assurent qu'un théâtre est impossible à
Nantes. Attendre, espérer et vouloir, c'est ma devise.
Le directeur m'a bien reçu. Plusieurs de mes futurs
camarades m'ont l'air d'horribles cabotins. Je m'efforcerai de ne pas faire leur connaissance.

« *Mardi soir.* — Ceci est daté de mon nouveau logement, situé en face de l'ancien, mais au second étage
et incomparablement préférable (rue Piron, près de la
place Graslin).

« Il est bien convenu que j'écris à mon père comme
à toi, à toi comme à mon père. Je ne vous sépare pas
plus dans mes souvenirs que dans mon affection.

« Votre Edmond. »

« Nantes, 26 novembre 1844. »

« *A Madame Got, à Paris.*

« J'ai déjà fait deux débuts, dans *le Dépit amoureux* et *le Jeu de l'Amour*, et je crois pouvoir répondre du reste, quoique notre parterre soit, paraît-il, un des moins civilisés de France. Le théâtre avait été ouvert sous des auspices très peu favorables. Comme la salle était fort belle, et fraîchement restaurée aux frais de la ville, le maire, anxieux pour les banquettes de son immeuble, avait défendu, par arrêté, d'applaudir ou de siffler aux débuts; ce qui a failli gâter tout. Car on a commencé par *la Favorite,* qui a fait le fiasco le plus complet. J'ai même cru que le public allait se fâcher tout rouge.

« Enfin, mardi, j'ai débuté, et, le premier, j'ai rompu la glace; on m'a applaudi. Dans la seconde pièce, qui était un opéra-comique, *l'Ambassadrice*, Mlle Naldi, la prima donna, fort jolie, a enlevé les suffrages, et les spectateurs se sont laissés aller tout à fait.

« Depuis ce soir-là, j'ai joué toutes les fois qu'on a joué, car on me met toujours d'avant ou d'arrière-garde.

« Je déjeune et je dîne maintenant à la carte, n'importe où, ce qui revient à peu près au même, attendu que je n'ai pas encore le ventre à la capacité nantaise, et j'y trouve aussi l'avantage de manger à l'heure que je veux.

« Adieu, tendres amis.

« Votre fils,

                              « Ed. Got. »

5 janvier 1845. — Depuis quelque temps nous avions échangé avec notre ingénue, « très belle et honneste dame », la double clef de nos domiciles.

Un soir, elle jouait et devait aller après le spectacle passer une heure ou deux dans je ne sais quel bal de la ville. Il faisait froid, et elle me persuada de coucher chez elle, en l'attendant.

Je m'endors et ne m'éveille que vers cinq heures du matin... Personne encore.

Une mauvaise humeur me prend, et je m'habille pour retourner chez moi.

Il tombait de la neige. Un soupçon vague me traverse l'esprit. Je monte quatre à quatre. J'ouvre... Un bon feu flambait dans ma chambre et je sens qu'on a allumé un cigare... Mais l'astucieuse femelle est là toute seule. Aussi tient-elle tête, et nie tout à trac, en me riant presque au nez. Non, petite mère... Pas cela ! et c'est la première fois qu'il m'est arrivé de mettre une femme à la porte aussi sévèrement.

Quant au monsieur... Comment admettre qu'il ait, lui aussi, licence de s'amuser à mes dépens. Guetter, ou faire guetter ? Ridicule en plus. Que faire ?

O chance !... Mes yeux tombent sur un jonc à pomme d'or oublié au coin de la cheminée. Taisons-nous donc pour un jour. Mais le surlendemain matin, on lisait dans *le Courrier de l'Ouest*, l'entrefilet suivant :

« Monsieur le Rédacteur en chef,

« Permettez-moi de prendre la voie de votre estimable journal pour porter à la connaissance du public que, dans la nuit du 12 au 13, on s'est introduit en mon absence dans mon domicile, rue Regnard, sous la voûte; et chose bizarre, si c'est un voleur, c'est que loin de rien prendre, il a laissé au contraire à côté de mon feu, qu'il avait allumé, une canne élégante avec le monogramme C. M., canne que je tiens, de toute manière, à sa disposition.

« Veuillez agréer, etc...   « Ed. Gor,

*« Premier comique au théâtre de Nantes,
ex-sous-officier au 3ᵉ spahis. »*

Quel effet !.,. Quelles gorges chaudes partout !... La jeunesse dorée est batailleuse en Bretagne. Le jour même je recevais la visite de MM. de Fauversy et du Bouexic, tous deux amis d'un M. Charles M..., — c'était mon homme, — fils du consul de Suède. Ce monsieur était en effet venu rue Regnard dans la nuit du 12 au 13. Mais, avant de pousser les choses aussi loin que je semblais le désirer, il tenait à établir qu'il ne s'était cru nullement chez moi, mais bien chez la personne qui l'y avait conduit. A quoi je répondis que s'il était prêt à leur laisser déclarer cela par procès-verbal, moi, j'étais prêt à retirer officiellement ma lettre. C'était donc fini.

Depuis M. Ch. M... m'a tendu la main de très bonne grâce, et je lui ai rendu sa canne, sans qu'un mot fût dit de la jeune personne.

On est venu me prier de monter chez un monsieur Tissot, armateur, une représentation où des élèves de M. Ponchard, le père, devaient chanter et jouer l'opéra-comique de *la Vieille.*

Et, parmi les élèves, un interne de Saint-Jacques, un monsieur Ch. Bataille qui a une belle voix et est bon musicien. Je lui ai conseillé la carrière théâtrale, lui offrant mes leçons au besoin, et je serais bien surpris qu'il ne se laissât point persuader.

« Nantes, 17 février 1845.

« *A Madame Got, à Paris.*

« Puisque le succès de ton « Figaro » est ce qui t'inquiète le plus, je commence par te dire que j'ai joué le rôle trois fois déjà, et je regrette de ne pouvoir t'envoyer les journaux de Nantes. Non pas que je croie aux journaux plus qu'avant, mais parce que je sais fort bien que des éloges imprimés font toujours papilloter les yeux d'une mère.

« Nous sommes en train de répéter *le Mari à la campagne*, dont l'étude est bien facilitée pour moi par le nombre de fois que je l'ai vu à la Comédie-Française. J'ai tant Régnier dans l'oreille et dans les yeux ! Trop, peut-être, pour ma personnalité.

« M. Tilly a tenté plusieurs fois de me faire renouveler mon engagement ; mais non. Le Théâtre-Français me réclame, et vous êtes à Paris. Je ne suis certes pas malheureux à Nantes, mais Paris me paraîtra meilleur encore. Qu'on vive en province par nécessité, par habitude même, je le comprends, mais par plaisir... Oh ! non pas ! surtout en hiver.

« Comme, au bout du compte, ce qui l'embarrasse le plus c'est de retrouver un passable premier comique, je lui ai conseillé Boudeville, qui, à ce qu'il paraît, avait déjà creusé des mines sous moi. On s'en irait aux antipodes que l'envie et l'intérêt traverseraient la terre par le milieu, pour avoir plus court à vous mordre.

« A bientôt, chers amis, et pour le plus longtemps possible.

« Ed. Got. »

Mardi 1er avril 1845. — Entrée effective à la Comédie-Française.

Comédiens ordinaires du Roi :

Sociétaires. — MM. Samson, *doyen*, Geffroy, Régnier, Beauvallet, Ligier, Provost, Guyon, Brindeau ; Mmes Desmousseaux, Mante, Anaïs Aubert, Plessy, Rachel, Noblet, A. Brohan, Mélingue.

Pensionnaires : MM. Maillard, Mirecourt, Mainvielle, Joannis, Fonta, Riché, Micheau, Leroux, Maubant, Ch. Ponchard, Rousset, Got, Fechter, A. Dupuis, Mathien, Robert, Alexandre ; Mmes Volnys, Thénard, Denain, Avenel, Restout, Mirecourt, Worms, Loyo, Solié, Crosnier jeune.

Voilà la troupe actuelle. A la fin du mois de mars, MM. Firmin, Périer et Armand Dailly ont pris leur retraite.

3 avril 1845. — Depuis quatre jours je suis de retour à Paris, après cinq mois qui m'ont paru courts, je dois l'avouer. Un public sympathique, de la considération acquise, de beaux rôles, la première place, et certaines douceurs secrètes, — n'est-il pas un peu permis de quitter à regret tout cela?

La grande lutte va commencer. Le plus sage et le plus court est donc de faire d'un coup table rase autour de moi, pour me réfugier dans un travail que j'aime d'ailleurs plus que tout à présent.

Mais combien difficile et fugace !

Ainsi déjà hier, à la Comédie-Française, on m'a fait jouer *le Barbier de Séville*. Grâce à mes vingt-cinq représentations de Nantes, je croyais avoir fait quelques progrès !... Eh bien ! je suis mal content. On me trouvait si bien là-bas !

5 avril 1845. — La moindre piqûre à l'amour propre, à la vanité, n'importe ! fait d'abord plus de mal aux nerfs et donne pire insomnie qu'un gros malheur, qu'un deuil réel. C'est bête. C'est ainsi.

Seulement, du deuil, du malheur, le souvenir revient. Tandis que du coup d'épingle, on peut dire : Dans quarante-huit heures, il n'y paraîtra plus. Le souvenir... Un don du ciel? Eh bien ! et l'oubli, donc !

1ᵉʳ mai 1845. — Mardi dernier j'étais allé par curiosité passer une heure à la Chambre des députés. Les tribunes étaient somnolentes, on venait de voter deux ou trois lois d'intérêt local, et je me préparais à partir, quand M. François Arago a pris la parole pour la lecture d'un rapport sur la télégraphie. Le nom du grand Français me fit rasseoir un instant. Il s'agissait d'un télégraphe électrique. J'ai écouté d'abord avec une certaine indifférence. Mais peu à peu la voix du lecteur s'échauffait, et quelques membres lui ayant demandé des éclaircissements, il les donna avec une conviction et même une éloquence tout à fait captivante, et je suis sorti émerveillé. N'y a-t-il pas magie? Et l'inventeur n'eût-il point été brûlé jadis en grève?

Aujourd'hui, c'est une coïncidence miraculeuse, voilà tout. La vapeur va vite, la pensée va plus vite. Elles se servent et se complètent.

Révolution dans les choses, dans les mœurs, dans les idées, partout !

Tout va changer du coup. Le vieux monde se mourait... Avec cette circulation : la vapeur, et ce système nerveux : le télégraphe... il va renaître. Mais, sera-ce pour le mieux ? Sera-ce pour le pire ? Grosse question.

A l'exposition des Beaux-Arts, quelques bonnes toiles, beaucoup de médiocres, dont l'ensemble remplace mal ce qu'elles cachent pendant trois mois sur les murailles du vieux Louvre.

MM. Ingres, Flandrin et Delaroche se tenant à l'écart, MM. Eugène Delacroix, Decamps *(la Légende de Samson, une suite de dessins admirables)*, Horace Vernet *(la Prise de la Smala,* gros succès du public), et deux tout petits tableaux d'un monsieur Meissonier, un arrivant, voilà les chefs d'attaque.

Dans la sculpture, un *Enfant à la grappe,* de David d'Angers, beau comme l'antique, et un groupe charmant de Debay, *le Premier Berceau.*

Voilà ma jugeotte ! Mais Nancy n'est pas toujours de mon avis. Aussi ai-je soif de me faire une éducation un peu solide sur les arts plastiques, puisque plus tôt je ne l'ai pas pu. Quant au théâtre, pas grand'chose de bon. Mais la Comédie tient un assez gros succès avec Mlle Rachel dans une *Virginie,* de M. Latour de Saint-Ybars. La Porte-Saint-Martin joue une féerie triomphante, *la Biche au bois,* et la Gaîté un drame populaire, *le Canal Saint-Martin,* où j'ai remarqué un jeune

comique, M. Lesueur. L'Odéon et son monsieur Lireux
sont tout près de faire banqueroute.

4 mai 1845. — Un de mes camarades de collège,
Adrien Decourcelle, vient d'avoir un acte en vers
joué à la Comédie-Française. Cela s'appelle *Une Soirée
à la Bastille,* et n'est·pas bien fort en vérité. Mais je
crois qu'il est capable de faire beaucoup mieux par la
suite. C'est un esprit alerte, et dans tous les cas un
très brave garçon.

8 juin 1845. — Il y a cinq jours, j'ai joué à l'improviste et pour la première fois, avec une seule répétition le matin, *le Légataire universel.* Quand une tâche
n'est pas complètement au-dessus de vos forces, la
difficulté même est un stimulant précieux. Mais j'ai
tant entendu le rôle au Conservatoire! Et Augustine
Brohan m'a si bien aidé en scène! Et Crispin chif-
fonne Lisette si dru!
Jeune, brillant et fou! Cela va tout seul...

20 juin 1845. — Hier, première représentation de
la Tour de Babel, comédie politique d'un auteur anonyme que les uns nomment Vatout, les autres Émile de
Girardin, moi Liadières...
Qu'importe à présent. La pièce est tombée, avec
plus de tapage même qu'elle n'en méritait, selon moi.
Et je suis allé à trente répétitions, et je dis trois vers
en quatre actes!...
Mais c'est une singulière chose, quand on y est désin-

téressé, d'assister de la scène à une première représentation de cette espèce; de voir monter ou descendre cet inexorable niveau qui pèse sur une foule
assemblée, et de penser que pas un des spectateurs,
pris séparément, n'aurait sans doute porté un jugement pareil sur aucune des parties de l'ouvrage.

La grande préoccupation du théâtre, c'est ce qu'en
diront les journaux lundi. Il était si simple de ne pas
recevoir *la Tour de Babel...* Braves gens !

29 juin 1845. — Ah! les journaux! Le journalisme !
C'est le mot, c'est la puissance d'à présent. Chose
étrange que ce pouvoir immense né de rien. Je vois
Gutenberg revenu au monde, traversant le Palais-
Royal, et entrant dans un cabinet de lecture !

La force matérielle a été surmontée par la force morale. L'homme a vaincu la nature, la pensée a vaincu
l'action, ou, plutôt, la pensée s'est faite action.

Et pourtant, quand on y songe, c'étaient de grandes
époques que celles où Léon X et Louis XIV, par
exemple, couvraient les arts de leur protection souve-
raine. Raphaël, Michel-Ange, Corneille, Racine et
Molière ne songeaient pas à la presse du « Lundi » et
n'en faisaient pas plus mal. A la vérité, cette gloire
était restreinte, et la popularité est d'invention moderne.

Maintenant, grâce à la demi-instruction qui s'est
répandue un peu partout, on dit que la lumière s'est
faite, et c'est peut-être le chaos. Notre société est
comme une maison en proie à l'incendie : elle éclaire,
mais elle brûle. Chacun veut penser et produire. La
critique s'amoncelle autour de la création, et chaque

jour la bataille recommence, jetant à l'action dévorante de notre temps ces entassements anonymes el éphémères de paroles, souvent aussi oubliées le lendemain que l'affiche du spectacle de la veille.

A quoi bon alors perdre son temps et son étude sur quelque œuvre isolée. Pourquoi jeter ce diamant dans ce gouffre? Ce pavé fera mieux.

Plus de ciselures et de demi-teintes, — des effets rudes et saisissants ! Il faut marcher avec son siècle. Si la digue n'arrête pas le torrent, le torrent la renverse et l'emporte. Tu crois donc faire rebrousser la destinée?... En avant! En avant!

*1*er *juillet 1845.* — Je parlais journal... J'oubliais l'annonce! Ceci est pourtant digne de porter cela, et la fille fait vivre le père. N'est-elle pas souvent même beaucoup plus amusante?

Par exemple, dans le grave *Constitutionnel* d'avant-hier :

« On demande un maître de danse pour Calcutta.

« *N.-B.* — Il est inutile de se présenter si l'on n'est pas pédicure. »

12 juillet 1845. — Un fort beau salon blanc et or, entouré de canapés et de fauteuils Louis XVI, en velours nacarat gaufré, des glaces superbes, des bustes en marbre, et une tenture complète de tableaux représentant les acteurs français les plus célèbres, voilà le foyer de la Comédie-Française.

Là, tous les soirs, se réunissent avec les personnages de la pièce qu'on joue, Harpagon, Dorine ou Scapin,

quelques habitués qui fréquentent les coulisses, des
amis ou des auteurs : Émile Augier, Decourcelle, Desnoyers, Latour... Quatre ou cinq sont dans un coin
autour d'un jeu de tric-trac. Les autres çà et là, en
costume de velours et de satin, causent avec de simples
mortels crottés du Palais-Royal et de la rue Vivienne.
On s'entretient de l'événement du jour, des chemins de
fer ou des sources du Nil. L'Algérie, surtout, occupe
dans le discours une place fort distinguée.

Ah! vieux Molière, et vous, Préville, Molé, Fleury, si
quelque jour vous descendiez de vos toiles dans ce
foyer si bien doré, ne seriez-vous donc pas un peu
surpris de ce que vos successeurs y font maintenant?
Vous qui portiez l'épée et la boucle à l'œil, ne conser-
viez-vous pas parmi vous vos façons galantes et vos
airs de gentilhomme?... Vous couchiez-vous donc
aussi sur les banquettes, assis sur le dos et la jambe
dans les mains?

Donniez-vous donc si haut et si ferme votre avis sur
tout? Parliez-vous aux femmes presque le chapeau sur
la tête?... Dites, mes vieux maîtres, Voltaire et Mar-
montel sentaient-ils la pipe culottée, Carle Vernet
était-il aussi sans gêne que M. Ravergie, et Lekain
jurait-il des « nom de Dieu »?

Ce soir, à ce même foyer, on racontait avec stupéfaction la fuite de Mlle Plessy, à Saint-Pétersbourg.
Jusqu'à présent rien de bien certain n'est connu sur les
causes de cet événement.

La version la plus vraisemblable est celle d'un
accès de dépit, après le refus que M. Emmanuel
Arago, sous la pression de sa famille, aurait fait de
l'épouser.

20 juillet 1845. — Deux rencontres intéressantes.

Je n'avais point revu le bon Béranger depuis septembre dernier, lors de mon engagement à la Comédie-
Française.

Ce matin, par un beau temps, j'ai donc pris l'accélérée de Passy et m'y suis trouvé près d'un vieux petit
monsieur qui occupait déjà le coin du fond à droite.
Au moment du départ, un autre monsieur est arrivé
qui s'est assis un peu plus loin, en face, et tous deux
se sont salués en se demandant mutuellement s'ils
allaient rue Vineuse.

J'ai alors offert ma place au nouveau venu, pour
laisser les deux voyageurs causer à leur aise ; et, à la
barrière des Bons-Hommes, je suis descendu pour
devancer la voiture à la montée et aller tout droit faire
ma visite.

C'est Mme Judith qui m'a ouvert, et, comme une fois
les nouvelles prises, j'insistais pour me retirer, dans la
crainte d'être importun, — je sais combien le vieux
maître est jaloux de sa solitude, — de la porte de sa
chambre il m'a crié d'entrer, et m'a reçu le plus affectueusement du monde, tout en continuant de se faire,
dans son fauteuil, la barbe avec des ciseaux, selon son
habitude.

— Et les vers, cher enfant ? Nous y revenons donc
par la traverse ? A quand un nouveau drame ?

— C'est déjà très présomptueux d'en jouer. En faire?
Non, plus jamais.

— Bah !... serment d'ivrogne.

— Aveu d'impuissant, voilà tout. Humble serviteur
des poètes, oui, serviteur passionné... de Molière, de
Regnard, de vous, cher Maître. « Je suis le ver de terre
amoureux des étoiles. »

Après quelques minutes, on apporte deux noms.

— Qu'ils viennent, a dit Béranger.

Et je me levais pour prendre congé, quand avec un sourire d'intelligence il m'a fait signe de me rasseoir.

Alors sont entrés mes deux compagnons de l'accélérée. Béranger leur a serré la main.

— Je viens, dit le second, le plus grand (qui ne l'était guère), vous remercier de la visite que, pendant mon voyage vous avez eu la bonté de faire à Mme de Chateaubriand, et en venant, j'ai eu la chance de rencontrer M. de Lamennais.

Dame ! je n'ai plus bronché et me suis mis à écouter de toutes mes oreilles.

Littérature, politique, beaux-arts, ils ont causé de tout pendant une demi-heure... De la décoration récemment donnée à MM. de Balzac, Frédéric Soulié et Alfred de Musset, etc...

> N'as-tu pas vu parfois dans le creux d'un ravin
> Quelque gros vieux faisan qui se chauffe le ventre
> S'arrondir au soleil et ronfler comme un chantre?

— Un petit-fils de La Fontaine, souvent, celui-là, a dit Béranger.

Ch. — De la fontaine à l'eau-de-vie, paraît-il.

L. — Est-ce vrai?

Ch. — Avec son ode à la lune !

B. — Un badinage.....

Ch. — D'alcoolique. C'est comme le *Rhin* de Victor Hugo, des rognures !

— Hugo a voulu faire aussi son *Itinéraire*, a risqué M. de Lamennais, avec un sourire onctueux vers M. de Chateaubriand.

— Voici sa *Notre-Dame* illustrée qu'on m'a envoyée hier.

Et Béranger montrait trois volumes sur sa table.

CH. — Est-ce M. Eugène Delacroix qui en a fait les illustrations ?

B. — Je ne le crois pas.

CH. — Tant pis. C'est un agité comme l'autre. Un poète ne saurait être illustré, puisque c'est la mode, que par son analogue. Casimir Delavigne l'eût été par M. Delaroche. M. Thiers le serait par Horace Vernet. Mais les vrais livres n'ont pas besoin de cela. Chaque art doit se suffire. *Amschaspands et Darwands* se passent fort bien d'illustrations.

— Mieux que de commentaires, dit ingénument M. de Lamennais. C'est une étude philosophique à la manière allemande, et je l'ai plutôt faite pour lutter cette fois contre la popularité.

CH. — On ne saurait en dire autant des premiers volumes du *Consulat et de l'Empire*. Paulin me les a adressés en avance d'hoirie sur les *Mémoires d'Outre-Tombe*. C'est un gros succès de librairie...

B. — Et de clarté.

CH. — Soit. De réclame aussi pour les Buonaparte. Ces gens-là ont beau faire toutes les sottises à Strasbourg, à Boulogne, et partout... Le nom est immense de ce poète de la guerre. Les vieux uniformes de la Grande Armée défilent en apothéose le 5 mai, au pied de la Colonne, sur un lit de violettes, et les Jérôme sont déjà officieusement à Paris. Vous l'aurez voulu, monsieur de Béranger !

B. — Moi, bon Dieu ! Je n'ai voulu rien. J'ai fait des chansons pour être chanté en France. C'est la France donc qui les voulait.

Cн. — Comme elle voudra tout, par saisons, jusqu'à la fin finale. Cosaque ou républicaine; républicaine plutôt, puisque tout y va : la science, la presse, l'égoïsme bourgeois et l'envie démocratique. Car je ne crois guère au Sunderbund, non plus que M. Thiers, en brouillon qu'il est, écrivant d'ailleurs l'histoire dans un style de gazette...

B. — C'est sévère, mais assez juste, il faut en convenir.

Cн. — ...comme M. de Lamartine parle à la Chambre en strophes pédestres. C'est votre ami, monsieur de Béranger, je le sais... Mais le chantre des *Méditations* et de la *Chute d'un ange*, discuter armement, contrescarpe avec un ministre de la Guerre, et faire le jeu à MM. Odilon Barrot, Ledru-Rollin et Billault!...

B. — M. de Lamartine suit, en 1845, votre grand exemple de 1820. Avez-vous bien la cruauté de l'en blâmer?

Cн. — Qu'il ne s'en repente point comme moi! L'ingratitude est encore tellement de mode! Et pourtant l'opposition gagne chaque matin, tandis qu'avec leur majorité de commande, le Roi, M. Guizot et M. de Salvandy n'ont pas seulement l'air de s'en douter... Mais réfléchissez aux signes des temps, et comme la branche cadette penche, penche à tomber!... Sans lui tenir compte d'Anvers, d'Ancône, de l'Algérie, du Maroc et du Mexique, l'opinion publique, injuste comme toujours, se laisse crisper par l'affaire Pritchard; voyez plutôt les cent soixante-quinze mille souscripteurs, à dix sous, de l'épée offerte à l'amiral Dupetit-Thouars! Et les demandes de dotations aux Princes l'agacent. Elle applaudit aux petits pamphlets de M. de Cormenin, elle siffle les négociations irritantes du droit de visite, et s'exaspère du malheureux mot d'ordre de la « paix à tout prix ».

— En politique, c'est comme au théâtre, les applaudissements sont un peu par dessus le marché. Il n'y a que le sifflet qui compte, n'est-il pas vrai, jeune homme, m'a dit Béranger.

— Vrai de tout point, ai-je répondu.

B., *me désignant.* — Un jeune artiste de la Comédie-Française... Poète à ses heures... Et que j'aime beaucoup...

J'ai salué très bas et je me suis retiré.

Mais, le long des quais, je me suis gravé dans la mémoire tout cet entretien, où Béranger avait gardé toujours sa note aimable et conciliante, à côté de M. de Chateaubriand paradoxal, ennuyé, emphatique et prédiseur. M. de Lamennais, lui, s'était contenté le plus souvent de saluer au passage les réflexions amères, mais avec un regard et un sourire assez doux.

27 juillet 1845. — En dehors de la barrière de l'Étoile, à gauche de l'Arc-de-Triomphe, sur les terrains vagues des premières pentes qui mènent à Chaillot, on vient d'ouvrir un hippodrome.

C'est un spectacle de jour avec piste en plein air, comme les cirques antiques, mais celui-là en voliges et toiles peintes, comme les Bouthors forains.

Mais il ne s'agit que de l'été, c'est clair, et sans doute seulement des jeudis, dimanches et fêtes sans pluie. Puis l'étendue de l'enceinte ne permettra guère de jouir des finesses de l'acrobatie ou de la prestidigitation.

- Qu'y présentera-t-on donc ?

Des gymnastes, des belluaires, des danseurs de corde, des ensembles à cheval, des courses en char, des tournois, des pantomimes militaires?

Sûrement on parlera d'introduire des courses de taureaux. Mais est-ce dans nos mœurs? Merci Dieu, non. Déjà depuis plus d'un an ont disparu de nos murailles les affiches jaunes des ignobles tueries de chiens de la barrière du Combat.

Et le cirque restera le conservatoire de la haute école, tant qu'on y pourra voir des maîtres comme M. Baucher et Mlle Caroline Loyo.

—————

« 29 juillet 1845,
« quinzième anniversaire des *Glorieuses*.

« *A M. Hilariot, à Saint-Didier, près Lyon.*

« De ce que je suis dans la « grand'ville » et à la Comédie-Française, cher ami, quelle erreur de conclure que je vive en plein enfer parisien ! Non, mets-toi-le bien en tête, je suis un tout petit bourgeois, un employé à dix-huit cents francs, rien de plus, très humble à côté des gros personnages que je coudoie, et j'ai l'esprit — esprit politique, j'en conviens — d'accepter nettement la situation comme elle est. J'habite donc plus que jamais chez mes parents, avantage immense, quand il n'est pas incompatible avec un peu de liberté. L'opinion de la famille et le respect qu'on a pour elle sont un frein doux et fort qui vous maintient sans fatigue dans la voie du devoir et du bon sens. Ne fût-ce que par égoïsme, on doit croire à son père et à sa mère; on est si sûr d'être aimé par eux. Quand j'ai fait des sottises, c'est que j'ai été seul par hasard.

« La belle affectation, d'ailleurs, de courir la préten-taine, de singer le riche, de faire du chic aux dépens de son tailleur, comme le premier calicot venu, et pour les beaux yeux d'une galerie qui se fiche de vous !

« Car il faut avoir été jeune, éduqué pour cela, prince ou fils des preux, et qu'on se meuve inconsciemment dans l'élégance et l'oisiveté natives. Mais carotter tout autour de soi son faste, et jouer à cache-cache avec les gardes du commerce... Grande duperie ! Et cela cloche toujours par quelque endroit.

« Combien en ai-je vu de ces Brummell d'occasion, même au régiment, où le luxe du dehors n'est qu'un couvercle à la saleté du dessous ! L'opoponax aux cheveux, les bottes vernies, et la m.... au c..!

« Aussi, dès le lendemain de mon retour à Paris, mon siège était fait.

« Me lever entre sept et huit heures, faire ma toi-lette, lire *le National*, travailler un peu, déjeuner et sortir avant midi pour aller au théâtre, sinon occuper mon après-midi jusqu'à quatre heures au manège ou au bain froid. Revenir dîner. Ressortir le plus souvent avant sept heures pour jouer ou voir le spectacle, ren-trer tout doucement vers minuit, et m'endormir sur un rôle, une brochure, ou un chapitre de Montaigne ou de Rabelais, voilà quelle a été ma vie.

« Je lis beaucoup, d'autant que je n'ai ni répétitions, ni rôles à apprendre. Artiste en congé. Et c'est tout simple, comme je n'ai droit au partage avec Riché que pour le vieux répertoire, quand MM. les Sociétaires veulent bien consentir à laisser fonctionner leurs dou-bles, dès que j'ai joué une pièce deux fois, c'est à mon

our de rester dans mon coin. Non pas que je m'en
plaigne beaucoup, car à moins d'un rare talent, un
rôle de l'ancienne Comédie ne vous rapporte pas
grand'chose, et d'ailleurs, à l'exception de quelques
vieux amateurs, l'indifférence est si déplorable aujour-
l'hui pour tout ce qui n'est grande, grande nouveauté !

« La seule ambition raisonnable d'un jeune comédien, c'est donc d'attraper quelque « création », puisqu'on ne peut plus se faire voir et remarquer autrement.

« On m'a promis un rôle dans un acte intitulé *Corneille et Rotrou,* et l'un des auteurs — ils sont deux —
m'a protesté que ce rôle était excellent... Le bon billet
qu'a La Châtre ! Nous verrons cela vers la fin du mois
d'août.

« En attendant, je vais me renfermer strictement
dans mon programme. La solitude ne m'a jamais fait
peur. C'est à peine si je vois Nancy de temps à autre,
car il fait toujours ménage avec sa pianiste, mais.....
mais.....

« A la rigueur, la manie qu'a Victor de ramener
les veaux à la vertu, et de sevrer les femmes de quarante ans, n'a-t-elle pas de moindres conséquences ?..,

« Ed. GOT. »

8 septembre 1845. — M. Royer-Collard vient de
mourir.

Grand orateur, grand politique, paraît-il, cet inventeur de « la Doctrine », brave homme à ses heures, —
mais pion toujours formidable à mes yeux.

Je le vois encore avec sa perruque blonde recroque-
villée et son air rogue. Une circonstance l'a gravé dans
ma mémoire. Elle date d'un voyage à Saint-Agnan,

pendant les vacances de 1837, chez les parents de Garsonnet et de Firmin. Garsonnet, qui avait fait ses études
à Paris, grâce à M. Royer-Collard, nous mena le saluer
avec lui à Châteauvieux, belle propriété du docteur
Andral, son gendre. Ce gendre avait un fils à peu près
de notre âge, et l'on fit partie d'aller en voiture de
famille jusqu'à Valençay. Le temps était superbe. A
l'entrée du parc, nous rencontrâmes un très vieux monsieur, dans une espèce de chaise roulante traînée par
deux laquais en livrée.

Sa tête poudrée était inclinée somnolente sur sa poitrine ; mais en nous voyant, ses yeux s'animèrent, et
sa bouche lippue, qui émergeait à peine d'une large
cravate blanche, ébaucha un sourire de travers. Tout
le monde alla respectueusement à lui, et M. Royer-
Collard l'accompagna en lui parlant chapeau bas jusqu'au château. Nous suivions par derrière. C'était le
prince de Talleyrand.

28 septembre 1845. — Voici venir *Corneille et Rotrou*,
cet acte de MM. Cormon et Laboullaye, et j'y répète
depuis huit jours leur fameux rôle de Colletet, à peine
tracé, dans un pauvre style, tout à fait en dehors de
l'action, qui elle-même... Que diable peut-on prouver
là dedans ?

Et où va le courant de la Comédie-Française, mon
Dieu !

On fera passer ensuite une pièce d'actualité : *La
Chasse aux fripons*, trois actes en vers (?) de M. Camille
Doucet, et l'on m'y promet un rôle superbe ; je me
défie donc un peu. M. Camille Doucet est à coup sûr
d'un cran supérieur à MM. Laboullaye et Cormon, mais

à en juger par ce qu'il a produit à l'Odéon, ne sera-ce
pas encore doucet ?

Il y a quelques années, pourtant, il avait fait représenter aux Variétés, mais en collaboration avec M. Bayard,
une espèce de drame en trois actes, intitulé : *Léonce*,
qui m'avait frappé. M. Bressant surtout, dans un rôle
de frère aîné, mauvais sujet repenti, y portait une certaine canne à longue pomme damasquinée, pour
laquelle bien longtemps je me suis mort d'amour.

Étranges et souvent violentes, par parenthèse, ces
élancées de l'enfance vers une fantaisie quelconque,
une mode, une babiole, que sais-je ? Plus tard, cela
change d'objet, sans doute, mais au fond n'est-ce point
toujours la même chose ?

30 septembre 1845. — Comme l'uniforme vous entre
avant dans la peau ! Depuis hier je suis tout déconfit
par l'annonce du désastre de Djemmâa-Ga Zaouat et de
la mort du colonel Montagnac.

Ah ! ne vaudrait-il pas mieux me sentir encore le cœur
pincé par ces émotions hautaines que de m'affadir au
milieu des chipoteries du théâtre avec certaines pécores
qui me coudoient, à côté de maîtres et en face d'un public
qui nous confondent tous le plus souvent dans une
insouciance superbe ? Apporter des fauteuils, faire des
annonces, mendier en cachette à la régie un tour de
faveur, saluer les journalistes, attacher son avenir à
la merci d'un sifflet, cela sans doute est bon pour un
tel qui sort de chez Comte ou d'une loge de portier.
Mais moi... Que je suis loin de mes premiers rêves et
même de la virilité que l'armée m'avait faite ensuite
avec ses nobles misères !

J'accepte tout, je m'effémine, je m'émascule, hélas !

Mais si un peu de succès ne vient point à nouveau me retremper l'âme d'ici à quelques mois, je sais ce que je me réserve.

Il n'y a que l'audace qui serve. On se repent toujours d'avoir hésité.

1er octobre 1845. — Le 1er octobre 1840, voilà cinq ans, j'écrivais la première de ces notes. Je viens de les relire... Que d'à-coups et d'interruptions ! Des mois entiers parfois. N'importe, il y a quelque chose.

J'ai retrouvé çà et là les jalons de quelques frivoles romans de jeunesse, des papillons de l'an dernier ! L'amour, dans le récit d'une vie qui commence, remplit d'ordinaire quatre-vingt-dix pages sur cent. Mais non pas pour moi, pauvre hère, car la réalité féroce m'a fouetté si vite au visage, que le rêve a fui tout honteux. Et l'idéal est bientôt devenu du plaisir, quand il a pu. Je me tairai donc désormais là-dessus le plus possible.

Une fois, oui, j'allais perdre terre... La fatalité est intervenue. Ainsi je n'ai pas aimé, par défaut de nature ou par manque d'objet ; peut-être aussi à cause de la marche des idées d'à présent qui ne tendent qu'à dépoétiser la femme, au bénéfice de notre vie d'égoïsme et d'action.

La vraie teinte de ce journal reste l'orgueil et la volonté.

A vingt-trois ans, après les indécisions du départ et le choix de la route à prendre, après la bifurcation du train militaire qui faillit chambarder le tout, être revenu ici, à la Comédie-Française, et déjà en bonne passe, c'est un résultat. Mais si je veux arriver, il ne me faut pas plus d'attachement téméraire que par le passé. C'est le travail et le savoir-faire qu'il faut maintenant.

Au reste, le travail n'est rien quand la besogne plaît.

La première fois que j'ai reçu de l'argent d'un théâtre, il me semblait que c'était moi qui aurais dû en donner.

En attendant, je suis rengagé pour l'année prochaine, avec six cents francs d'augmentation, soit deux mille quatre cents francs.

J'ai un retard de près de deux mille francs cette année pour ma garde-robe de théâtre, mais j'ai cru me sentir assez sûr de l'avenir pour hypothéquer d'autant mon capital de quinze mille francs.

Quel marchandage pour la vie ! Et qu'il y faut de volonté, même avec l'appui moral de la famille ! Moi qui voudrais si bien remettre tout notre petit équipage à flot !

23 octobre 1845. — Comme je n'ai presque rien à faire au théâtre, rien de nouveau du moins, je n'ai que peu de relations nouvelles. Adrien Decourcelle, Emile Augier, autre ancien condisciple à moi, mais auteur déjà parvenu, compagnon qui par là m'échappe un peu, car j'entends absolument ne point avoir l'air de m'imposer.

Michel Carré, jeune auteur aussi, joué à l'Odéon, avant la direction Bocage, et qui fait les yeux doux à la Comédie-Française. Peintre manqué, mélange très pondéré de sang-froid gouailleur et d'audace maligne,

il fera sans doute son chemin, sinon parmi les premiers, du moins parmi les habiles.

Quant à des comédiens, quelquefois Adolphe Dupuis,
une nature aimable, et Fechter, un peu plus haut de
visées, mais trop joli garçon pour ne pas être étripé
déjà de partout.

Ah ! par exemple, ceux que je hante surtout, dans
mon gîte et sur place, c'est Rabelais, Montaigne, Plu-
tarque, Amyot, Régnier, Pascal, Voltaire, Jean-Jacques, là rangés à m'attendre, Alfred de Vigny même,
que j'ignorais et dont je viens de lire quelques poèmes
et nouvelles. Et les vieux Latins !... Et mes vieux
Grecs donc ! Les grands pères de la pensée.

Pas de temps à perdre avec tous ceux-là ! Pas de
caprices ! Pas de petits dessous ! Toujours prêts à votre
heure, et vous donnant imperturbablement, ces âmes
d'élites, le meilleur de leurs âmes !...

28 octobre 1845. — Est-il au monde un homme qui
soit toujours le même, bon ou mauvais, qui, même
involontairement, ne joue devant chaque personne dif-
férente un personnage différent... toujours comédien malgré lui, changeant et insaisissable comme la
lumière, dont le prisme tire pourtant sept couleurs ?

Le vrai fond de chaque être c'est : JE !...
Les seuls ressorts : les sens, l'intérêt, l'orgueil. Il
faudrait se méfier de tous les hommes, rien qu'en les
jugeant d'après soi.

10 novembre 1845 (minuit). — Il y a deux ans à

pareil jour, à pareille nuit, j'étais près de l'Oued-Malah à cheval sur *Sidi*, à l'abri (?) sous mon manteau. Je me réconfortais à voir les pauvres fantassins cheminer dans la boue plus misérablement que nous.

Aujourd'hui, dans cette petite chambre close, les pieds sur les chenets, pendant que la neige s'épaissit sur Paris silencieux, je ne porte guère envie aux fêtards de la Maison d'Or... Je me sens si bien.

L'équilibre des jouissances n'est-il donc pas l'équilibre même de la société? La vie une fois donnée, tout être cherche ce qui doit le faire jouir de cette vie, et chacun est sensible à une somme de jouissances relatives surtout à ses habitudes.

Le brûle-gueule que fume un balayeur lui semble certainement aussi bon qu'un londrès supérieur semble bon à un vieux banquier. Si les sabots du loqueteux ne le préservaient pas si agréablement du gravier, des frimas et de la pluie, il regarderait passer d'un œil moins tranquille la calèche élastique du millionnaire.

La volupté seule est égale pour tous.

7 décembre 1845. — Les corbeaux et les urubus accourent de dix lieues à la charogne.

De même les mendiants et bohèmes professionnels au premier semblant d'une position un peu en vue.

Qu'ils soient assez malins alors pour flairer en vous quelque bonté native, une sorte de respect humain, ou plutôt de faiblesse inhabile au refus en face, et vous voilà à la merci de leurs boniments, de leurs mensonges, de leurs importunités sans vergogne.

28 décembre 1845. — Pour cicatriser la blessure faite

l'autre mois à Émile Augier par la demi-chute de *l'Homme de bien*, chute imputable surtout à certaines faiblesses de l'interprétation, la Comédie-Française vient de nous faire apprendre et remonter en huit jours *la Ciguë*, à nous les doubles, — la « troupe de fer-blanc », comme on dit. J'ai le premier comique de la pièce, et comme cela se joue demain, mon appréhension est grande, car je me trouve détestable aux répétitions, quoique avec une secrète espérance que le public me désensorcellera. Voilà, je crois, toute l'histoire des pressentiments : Que je sois mauvais, je m'en étais douté ; que je réussisse, je l'avais pressenti.

7 janvier 1846. — Je regrette de n'avoir pas écrit immédiatement le compte rendu de *la Ciguë*, pour ce qui me concerne, bien entendu.

Maintenant même que le danger est passé, je frémis en songeant à ce que je risquais. Jouer dans une comédie connue, très connue, un rôle créé avec succès sur une scène rivale, et sentir dans sa conscience que ce rôle ne vous convient ni comme physique, ni comme âge, monter à sa loge sans savoir au juste comment on pourra se tirer même du costume, — le magasin les marchande si vilainement au pensionnaire ! — entendre frapper les trois coups, et paraître tout à trac ribaud, cynique et gai, à côté de partenaires dans lesquels on n'a pas grande confiance, et qui ont sans doute aussi peur que vous, voilà mon cas avant même que j'eusse dit le premier mot de « Paris ».

Comment de ce chaos ont émergé d'assez bonnes parties, grâce à certaines qualités de voix et de diction, grâce surtout à l'inappréciable dessous des bons

vers et des situations théâtrales, comment les journaux
m'ont ménagé presque tous, et aussi soutenu... C'est ce
que je ne puis pas expliquer, attendu que j'en suis
encore à le comprendre.

DISTRIBUTION DE LA PIÈCE :

Odéon, 13 mai 1844.

MM. BOUCHET................... Clinias.
    Louis MONROSE............. Paris.
    A. MAUZIN .... Cléon.
    LAFAGE.................... L'intendant.
Mlle Émilie VOLET.............. Hippolyte.

Théâtre-Français, 23 décembre 1845.

MM. MAILLART.
    GOT.
    JOANNIS.
    FONTA.
Mlle SOLIÉ

Je crois que la pièce a été mieux jouée à l'Odéon
Mais l'Odéon avait sur nous l'avantage de la création
et de la nouveauté, avantage immense au théâtre.

Mais cela se jouera longtemps ici. J'y ferai donc des
progrès et je vais piocher ferme là dedans.

12 janvier 1846. — Que s'est-il passé d'important,
à mon sens, car je ne rends jamais compte que de ce
qui frappe mon observation personnelle, depuis mon
retour à Paris, au mois de mars 1845 ?

En fait de théâtre :

Rien à la Comédie-Française. Sept ou huit pièces

nouvelles, de un à cinq actes, y sont successivement
tombées les unes sur les autres, en plein ennui, et la
seule réussite un peu franche qu'on y ait eue, en dehors
des représentations de Mlle Rachel, c'est un acte en
vers de M. Samson, joué, mais, il est vrai, fort bien joué,
par MM. Provost, Régnier, Samson, Micheau, Mlle A.
Brohan, et intitulé : *la Famille Poisson*.

Le mouvement et la vie sont donc ailleurs. A l'Ambigu, par exemple, où M. Alexandre Dumas, ce conteur
et cet arrangeur étonnant, flanqué ouvertement cette
fois d'Auguste Maquet, a donné avec éclat une sorte de
féerie historique, grand drame à tableaux découpés
dans leur roman des *Mousquetaires*. M. Mélingue, artiste
remarquablement décoratif et pittoresque, y a beaucoup réussi le rôle de d'Artagnan. La Porte-Saint-
Martin a réussi à côté, grâce à Mme Dorval, dans un
bon mélo populaire : *Marie-Jeanne*.

Enfin, au Vaudeville, MM. Duvert et Lausanne (beau-
père et gendre), ont fait jouer, par leur Arnal, un petit
chef-d'œuvre d'humour et de cocasserie, *Riche d'amour*.
C'est ma foi ce que j'ai entendu de plus original cette
année.

D'autre part, Rubini s'est retiré à Saint-Pétersbourg,
et Mme Viardot-Garcia a repris au Théâtre-Italien de
Paris la grande tradition de son père et de sa sœur (la
Malibran).

En fait de littérature :

Après les grosses vogues des *Mystères de Paris*, du
Juif Errant, de *Monte-Cristo* et des autres machines à
fracas de MM. Alexandre Dumas et Eugène Sue, voilà
que M. de Balzac, sans cesser de faire des romans,
souvent admirables d'anatomie, commence à marcher
vers la scène à grands pas, ainsi qu'il convient à un

maître de sa taille. Encore deux ou trois efforts, et il arrivera, c'est sûr.

Et puis à la rescousse, s'avance « l'école du bon sens » (quelle diable d'étiquette!), avec Ponsard et surtout Émile Augier.

L'Allemagne a vu mourir en mai notre éreinteur-juré, Schlegel, — mais elle avait, par compensation, comme gratifié Paris du vif esprit de Henri Heine. Il est vrai que c'est un juif.

En fait de politique, où je ne me complais guère, Godefroy Cavaignac est mort, et les sociétés secrètes poussent toujours comme des champignons dans les caves du *National* et sur les couches neuves de la *Démocratie pacifique*, avec un petit fumet socialiste ou phalanstérien en plus.

L'Algérie demeure dans le même état, mais il est évident que la conquête se tasse.

29 janvier 1846. — L'un des fils d'une vieille amie de ma mère, Ch. Vernier, caricaturiste au *Charivari*, purge en ce moment une condamnation à deux mois pour délit de presse. Je suis allé le voir à Sainte-Pélagie. Ils étaient là une douzaine de prisonniers politiques de toutes couleurs, à fumer des pipes autour d'un petit poêle en fonte. Parmi eux, je ne sais quel gérant responsable du *National*, payé trois mille francs par an pour passer toute sa vie en cellule, et M. Félix Pyat, l'auteur de l'assez remarquable *Diogène* qu'on joue maintenant à l'Odéon. Une sorte de Diogène aussi, ce Félix Pyat, vraiment étrange, chevelu, barbu, jeune encore, admirablement beau, mais plein d'un fiel diabolique contre tout, et contre tous. C'était lui qui donnait la note et les engueulements ne cessaient pas.

Non, jamais bastringue pareil ! La garde est venue leur imposer silence. Quelle société !

5 février 1846. — L'autre jour, l'Académie française recevait M. Alfred de Vigny, M. Molé répondait au récipiendaire. La plupart des autres membres de tous les Instituts assistaient à la séance, dans leur uniforme à palmes vertes. On se montrait MM. Victor Hugo, Lamartine, Arago, Guizot, Mérimée, Flourens, Ingres, Blanqui, Pongerville, et bien d'autres. La salle était bondée d'un public, curieux aussi, hommes et femmes triés sur le volet.

Singulier monde que cette caste pédante, et comme on s'y égratigne jusqu'au sang avec des formes sourdement impertinentes.

M. Molé prêchant en aigre-doux l'admiration à M. le comte de Vigny souriant aux anges, — et toute l'assemblée dodelinant de l'œil aux bons endroits.

Que c'était différent des gros mots de Sainte-Pélagie !

27 février 1846. — Une heure du matin. — Je sais bien que cela ne va pas durer jusqu'à demain peut-être, mais je suis presque content de moi. Le fait est rare, et je me hâte de le noter.

Je viens de jouer « Périnet » dans la première représentation de *la Chasse aux fripons*, trois actes en vers de M. Camille Doucet ; et, quoique la pièce n'ait pas beaucoup réussi, — satire un peu enfantine pour sa grosse enseigne, — mon rôle a paru faire plaisir. Et

puis, j'étais habillé à ma fantaisie, j'étais de belle
humeur, et puis mes amis Decourcelle, Augier, A. Brohan ont été satisfaits, et puis ma mère, et mon père
aussi, bien qu'il n'en dise guère.

3 mars 1846. — Oui, mais la critique des journaux
devait m'empoigner par quelque endroit, et elle n'y a,
parbleu ! pas manqué. M. Rolle lui-même, s'en prenant
à l'émotion d'une première, et par suite à la rapidité de mon débit, qui s'efforçait, à travers l'émotion,
de rattraper la gaîté par le mouvement, m'a accusé
d'avoir bredouillé mon rôle. Or, quoique vif, l'avis est
bon.

Les autres ont gardé presque tous un silence élo-
quent — à l'exception pourtant de la claque du journalisme — dont je dédaigne encore plus les éloges que
les critiques.

Charles Maurice est le seul jusqu'à cette heure dont
les éreintements, pour ainsi dire quotidiens, m'aient
profité. Je sais qu'il est assez malin en théâtre, celui-
là, pour frapper juste aux défauts de la cuirasse. Aussi,
le lis-je avec soin.

25 mars 1846. — Nous répétons généralement une
Fille du Régent, cinq actes, d'Alexandre Dumas, qui sont
appelés par tous à un grand succès. J'ai là dedans un
petit rôle de mouchard, « Tapin », avec une scène assez
vive. Mais c'est un singulier genre que ce genre-là au
Théâtre-Français, — et c'est un drôle de corps aussi
qu'Alexandre Dumas. Après six semaines, il s'est enfin
décidé à venir à une répétition.

Et comme sa personnalité gouailleuse et crêpue éclate dans notre pénombre à demi officielle!

— Diable! Diable! mon cher Fonta, s'écriait-il du fond de l'orchestre, en interrompant une scène; c'est froid comme glace. Je vous allumerai pour la première une veilleuse dans votre culotte.

Et après la répétition, devant tout le monde, à Mme de Seigneville, complaisante ordinaire de Mmes X... et X... : « Mille grâces pour vos conseils, ma chère; mais ne parlons pas théâtre. Si vous voulez, parlons b... »

1er avril 1846. — Nous venons de jouer ce magnifique drame d'Alexandre Dumas. Il a été sifflé très bien.

Jeudi-saint, 9 avril 1846. — La Comédie-Française vient de jouer *Hernani,* à l'Ambigu, au bénéfice de M. Mélingue. On n'avait pas pu refuser à sa femme un service de camaraderie, et nous avons sacrifié gaîment le premier de nos trois jours de Pâques à ce déplacement au boulevard.

En sentant l'air de cabotinage qui pèse dans ces petits corridors sombres, dans ces loges étroites, dans ces coulisses huileuses, on comprend mieux l'aristocratie incontestable du Théâtre-Français.

Aristocratie est le mot; et cependant, nous autres, de la jeune plèbe pensionnaire, on nous fourre quatre, Ponchard, Fechter, Rey et moi, à nous habiller dans une mansarde, sous les combles. Mais on sert du moins dans une bonne maison.

Et puis, ne descendra-t-on point quelque jour? Je ne l'aurai certes pas volé pour ma part. On me fait répéter depuis huit jours Labrie du *Chevalier à .la mode,* un rôle d'annonces qui dure quatre grands actes, avec changement de perruques poudrées et d'habits...

Si mon étoile m'amène plus tard à quelque chose, j'en aurai bien d'autres à dire. Mais, bah!... Ne commence-t-on point partout en balayant la chambrée?

Seulement, voilà ma seconde épreuve, à moi!...

3 mai 1846. — L'amour! l'amour!... Ne dirait-on pas que c'est tout au monde?

Mais, qu'est-ce que c'est bien que l'amour?

Le désir, oui. Le désir y compris la volupté, certes. Et les dépits, et la jalousie, et ses rages, le bric-à-brac du roman — et de l'égoïsme humain surtout, — soit encore.

Mais l'amour, l'amour complet, l'amour quand même, l'amour passion, l'amour enfin, n'est-ce pas plutôt un vœu divin, un idéal, un des côtés de la soif immortelle?

Ce grand amour n'existe-t-il donc point?

Chez les femmes, peut-être. Etant moins libres, elles se livrent plus, quand elles se livrent.

Chez les hommes, guère. L'éducation ni le tempérament moral ne les menant vers cela.

Et l'ai-je jamais vu même autour de moi, ce grand amour?

Des poussées, des « bouffées », comme dit Figaro, qui suffisent à le faire comprendre dans les poètes, ou à le singer au besoin. — N'aime pas qui veut.

Il y faudrait la solitude, la rêverie, la souffrance même.

Mais dans la promiscuité de Paris, et du théâtre surtout, toutes choses devenant égales absolument entre la femme libre et l'homme, n'est-ce même pas presque toujours la femme qui commence et choisit? Tout se passe donc à fleur de peau, et l'on se prend, et l'on se quitte, et l'on s'est menti, et l'on s'est trompé, sans avoir conscience même de tromper, de mentir, ou de faire un tort quelconque à son autre.

Cet amour-là n'est que l'épanouissement de l'amour et de la bête.

Comme le chat, on se caresse à quelqu'un. Voilà tout.

On a dit : « La jalousie n'est qu'un sot enfant de l'orgueil », et c'est vrai, l'orgueil et la jalousie étant d'ailleurs des prérogatives exclusivement humaines, comme l'imagination.

Les coqs, les chiens, les taureaux, les tigres, tous les mâles, s'entre-tuent devant la femelle, oui, mais c'est la rage de l'égoïsme en présence de la satisfaction d'un besoin. Rien de plus. Les femelles ne s'entre-battent guère, que je sache.

Seuls au monde, l'homme et la femme sont donc jaloux, c'est-à-dire vaniteux, misérables par réflexion, tyrans des autres et de soi.

10 mai 1846. — M. A. de Musset, que j'ai rencontré hier soir dans la loge d'A. Brohan, m'a dit avec une politesse qui lui est peu habituelle, paraît-il, car il est cassant, — même de sens rassis, — qu'il m'avait vu avec grand plaisir, il y a huit jours, dans *le Médecin malgré lui*.

« Vous m'avez fait rire de bonne foi, dans un moment où j'avais plutôt envie de faire le contraire. »

Une gracieuseté comme celle-là rachète bien des ennuis du métier. Si je n'étais comédien, aurais-je jamais fait penser ou fait rire l'auteur de l'*Idylle* des *Nuits* et du *Spectacle dans un fauteuil*.

Je suis d'ailleurs la cause première de la connaissance qu'Augustine Brohan a faite de M. de Musset, et voici comment. Mme Suzanne Brohan avait récemment le dessein d'organiser au théâtre de la Renaissance une représentation à son bénéfice ; et comme nous cherchions tous trois avec sa fille une œuvre capable d'attirer en cette circonstance l'attention du public, je leur citai avec grand éloge un proverbe à trois personnages publié par la *Revue des Deux Mondes* et intitulé *le Caprice*, dans quoi chacune d'elles, surtout Mme Suzanne, pourrait remplir un rôle important. Le lendemain, elles étaient endiablées de la chose, et, l'ingéniosité féminine aidant, l'auteur avait été gagné bien vite, et de toutes les façons. Seulement, la saison étant un peu avancée pour un pareil projet, on en a remis provisoirement l'exécution au mois d'octobre.

Et voilà comment M. A. de Musset vient dans la loge d'Augustine et s'y trouvait hier encore.

14 juin 1846. — Mon bon ami, M. Mallefille, vient de donner au Grand-Opéra un poème, *David*, dont la musique a été faite par un M. Mermet, que je rencontre parfois place Favart, chez la mère Morel, petit nourrisseur, à huit sous le plat, de la jeunesse artistique du boulevard.

J'ai donc eu mon entrée à la première représentation.

Dame, harmoniquement parlant, je ne suis qu'un âne, et ce n'est point merveille que la chose m'ait laissé froid, de même que la grosse portion du public, d'ailleurs.

Mais à mon humble avis, tant que la parole ne manque pas à exprimer une situation ou un enthousiasme, le chant me paraît superflu, quand il n'est pas ridicule, avec ses redites, ses reprises, ses parties, ses ensembles, etc., etc.

Parbleu! je ne crains pas la musique symphonique, surtout à petites doses.

Mais l'opéra n'est-il pas avant tout un art émoustillant pour les nerfs, un art sensuel, donc secondaire, presque tout de convention, de mode?

Et puis, un théâtre de chant! c'est un monde à remuer. Orchestre, chœurs, mise en scène, ballets, que sais-je! Tout y va, et je comprends l'intérêt passionnant qui pousse librettistes et compositeurs vers ces effets intenses. Mais leur complication même condamne les chefs-d'œuvre à la dislocation. Où sont aujourd'hui Lulli, Gluck, Rameau et bien d'autres?

21 juin 1846. — Depuis quelque temps, les compliments me pleuvent. Je sens d'avance, en allant au théâtre ou dans la rue, que je vais récolter une douce moisson de louanges. Mais de pareils concerts, en même temps qu'ils vous engourdissent, ne manquent guère d'éveiller la jalousie. Tenons donc notre tête! Il faut monter, monter... Pas encore vingt-cinq ans. J'ai tant de vie en avant.

25 juin 1846. — Deburau (Baptiste), le Pierrot des *Funambules*, est mort cette semaine.

Sans doute Jules Janin, George Sand et certains entrepreneurs de paradoxes avaient voulu trop enfler sa réputation et l'imposer à la mode, mais c'était certainement un homme de talent, un artiste spirituel.

Le côté le plus original de sa manière, car il en avait une, était le tact et la sobriété, ce qui n'est presque qu'une même chose, mais je ne sais pas de mot qui veuille les dire tous deux ensemble.

Or il est sûr que plus un art s'élève, plus il se dégage et se simplifie. Le beau, c'est l'unité parfaite. Il est bien plus facile de trop faire que de faire assez.

Ceci m'amène tout naturellement à un retour sur moi-même.

Je n'ai pas encore pu, en face des autres, ni à mes propres yeux, me prendre au sérieux une bonne fois, comme artiste. Ce que je vois d'incontestables talents autour de moi, et à côté, m'impose, m'intimide et me maintient petit. J'en reviens toujours à dire que c'est un peu plus ou un peu moins mal, voilà tout.

5 juillet 1846. — Hier soir, Chotel débutait dans *les Femmes savantes*. J'ai joué Trissotin. Ce rôle-là, d'ailleurs fort malaisé, me porte guigne ; j'y fais toujours quelque bévue.

Chotel a été cahin-caha, comme dans son premier début, *Pyrrhus*. De ce qu'il est instruit, intelligent, beau garçon même, il refuse d'admettre que, faute de souplesse, il puisse pécher par l'exécution. Et s'il s'emballe, il hypothèque, il s'endette pour des habits — et ce sera pourtant un fruit sec vraisemblablement. Ah ! les fausses vocations ! Quel malheur ! En ai-je assez vu déjà ! Comme les arts sont nobles par essence, chacun veut être artiste, chacun se rêve illustre. Quand nous n'aurons plus que des poètes, des peintres, des orateurs, des génies, qui donc leur fera des bottes ?

Que diable ! vous regardez tous le soleil, vous vous aveuglez, voilà tout. Tout le monde n'a pas douze pieds d'envergure. Il y a des aigles, et puis il y a aussi des serins.

19 juillet 1846. — Les arts veulent de la foi ou de la passion. Et, en effet, c'est le culte de la beauté, beauté morale ou plastique. Ils doivent donc tendre constamment à épurer les sens, à anoblir la pensée.

Par l'esprit critique la pensée s'amoindrit, l'inspiration est tuée, la croyance morte, — et la consolation qui en vient.

Sans la foi vraie, point d'admiration vraie. Et c'est si bon d'admirer !

La *Vierge* de Raphaël, la *Joconde* et l'*Antiope* ont été faites avec amour.

Avec passion : l'*Œdipe-Roi, le Cid, l'École des Femmes, Lucrèce Borgia.*

Rabelais et Voltaire ont beaucoup d'esprit.

Qu'ont-ils créé ?

30 juillet 1846. — Hier, on a encore tiré sur Louis-Philippe.

Ce n'est plus un roi, c'est une cible. Voilà, si je ne me trompe, en dix ans, le septième attentat de ce genre. Quelle fermentation dans les dessous dont on ne semble pas s'inquiéter ! Mais quand cette lie reviendra dessus… ne faut-il pas tout prévoir en fait de bascule politique ?

29 août 1846. — Nous venons, entre pensionnaires, de jouer *le Menteur* d'une façon déplorable, devant une salle distribuée presque toute aux boutiquiers d'à côté. En vérité, il y a quatre ans, cela avait mieux marché à Chantereine. C'est très bête.

N'y a-t-il pas beaucoup de ma faute en ce qui me concerne. Est-ce que je n'en arrive pas à faire trop comme les autres, tout en conservant l'orgueil de les regarder de mon haut ? Artiste, je me laisse pourtant glisser avec eux, je paresse ; je me dis aussi : « A quoi bon toujours travailler sans but, ou du moins sans résultat immédiat ? »

Homme, je vis à l'aventure, gueusaillant sans esprit, presque sans plaisir. L'amour voudrait pourtant de la poésie.

Ah ! c'est qu'avec son éclat, ses beaux vers, ses rires, ses larmes, les triomphes apparents, la scène est une machine si dissolvante et si trompeuse !

Comme l'armée, dont les enfants ne voient que les galons et la gloire, quand, pour un général arrivé, tant de soldats saignants sont restés aux fossés de la route.

Je veux réagir encore. Le dégoût finirait par me prendre. C'est le succès qu'il faut viser, le succès à tout prix, dans cet art-là plus que dans tous les autres.

Le comédien doit frapper vite et fort, être brillant quand même.

30 août 1846. — Pourquoi la parole est-elle rebelle, l'expression presque toujours insuffisante pour la pensée? Ce qu'on dit et ce qu'on sent s'accordent si rarement! Les passions seules et l'enthousiasme parviennent à leur éloquence, la plupart du temps, dans un cri.

6 septembre 1846. — M. Harel, ancien préfet de l'Empire, directeur, après 1830, de l'Odéon, puis de la Porte-Saint-Martin, est mort le mois dernier, laissant derrière lui, dans le petit monde des théâtres, une légende de faiseur et d'homme d'esprit, qui survivra de beaucoup à ses essais dramatiques, parmi lesquels la grosse chute de *les Grands et les Petits*, à la Comédie-Française, il y a quelques années.

N'est-ce pas lui qui s'est fait prêter de l'argent par un huissier qui venait le saisir ?

N'est-ce pas lui qui, à un ami lui racontant qu'on avait vu le matin sa George couchée entre J. Janin et un cochon de lait familier, avait répondu : « Pauvre cochon ! »

Lui encore qui, parlant de MM. Bocage et Frédérick Lemaître, ses pensionnaires, disait : « Oui, Frédérick est un bohème, un soûlard, un être indécrottable..... Mais que je lui dise que Clarisse est rêveuse, et que ses enfants sont beaux comme le jour..... j'en obtiens tout ce que je veux..... — Bocage, au contraire, un poète, un puritain, un saint Michel archange. Pour le faire jouer à sept heures, il faudrait assassiner Louis-Philippe et proclamer demain la République... Je ne peux pas! »

22 septembre 1846. — Première représentation du *Compagnon de don Gusman,* comédie en cinq actes, en vers, d'Adrien Decourcelle. Réussite aimable.

J'y jouais une longue utilité, que j'ai un peu relevée par une bonne tenue et un assez joli costume, Quinola (car j'avais craint de me charger de Spadillo, où, malgré son talent, M. Régnier est resté un peu terne). A. Brohan a eu beaucoup de succès, et M. Samson a spirituellement rempli le rôle du vieil alcade, bien qu'il fût de second plan.

8 novembre 1846. — J'ai obtenu du Comité à peu près ce que je demandais, c'est-à-dire que j'aurai l'an prochain trois mille francs de fixe, avec promesse écrite d'une gratification de six cents francs.

Voici le tableau de la troupe des comédiens ordinaires du Roy, pour 1846-1847 :

Sociétaires : MM. Samson, *doyen,* Ligier, Geffroy, Beauvallet, Régnier, Provost, Guyon, Brindeau, Leroux, Maillart; Mmes Desmousseaux, Mante, Anaïs, Noblet, Rachel, A. Brohan, Mélingue, Denain.

Pensionnaires : MM. Mirecourt, Mainvielle, Joannis, Riché, Micheau, Maubant, Fonta, Got, Dupuis, Olivier, Chéry, Raphaël Félix, Rey, Mathien, Alexandre, Dangremont.

Mmes Volnys, Thénard, Avenel, Solié, Mirecourt, Worms, Saint-Hilaire, Rimblot, Rebecca Félix, Judith, Crosnier aînée.

Administrateur : M. Buloz.

Je sens à merveille que ma situation morale et ma considération sont en progrès dans le public, la presse, et dans la maison même. Mais cela ne m'avance guère en fait, et n'empêche pas le Comité de persévérer dans ses allures patriarcales. On met et on augmente à appointements égaux tous ceux d'une même promotion. La salle vous applaudit, et rit au nez de ce pauvre... Chose. Il lui faut bien une compensation ! Soyez propre, prêt à tout, faites gentiment nos petites annonces, jouez demain nos vieux rôles devant les banquettes, petits amis, nous sommes de chasse ou de soirée. Et après dix ou quinze ans, jeunes artistes, aimables ambitieux, vous aurez fait au théâtre votre petit bonhomme de chemin, comme dans les Sels ou les Tabacs !.....

9 novembre 1846. — Les acteurs des Funambules ou du Petit-Lazari ont sûrement dans leur théâtre les mêmes préoccupations que nous au Théâtre-Français. Au lieu de me mettre dans une boutique royale, les circonstances m'auraient relégué dans une troupe d'arrondissement, que je serais soumis de même aux influences du milieu où je vivrais.

On dirait qu'en partant d'un but quel qu'il soit, pour aller à un autre, chaque être est entouré d'un cercle fatal au centre duquel il se débat avec toute l'énergie de ses facultés.

M. Thiers, pour arriver au ministère, dépense-t-il plus de force et d'intrigailleries que Dumanet et Pitou pour attraper l'épaulette? Et au bout du compte, Pitou et Dumanet jouiront-ils moins de leur premier jour de garde ou de sortie, que M. Thiers de son premier jour de Conseil?

Alors pourquoi ne pas se proposer tout d'abord un but aussi important que possible? On est stupide, puisque, la part une fois faite au hasard, on n'est jamais que le fils de sa volonté.

———————

« Paris, 20 novembre 1846.

« *A Mlle Augustine Brohan, théâtre Saint-James, Londres.*

« Comme j'ai pas mal de choses à vous dire, je vais vous écrire à la file une douzaine de faits-Paris :

« L'engagement de votre mère au Vaudeville fait assez d'effet.

« Notre pièce nouvelle, *le Nœud gordien,* de l'anguleuse Mme Casa-Major (lisez : Émile Barraut), après une première représentation cahotée, est rentrée dans l'ornière que vous savez, pour aller jusqu'à sa quinzième, et, c'est ici l'instant de le dire, en vous annonçant que j'étais remarquablement beau dans le Moldave, on ne s'est point joué de votre crédulité.

« Le Théâtre fait peu de recettes, même avec la Grande (1), si j'ose m'exprimer...

« On a pourtant joué devant une belle salle *le Bourgeois gentilhomme,* au bénéfice des inondés. Hâtons-nous d'ajouter que l'Opéra, le Gymnase et le Palais-Royal étaient sur l'affiche. Et puis, Avenel jouait à votre place...

« Tous les atouts, quoi!...

« Lundi prochain, nous jouerons à la cour, à Saint-Cloud, *le Vieux Célibataire.* Cent francs de feu par pensionnaire. On va se disputer les cinq cousins.

*   *

(1) Mlle Rachel.

« On répète toujours *le Lansquenet* de M. Léon Laya, mais cela ne passera guère avant la fin du mois.

« Léon Gozlan lutte de coquetterie avec Buloz. On dit vaguement que son manuscrit fait les doux yeux à une prime; et en attendant, Rachel répète de quinze en quinze jours *le Vieux de la Montagne,* que le grave Saint-Ybars a déjà décrassé deux fois de fond en comble.

« On a définitivement reçu le chef-d'œuvre d'Étienne Arago, Brindeau aidant, paraît-il (pourquoi Brindeau?...), et, à corrections, trois actes de Liadières.

« Judith va débuter dans *la Fille d'honneur;* ça sera drôle; — tous ses amis y seront, ça sera plein.

« Anaïs est bien gentille. Je l'aime parce qu'elle me parle souvent de vous. Elle m'a chargé de vous dire que M. Musset de Talfred lui avait rendu la bague, la fameuse bague, la bague que vous savez.

« La belle Émilie joue toujours à l'Ambigu *la Closerie des Genêts,* avec le gros succès qu'ensemble, ô Titine, nous avions prédit après la première, puisque jamais Soulié ne l'aura mieux chaussée.

« Je me dispense de vous parler d'Adrien (1), car je me doute que le drôle fait ses propres commissions; mais ce qu'il ne vous dit sûrement point, le drôle, c'est que nous disons de temps en temps pas mal de mal de vous à nous deux, le tout pour cicatriser ses blessures.

« Carré et Augier sont invisibles.

« Barbier ressemble toujours au choléra-morbus, et stationne dans les coulisses comme par le passé.

« Et moi, chère amie, je prends tout doucement le temps comme il vient, et le monde pour ce qu'il est, bête et banal comme un proverbe. Je vous regrette.

« Ed. Got. »

(1) M. Adrien Decourcelle.

25 novembre 1846. — M. Sainte-Beuve a consacré il y a quelques années un volume entier à l'analyse des ébullitions lascives de la jeunesse, et il a appelé cela du titre vague de *Volupté*.

C'est ce sentiment paillard et timide, qui, du boulevard et des grandes voies, sainement, largement éclairées, pousse l'élève de rhétorique à travers les ruelles à filles, — les punaises fuyant la lumière..... qui lui fait battre le cœur à la voix échappée de l'allée d'un lupanar.

On est au commencement de l'hiver, les passants sont rares, les boutiques se ferment. Comme son regard plonge dans l'obscurité, comme il avise rapidement ces deux jambes trottant menu sous une cotte effrontément troussée, brodequins noirs, mollets blancs, qui reluisent sur les trottoirs mouillés de pluie! Sa main, plongée dans son gousset, caresse doucement la pièce de monnaie qui lui représente une femme, où et quand il voudra. Onze heures sonnent, les filles rentrent, les portes se ferment. Alors sa marche se précipite, il enjambe les ruisseaux, il court, il a la fièvre, il n'en veut plus qu'à la dernière qu'il rencontrera.

Et cet élève de rhétorique devient jeune homme, et cette frénésie le reprend quelquefois. Il devient homme, et il cédera peut-être encore à la même attraction obscène.

Cela, c'est la passion de la peau contre la peau, le prurit du trait d'union, prévus nettement par les arrêtés de police. L'éducation seule et l'orgueil y mettent un certain choix et de l'élégance.

7 décembre 1846. — Que va-t-il arriver à la Comédie-Française?

Depuis deux ans, pas de grands succès, et pour l'avenir peu d'espérances, — tous les auteurs en renom ayant déserté, — un personnel incomplet ou insuffisant, et, malgré quelques vrais talents, à l'exception de Mlle Rachel, point d'artiste doué d'influence sur la recette. Une administration molle et découragée, la presse entière déchaînée et le goût public assoupi. Voilà quels sont les maux de notre vieux corps dramatique qui ont enfin forcé le peu artistique ministère de M. Duchâtel à nommer une commission pour aviser à des remèdes énergiques : MM. Victor Hugo, de Barante, Scribe, Vivien, Vitet, Cavé, Buloz, Lamartine, etc.

Déjà les femmes s'agitent..... Nous touchons peut-être à une révolution du sérail.

31 décembre 1846. — Visite de fin d'année chez Mlle Mars.

Mlle Amigo, des Italiens, M. le comte de Mornay et M. Henri Monnier étaient près de sa chaise longue, car Mlle Mars est souffrante en ce moment.

On parlait théâtre, ou plutôt on en médisait.

Plus de pièces ! Plus d'artistes !.....

— Bah ! plus d'artistes... toujours le même refrain ! dit Mlle Mars, et se tournant vers moi :

— D'abord, en voici un dont je réponds. Mais en dehors même de la Comédie-Française, dites, jeune homme, voyons ?

— Mlle Rose Chéri ?...

— Oui : elle a été très bien dans *Clarisse Harlowe.*

— M. Bressant ?

— Un charmant premier rôle que la Russie nous a envoyé... Qui encore ?

·— Bien d'autres... Tenez, un tout jeune premier, Delaunay, par exemple, à l'Odéon.

— Très gentil! Frais comme l'œil, et franc comme l'osier, dit-on, nasilla Henri Monnier, du ton de M. Prudhomme lui-même.

3 janvier 1847. — Certaines rancunes guettaient décidément M. Ponsard à sa seconde pièce. Car malgré de très belles parties, supérieures même à l'ensemble de *Lucrèce*, la scène du Légat entre autres, *Agnès de Méranie* n'a réussi que médiocrement à l'Odéon.

L'ouvrage d'ailleurs, quoique confié à certains artistes de talent, a été mal distribué, et la sixième représentation n'a pas mieux marché que la première.

15 janvier 1847. — Nous allons jouer ce soir un prologue de Jules Barbier, monté en quelques jours pour l'anniversaire de la naissance de Molière. Cela s'appelle *l'Ombre de Molière,* et est fait en vers beaux et larges, surtout pour Mlle Rachel qui dit la comédie noble, et Aug. Brohan, la comédie légère.

M. Provost y joue Molière, et moi, un rôle fort passable, au refus de M. Régnier. Je compte m'en tirer, tout en m'accusant d'un peu de paresse.

Trois heures du matin. — Je viens de jouer ce « Mercure »; la salle était splendide. La cour, la presse et les arts y étaient. C'est excellent pour moi! quoique j'eusse à figurer ensuite en Laviolette nègre dans le *Don Juan* de Molière, remonté avec un luxe de décors et de costumes tout à fait inusité en notre Académie.

Et ce soir, un souper dans la famille Barbier, salle à manger en vieilles tapisseries, service en vieux chine, avec E. Augier, Ponsard, Carré et toute la nouvelle école, grosse et moyenne.

22 février 1847. — Avant-hier, grand événement dans le monde dramatique parisien, pour l'ouverture du Théâtre-Historique « tout flambant neuf et sculpté sur tranches », *la Reine Margot*, de Dumas.

Le spectacle, car c'est bien surtout un spectacle, n'a fini qu'à deux heures du matin, et l'on bâillait de fatigue depuis quelque temps déjà.

Comme c'est pourtant parfois du **vrai théâtre** ! Et quelle stupéfiante fécondité !

24 février 1847. — Dans un mois d'ici, j'aurai quitté la maison paternelle. Mais, je le dis, c'est avec un vif sentiment de regret. Si l'exécrable pièce de cent sous l'eût permis, nous aurions tous déménagé ensemble. Avons-nous, ma mère et moi, assez cherché, pour cela, de logements ! C'est toujours trop cher. Plus tard nous nous rejoindrons, j'y compte, et en attendant je viendrai toujours dîner avec eux.

14 mars 1847. — Voilà la première difficulté que j'aie avec le Théâtre-Français. J'ai par hasard manqué la répétition d'un rôle de vingt lignes dans la pièce de M. Gozlan, par suite d'une grippe violente qui ne veut pas me quitter et me fait encore péter le crâne à cette heure. Le comité m'a infligé tout net une amende de cinquante francs, et pour cause d'inexactitude !

Inexact! Moi, hier encore l'homme du régiment.
Ils ont dû compter que j'allais jeter les hauts cris.

« Mais Seigneur, en un jour, ce serait trop de joie ! »

22 mars 1847. — Mlle Mars est morte samedi, à
l'âge de soixante-sept ans.

La dernière fois que je l'ai vue chez elle, le jour de
la Mi-Carême, elle se plaignait de douleurs au côté
droit de la tête, et son regard même, d'ordinaire si
beau, m'avait paru singulièrement altéré.

Aujourd'hui, par une tiède matinée de printemps,
une grande foule, chapeau bas au sortir de la Madeleine, a suivi son convoi le long des boulevards. Et si
les morts ont la vue d'au-delà, j'étais certes un des
plus tristes et des plus reconnaissants à sa mémoire.

24 mars 1847. — Hier a eu lieu la première représentation de *Notre fille est princesse*, drame en cinq
actes, de M. Léon Gozlan. La pièce est ennuyeuse et
mal réussie. J'y jouais pour ma part un faux maqui-
gnon anglais dont j'ai tiré bon parti, quoiqu'il n'eût
qu'une scène en tout ; mais aussi, j'avais une silhouette
superfine.

L'administration, reconnaissante, m'a relevé de mon
amende. — Grand merci! Il ne fallait pas me la
donner.

29 mars 1847. — Je date ceci de mon nouveau logement, rue de Rohan, 8. Devant moi toute la place du
Carrousel et les Tuileries resplendissent de lumières.

Il est une ·heure du matin et les voitures passent sans cesse avec bruit. J'ai eu beau me familiariser depuis un mois avec l'idée de mon nouvel isolement, je me sens comme surpris. Ma mère semblait si agitée et si bonne que cela me laisse une tristesse au cœur.

11 avril 1847. — Le Louvre étant à côté du théâtre, ausitôt que j'ai une ou deux heures libres, je vais voir avec passion les tableaux et les statues. Aussi sais-je déjà mon musée un peu par cœur. Et quand c'est, comme à présent, le moment de l'Exposition annuelle des artistes vivants, cette charmante étude par les yeux se double de la curiosité.

MM. Eugène Delacroix, Diaz, Decamps, Couture, Adrien Guignet tiennent la tête des coloristes.

MM. Flandrin, Amaury Duval, Gleyre, amoureux de la ligne, emboîtent le pas à M. Ingres.

M. Meissonier marche tout seul encore, chef d'école lilliputienne.

Viennent ensuite MM. Paul Delaroche, Horace Vernet, et plus bas, Biard et quelques autres peintres de batailles et de genre, pour la délectation du bourgeois et de la foule.

En sculpture, c'est tout de même. Après MM. Barye, Rude et Pradier.

Cette année, deux nouvelles notes me frappent. L'une, dans certains paysagistes, uniquement et poétiquement préoccupés par l'impression de la nature. Et l'autre, que j'appellerai des stylistes, délicats à la fois d'invention et de ligne, et dont le premier est, à mon avis, un nommé Gérôme, qui vient de se révéler par un *Combat de coqs* d'une rare distinction.

Parmi les dessinateurs, MM. Gavarni, Daumier, Raf-
fet, des unités aussi, ceux-là.

18 avril 1847. — Je parlais dernièrement à Michel
Carré de l'impression produite sur moi par le *Combat
de coqs* de Gérôme.

— Pourquoi ne la dirais-tu pas à lui-même? répon-
dit Michel. Je te mènerai à son atelier quand tu vou-
dras. Il sera enchanté.

— Moi aussi, parbleu!

Et voilà comme, saisissant l'occasion, j'ai fait connaissance en même temps que de Gérôme, avec Boulanger, Hamon, Nason et Picou, autres élèves de M. Delaroche, puis avec Schœnewerk, Eudes et Jacquemard,
des sculpteurs qui habitent aussi rue de Fleurus.

Un monde amusant et libre, plein de jeunesse et de
coq-à-l'âne...

22 avril 1847. — Un mot épique de M. Buloz. Au
reste, tout directeur de spectacle, en présence d'une
recette à sauver, serait capable de le dire ; c'est pour
cela qu'il est typique.

C'était dans les premières représentations de la reprise d'*Athalie,* par Mlle Rachel. La salle était louée
d'avance du haut en bas. Maubant jouait « l'infâme
prêtre de Baal ».

Le père de Maubant meurt.

On porte la triste nouvelle à l'administrateur.

— Eh bien! faites jouer le rôle à son double.

— C'est un rôle exécrable. Personne ne le sait.

— Quoi! M. Fonta?... M. Chéry?

— Non, personne.

— On ne peut pourtant pas rendre la recette... Si l'on insistait un peu auprès de M. Maubant?

— C'est bien difficile, le jour de la mort de son père !

— Oui... C'est vrai... Mais, Mathan n'est pas un rôle gai !

C'est Chéry qui, le soir, a lu Mathan après une annonce.

12 mai 1847. — En dehors de l'égoïsme natif, sauvegarde de l'espèce, y a-t-il au monde d'autre sentiment absolu que cette sorte d'égoïsme providentiel, qui tient la poule à son poussin, et les parents à leur race?

Faut-il croire par ailleurs à l'amitié plus qu'à l'amour?

N'est-il pas même plus rare de rencontrer l'amitié vraie?

Car enfin, l'amour est avant tout un appétit, un effluve presque matériel, dont l'expression la plus juste est « un égoïsme à deux ». Mais à part quelques rares instants, cette balance redevient inégale et laisse toujours pencher un de ses plateaux. On aime, ou on est aimé.

L'amour est donc faible comme nous, incomplet comme nous. L'amour meurt, l'amour passe, l'amour change.

Mais l'amitié! Ce sacrifice constant, ce dévouement continuel et réciproque, ce sentiment calme et fort qui ne s'adresse qu'aux instincts les plus purs de notre cœur, certes, l'amitié vraie est de l'essence la plus haute.

Aussi depuis nos quatre mille ans de connaissance, la fable et la poésie seules nous ont légué les noms d'Oreste et Pylade, de Castor et Pollux, d'Euryale et Nisus. C'est court.

L'immortelle page de Montaigne réussit-elle même à y faire croire? Et l'homme n'est-il pas pour cela trop « ondoyant et divers ».

Il tend vers l'amour, il s'efforce à l'amitié; il tâche ainsi de doubler son action personnelle, de trouver au besoin à ses côtés un appui pour sa faiblesse, et il dit : Je t'aime! Et il répète : C'est mon ami! — De bonne foi, oui, car il le voudrait... mais...

15 mai 1847. — Ce qu'on appelle généralement un ami, c'est un homme dont le hasard ou les circonstances vous ont donné l'habitude; qu'on autorise à vous dire des vérités blessantes et souvent inutiles ; qui vous emprunte votre argent sans vous le rendre, et qui, du jour où l'on a l'air de se douter de son jeu, ne vous le pardonne de sa vie.

16 mai 1847. — J'ai joué dernièrement le rôle de Langely après M. Provost, à la troisième représentation de la reprise de *Marion de Lorme.*

Je m'en suis tiré sans déshonneur, d'autant qu'on m'avait fait prendre part à plusieurs des répétitions, dirigées par M. Hugo en personne.

Et, à ce propos, je remarque combien le pouvoir suprême et la déification déclanchent les grands esprits, et comme ils ronronnent alors surhumainement dans la nuée...

Exemple :

On venait de répéter le second acte d'affilée :

— Messieurs, vous comprendrez que dans une scène où se mêlent de si nombreux personnages, l'auteur...
— nous dit Victor Hugo en style de préface, — l'auteur ne peut donner à chacun une physionomie spéciale. C'est donc à l'artiste d'y suppléer autant que possible. Ainsi, vous, M. de Bouchavannes, votre grand-père a été des mignons du dernier Valois, ne l'oubliez pas, et vous, M. de Rochebaron, songez, si vous le voulez, qu'un de vos descendants mourra sur l'échafaud révolutionnaire...

Rêverait-on mieux de Jocrisse?

Et cet autre :

J'avais à dire, moi :

> Un complot! Jeunes gens, songez à Marillac!
> Un duel! Souvenez-vous du sieur de Bouteville?

— Il faudrait que ce fût plus profond, plus impersonnel, me dit Victor Hugo; vous êtes l'homme du Destin.

— C'est que je n'ai jamais entendu l'homme du Destin!... lui répondis-je, non sans une juvénile inquiétude de recevoir d'en haut quelque atroce camouflet...

Mais lui, imperturbablement, de sa voix rude qui a l'air de chanter dans un pot :

> Un complot! Jeunes gens, songez à Marillac!
> Un duel! Souvenez-vous du sieur de Bouteville?...

Bah! Il planait si loin au-dessus de tout... Il n'avait pas même daigné me comprendre.

30 mai 1847. — Jeudi dernier, j'ai créé un certain

Octave, sorte d'amoureux quelconque, dans un tout petit acte en vers rococos, *Pascariel et Scaramouche*, de Michel Carré.

La Comédie-Française, Michel ni moi, ne décrocherons avec cela de timbale d'argent; et, si je note la chose, c'est qu'après la seconde représentation, intercalée entre *Mérope* et *le Dépit*, je sortais du théâtre avec Hetzel, quand nous recontrâmes sous la galerie noire un gros petit monsieur, que j'avais remarqué dans la salle, assez dépeigné et fort attentif, parmi les rares spectateurs assis à l'orchestre.

Hetzel l'aborda familièrement, et dès leurs premiers mots, je vis que c'était M. de Balzac.

Il faisait un temps superbe et je remontai à côté d'eux la rue Richelieu jusqu'au boulevard en écoutant pieusement. C'était pourtant force calembredaines, et paradoxes surtout, parmi lesquels celui-ci à propos de Tartuffe : « La maison d'Orgon deviendra impossible après Tartuffe chassé, l'hypocrisie étant la véritable liaison du potage social. J'ai pensé à prouver cela dans une *Suite*. Ah ! quelle force que la scène ! Et quelle synthèse à coups de poing !... »

Alors ils parlèrent théâtre, et à je ne sais quelle question de métier que m'adressa Hetzel, je répondis avec une netteté qui attira sur moi l'attention.

— Tenez, mon cher Balzac, puisque vous êtes curieux de la comédie, des coulisses, vous n'avez qu'à confesser mon ami Got; il en aura là-dessus aussi long et mieux à vous apprendre que n'importe qui, je vous assure.

Puis il nous quitta, et M. de Balzac ne me lâcha point, il voulait savoir. J'étais dans l'ivresse; je parlais, je parlais, et ses petits yeux étincelants me fouil-

laicnt jusqu'à l'âme... Nous avons bien fait, allant e
venant, vingt fois ainsi la longueur du boulevard de
Italiens. Enfin, les cafés étaient fermés tous, il étai
près de deux heures du matin. La fatigue et le som
meil commençaient par degrés à peser sur mon en
thousiasme même... M. de Balzac alors m'a regardi
avec une pitié profonde, m'abandonnant sur l'asphaltt
comme un citron vidé.

J'ai senti l'écrasement, et suis resté cinq minutes à
me ravoir.

9 juin 1847. — Hier soir, la première représentation de *Pour arriver*, comédie en trois actes, en prose,
de M. Émile Souvestre, littérateur honnête et un peu
lourd. Demi-chute. J'y jouais un rôle important, mais
faux, et je l'ai mal réussi, quoi qu'en disent certains
louangeurs.

14 juin 1847. — La grande presse d'aujourd'hui
m'a pourtant été favorable ; MM. Rolle, Etienne Arago,
Edouard Thierry et d'autres encore.

En vérité, c'est une bouteille à l'encre, et je continue
à croire que, les qualités naturelles une fois données,
les beaux rôles font les grands succès.

25 juillet 1847. — Je viens de jouer *le Légataire universel*, et j'ai été assez content des trois derniers actes.
Quand on a l'habitude des petits rôles, les grands commencent toujours par vous effrayer, et l'on a besoin
d'y rentrer petit à petit. Encore faut-il que le public

vous porte. Or, il a tant plu aujourd'hui, qu'il y avait
apparence de monde dans notre vieille salle; plus de
douze cents francs, m'a-t-on dit.

9 août 1847. — Après bien des alternatives, bien
des bruits pour et contre, le théâtre ferme décidément.
On va restaurer la salle, pour la rouvrir dans deux
mois, avec une administration restaurée aussi.

On a la courtoisie de payer nos appointements pendant le congé.

Peut-être irai-je passer quelques jours chez la mère
des Dupuis.

28 août 1847. — Je suis revenu de Nemours depuis
avant-hier soir, après y avoir passé une quinzaine fort
agréable. Charmant pays d'ailleurs, et cordiale hospi-
talité. Le père Provost, avec sa femme, est resté cinq
jours chez Mme Rose Dupuis, en même temps que moi.
Comme toujours, lorsqu'il n'est point en spectacle,
c'est un très bon bonhomme, mais tellement sociétaire! La première fois que je le reverrai au théâtre, je
ne ferai peut-être pas mal de lui dire mon nom.

2 septembre 1847. — Alexandre Dumas a un grand
succès au Théâtre-Historique avec *le Chevalier de Mai-
son-Rouge*, et M. de Lamartine, avec son *Histoire des
Girondins*, a un succès éclatant! 89 revient donc à la
mode, et même 93?

15 septembre 1847. — L'ordonnance reconstitutionnelle de la Comédie-Française est enfin parue. Les vieux privilèges y sont fortement ébranlés, et la partie me paraît belle pour les jeunes gens. Je les entends pourtant se plaindre d'avoir toujours le même directeur, armé de plus de droits que par le passé. Mais pour moi, il a l'air excellent.

M. Buloz serait-il un homme de goût calomnié ? En tout cas, il vient de me donner beaucoup à apprendre. Voudrait-il donc simplement me faire servir d'épouvantail à mes chefs d'emploi ? Espérons que non.

21 septembre 1847. — Le théâtre est sens dessus dessous. On en a déjà flanqué cinq ou six à la porte, et l'on parle de démissions immenses. Nous allons avoir une rentrée palpitante.

1er octobre 1847. — Vingt-cinq ans !

C'est une des trois grandes étapes qui sonne ! Jusque-là, c'était l'enfance et l'initiation. De vingt-cinq à cinquante, ce doit être l'action même. De cinquante à soixante-quinze, ce sera la contemplation, le déclin et la mort.

Mais dans quel temps prodigieux je commence ma vraie vie ! En pleine révolution de tout. La science, l'industrie, la politique, la vapeur, l'électricité, les machines et la démocratie, font éclater le vieux monde.

Satan marche, Dieu n'a qu'à se bien tenir !

Pour l'anniversaire de mon jour de naissance, mon père et ma mère se sont fait faire leurs daguerréotypes.

C'est un cadeau d'ouvriers, soit ! Eh bien ! j'en suis
content comme un roi.

22 octobre 1847. — Mardi 19 octobre, le Théâtre-
Français « triomphant et paré » a rouvert avec son
vieux fonds, et, pour tout dire, le public semble renfro-
gné. Que faut-il en conclure ? Ou que les pièces sont
usées, ou que la troupe les joue mal ? Un peu de tout
cela, par malheur. Avec un moins grand nombre d'artistes de talent, il y a vraiment plus de verve et d'ensemble, quelquefois, dans les théâtres secondaires. Et
puis on a beau crier art et poésie, les vieux chefs-
d'œuvre sont vieux. C'est une poussée jeune, active et
forte qu'il nous faudrait.

Quant à moi, je recommence à apporter encore bien
des fauteuils. Mais enfin je dois avoir plusieurs rôles à
créer cet hiver, un petit gars dans *la Marquise d'Aubrée,*
peu de chose cela ; un rôle qu'on dit bon, dans cinq
actes de M. Scribe; Turlupin dans la pièce de Decourcelle; et plusieurs reprises importantes : *les Comédiens* et *le Mariage de Figaro,* par exemple, qu'on m'a
formellement promis.

Aussi ai-je resigné, moyennant quatre mille deux
cents francs et gratification jurée de cinq cents francs.
J'ai peut-être mal fait, car celle de cette année, quoique
écrite, n'est pas encore venue.

28 novembre 1847. — Hier, première représentation
de *Un Caprice* de M. Alfred de Musset.

Notre administrateur a donc enfin pris, dans sa *Revue
des Deux Mondes,* ce poète et cette œuvre élégante,
pour les présenter à la Comédie-Française.

C'est une bonne entrée de jeu, et le succès a été vif.

Il avait mis d'ailleurs tous ses œufs dans le même panier. Mme Allan-Despréaux, retour de Russie, une femme de vrai talent, Mlle Judith même, la sous-directeur, dit-on.

30 novembre 1847. — Depuis deux mois, ma marraine est atteinte d'une gastrite très grave. Aujourd'hui, après de grandes souffrances, la pauvre femme se meurt. Notre maison en est attristée depuis longtemps déjà. Quand on perd un être qui vous aime si sûrement, on sent au vide de son cœur que c'est quelque chose de soi-même qui s'en va. Chère bonne marraine !

1er décembre 1847. — Elle est morte ce matin. Je l'ai vue tout à l'heure. Sa tête fine et amaigrie reposait sur l'oreiller tout blanc. Son lit n'avait pas un pli. On eût dit qu'elle allait se réveiller.

Que cette immobilité est troublante !

25 décembre 1847. — Dans le monde des arts, dans le monde des lettres, dans les rencontres potinières de Paris, on ne cause plus en vérité que d'Alexandre Dumas.

Victor Hugo, Lamartine, Balzac, Musset, Chateaubriand, Béranger, Delacroix, Rude, Meyerbeer, Duprez, Rachel, la politique même, tout s'efface devant ce grand feu de joie toujours flambant.

Après ses nombreux drames, ses féeries historiques

à perte de vue, ses impressions de voyage, ses hâbleries amusantes, et sa course sur le Véloce « à la découverte de la Méditerranée », et son château près de Saint-Germain, légendaire avant d'être fini, et son théâtre au boulevard du Temple, oui, son propre théâtre, puisque depuis un an bientôt on n'y a joué que ses œuvres, voilà qu'on parle déjà pour l'année prochaine de la mise en pièce de son *Monte-Cristo*, pour deux soirées.

Disons pourtant que, ce mois-ci même, il a fait l'immense concession de céder pour un temps le pas à l'*Hamlet* de Shakespeare, incarné d'une manière frappante par ce fou de Rouvière, mais arrangé par lui, Dumas, d'abord, Dumas partout, Dumas *for ever*.

Ce faux noir-là foisonne comme le bleu de Prusse.

Pas de danger que les délicats et les penseurs, comme Stendhal, par exemple, aient jamais récolté, tout vifs, tant de lauriers. Mais qui sait si du fond de leur sillon ne lèvera pas une meilleure gerbe pour l'avenir ?

1er janvier 1848. — Ce soir, la première représentation de *la Marinette ou le Théâtre de la Farce*, d'A. Decourcelle.

Minuit et demi. — La pièce est jouée et a gentiment réussi, quoique répétée un peu à l'aveuglette.

3 janvier 1848. — La presse d'aujourd'hui a été bonne en général. La grande surtout. Auteur et acteurs ont réussi. M. Samson a très bien joué Gros-Guillaume, et Brohan, la Marinette ; moi, Turlupin.

Mais tout cela c'est de la babiole.

C'est un coup porté qu'il faudrait.

24 janvier 1848. — Seconde représentation de *le Puff*, comédie en cinq actes de M. Scribe. La pièce a semblé faire plaisir ce soir. Le premier jour, avant-hier, le public était vraiment superbe, mais il est resté un peu froid. Sera-ce un succès d'argent ? Dans tous les cas, style à part, — oh oui ! — il y a certainement beaucoup de mérite dans l'ouvrage. Un certain caractère d'avare, très bien joué par M. Provost, est surtout vraiment original. Mon rôle à moi, « Bouvard », l'éditeur, bien qu'une émotion indicible m'ait empêché beaucoup de gaîté à la première, m'a valu de réels compliments ; et cela a d'ailleurs une portée évidente d'être choisi par un auteur si fort en vue.

12 février 1848 (1 h. du matin). — Ce soir, la première représentation de *Thersite,* comédie en deux actes, en vers, d'un ancien camarade de collège, Roland de Villarceaux.

La pièce, conduite avec un peu d'impéritie, excepté dans deux grandes scènes absolument bonnes, est partout semée de détails d'une haute distinction.

Le public n'a pas paru seulement injuste, mais ignare et inculte. Voilà un auteur auquel il va en cuire d'avoir admiré Homère de bonne foi. La portion même la plus intelligente des spectateurs n'a pas eu l'air de comprendre un mot à la couleur voulue du style et de l'action.

Je jouais, pour ma part, un long rôle narquois,

assez ingrat d'ailleurs, appelé « Calliclès », dont je n'ai certes pas tiré mauvais parti. Une scène écoutée m'a surtout valu beaucoup d'éloges.

18 février 1848. — Mes parents vont venir loger rue de la Sourdière et déjà ma mère en perd la tête de joie, en vérité. Il est impossible d'être aimé avec plus d'ardeur et de dévouement que je le suis par la chère et vénérée femme.

Mon père, qui n'en dit rien, n'est pas moins content au fond, j'en suis sûr.

Eh bien, et moi, donc !

22 février 1848. — Le Gouvernement s'étant opposé aux fameux banquets, cette cocasse machine de guerre inventée par *le Siècle*, aujourd'hui il y a émeute à Paris. Émeute assez grave, mais pas encore armée, pour la « Réforme électorale ».

J'ai eu toutes les peines du monde à rentrer chez moi. Cinq ou six régiments d'infanterie et de cavalerie sont à bivouaquer sur le Carrousel, au milieu du vent, de la pluie et de la boue. Les soldats de toutes armes, groupés en rond autour des flambées qui détachent les clairs et les ombres, rient avec une insouciance toute française. Nous avons l'air d'une ville prise et on peut se figurer toutes sortes de choses...

Mercredi 23 février 1848. — L'émeute, qui avait continué çà et là pendant la nuit, avait fini tantôt par une embrassade universelle. La démission du ministère

Guizot était affichée dans la ville. Le Roi, presque sans lutte, et par l'influence de la garde nationale appelée, avait fait en vingt-quatre heures cette incroyable concession.

Ce soir donc, les rues pleines des habitants joyeux avaient toutes leurs fenêtres illuminées à tous les étages ; les boulevards étaient couverts d'une foule de curieux ; à peine si à côté de quelque barricade d'un faubourg, on apercevait les baïonnettes de quelques fusils enlevés à des gardes municipaux... quand, au coin de la rue du Mont-Blanc, un feu de peloton, provoqué sans doute par quelque insulte à la troupe, part tout à coup du ministère des Affaires étrangères (boulevard des Capucines).

Des blessés, des mourants tombent sur la chaussée. Un délire immense s'empare alors de la foule, la peur précipite les uns, la rage enivre les autres, on crie : Aux armes ! On veut une vengeance... Les boutiques se ferment en hâte...

Et je me retrouve seul à regagner philosophiquement ma maison, d'où je vois les troupes partir par masse, au bruit du tocsin et de la générale qui bat dans tous les quartiers.

Jeudi 24 février 1848. — Quelle étonnante journée !

Et qu'en sais-je d'ailleurs, sinon ce que j'ai entendu de fusillades au loin pendant la nuit, et ce que j'ai vu aujourd'hui de ma fenêtre même.

Ce matin, le Roi, à pied, avec M. Thiers et Odilon Barrot, sur la place du Carrousel, passant dans les rangs de la troupe et des gardes nationaux qui l'acclament, tandis qu'on se bat à côté, place du Palais-Royal,

et que des émeutiers renversent de cheval et désarment
le général Lamoricière qui passe crânement sans
escorte devant les magasins de Lepage, qu'on est en
train de piller.

A midi, le maréchal Bugeaud balayait en vingt
minutes la rue Richelieu, à la tête du 17ᵉ léger.

A une heure, le Roi commandant la retraite de partout.

Alors, un inexprimable désordre. Les régiments
enveloppés par la foule et neutres la plupart, les
canons traînés par des femmes, les équipages et les
écuries de la Cour à sac, le trône déménagé en triomphe, pendant que les Tuileries dévastées alimentent de
grands feux au milieu d'une nuée de piaillards presque
tous ivres, et tous vainqueurs, parbleu !

Et comme cela jusqu'au soir, où j'apprends que la
République est proclamée, avec un gouvernement provisoire.

Gouvernement provisoire et République !

Dites donc Révolution. N'est-ce pas toujours ce que
cela signifiera en France ?

Ah ! remuez les passions populaires, journaux et
tribuns, et suez ensuite à remuseler la bête déchaînée.

'Moi qui avais tout bas certaines tendances démocra-
tiques!... Voilà-t-il pas que j'enrage déjà. Tout pour le
peuple, soit, mais par le peuple, non.

Au reste, en politique, je crois qu'il est un moyen
bien simple de se poser en prophète et d'avoir fatalement raison. C'est de faire de l'opposition. Car il n'y a
pas de pouvoir humain qui, dans un temps donné,
n'empiète sur sa marge, n'abuse de sa force, ne fasse des
sottises, et n'aboutisse à la révolte ou à la répression.

Vive le Gouvernement provisoire !

Dimanche 27 février 1848. — Un peu de calme semble renaître. La bourgeoisie, penaude de s'être fait niaisement éclater au nez ce formidable pétard, reste dans son coin, et la masse ouvrière, menée par les sociétés secrètes et par les hommes du *National*, — ils y sont donc, enfin ! — a l'air de se contenter jusqu'à présent avec certaines singeries platoniques de 93. On a été républicain tellement à l'improviste qu'on n'a pas eu en vérité le temps de songer à quelque chose de neuf. Et cependant ce brave « Gouvernement provisoire » fait de son mieux.

Il se dépêche, il en abat ; il a plus décrété en quelques heures, à propos... de la peine de mort, de l'esclavage, et du droit au travail (?), et de la garde mobile parisienne, et de tout... que Louis-Philippe n'avait fait en dix-huit années.

Ah ! le peuple ! Grand mot sur lequel on ferait bien de s'entendre, aujourd'hui plus que jamais, comme sur beaucoup d'autres, d'autant plus dangereux qu'ils sont sonores et vagues : « Liberté, Égalité, Fraternité », par exemple, la vieille devise républicaine qu'on vient aussi d'exhumer à notre usage. Liberté, pour quoi ? Égalité, avec qui ? Fraternité, chrétienne... je suppose.

4 mars 1848. — Le Gouvernement provisoire a nommé le général Cavaignac gouverneur de l'Algérie. C'est fort bien. Mais au fait, les princes sont là-bas, les ducs d'Aumale et de Joinville, avec une flotte et une armée toute à eux. S'ils résistaient ! Non, ce sont des fils avant tout, et des guerriers dédaigneux de la guerre civile. Ils ne donneront pas tort à leur père, le Roi ; ni à leur mère... la France ! Ils partiront dignement, simplement, tristement. C'est ma conviction.

11 mars 1848. — Le calme matériel est rétabli, ou à peu près. Mais il est loin d'en être de même pour le calme moral. L'inquiétude sourde de l'avenir travaille la masse corvéable tiraillée entre les trembleurs et les ultra-progressistes. Nous sommes encore sur un terrain fort mouvant.

Une chose à craindre, c'est qu'avec tout cela, si tout cela s'arrange, la France ne devienne un pays embêtant. Vivent les abus qui font penser et vivre, si la Liberté, l'Égalité et la Fraternité devaient jamais nous faire crever d'ennui !

19 mars 1848. — L'exposition annuelle de peinture est ouverte au Louvre depuis le 15, et, la démocratie coulant à pleins bords, le dernier rapin venu a pu librement y masquer de ses croûtes, et pour trois mois, tous les chefs-d'œuvre des vieux grands maîtres, y compris ceux de l'école moderne française, Géricault, Gros, Prud'hon, Chardin, Watteau, Marilhat, Léopold Robert... Car cette plaie s'est répandue partout avec ses cinq ou six mille numéros.

Or, à l'exception d'une petite toile exquise, *la Mort de Valentin* (de Faust), par M. Delacroix, et d'une centaine de tableaux honorables, parmi lesquels ceux de nos amis de la rue de Fleurus, Gérôme, Picou, Hamon et Boulanger, que de nullités, et, disons le mot, que de hontes !

Une exposition devrait élever le niveau de l'art, non

l'avilir... Et notre jeune République semble si peu athénienne !...

21 mars 1848. — M. Alphonse Karr s'est fait rédacteur en chef d'un journal républicain, *le Journal*.

Votre force est pourtant d'être impitoyablement logique, illustre et cher blagueur... C'est donc la République qu'il vous va falloir blaguer dans votre feuille nouvelle ?

24 mars 1848. — Hier a eu lieu la première représentation de *l'Aventurière,* comédie en cinq actes, en vers, d'Émile Augier.

Je veux noter les sentiments qui m'y ont assailli en secret, c'est de la vie théâtrale intime et palpitante.

Il y a trois années, Augier, chez lui, rue de Vaugirard, nous avait lu la pièce, à Adrien et à moi, avait reçu nos éloges sincères, en même temps que quelques conseils pour certaines modifications qu'il avait admises, surtout dans le rôle d'Hannibal, formellement écrit à mon intention, disait-il.

Or, après beaucoup de prétextes invoqués depuis lors, beaucoup de fausses confidences, d'intrigues de sérail, etc., c'est M. Régnier qui, en fait, a répété le rôle et qui l'a joué hier, — fort bien du reste, — et dans la salle j'ai dû subir, indifférent en apparence, ce gros et injuste crève-cœur.

D'autre part, la pièce étant distribuée en dépit du bon sens, ou du moins à contresens pour les principaux personnages, et le temps qui court ne prêtant guère à un succès, le succès a été fort mince, et je dois avouer qu'une amère satisfaction s'est cachée derrière mes applaudissements quand même.

Car enfin, il y a un réel et jeune talent de poète comique à travers l'œuvre, et *l'Aventurière* surnagera quelque jour. Peut-être jouerai-je le rôle alors. Il était si bien fait pour moi !

L'important aujourd'hui, c'est d'avaler ce crapaud en silence, et même avec un sourire qui n'ait pas l'air trop forcé.

Mais les amis !... les amis !...

Amicus Plato, sed magis amica... utilitas.

6 avril 1848. — Aujourd'hui la première « représentation nationale », espèce de matinée gratis organisée par M. Lockroy, notre nouvel administrateur. J'ai voulu voir la chose, agrémentée surtout comme elle l'était d'un prologue à-propos, intitulé : *Le Roi attend !* que M. Ledru-Rollin a commandé à Mme George Sand, comme un simple « bulletin de la République ».

Cette flagornerie imbécile au peuple « souverain » a paru écœurer le souverain lui-même, appréciateur remarquablement juste d'ailleurs de la grande ligne des œuvres et du mérite des artistes.

On donnait *Horace* et la *Marseillaise*.

Cela a donc été curieux en somme, ne fût-ce que pour constater je ne sais quel recul du bon sens public, et de la voyoucratie même, devant ces avachissements voulus de certains grands esprits. Car George Sand n'est pas la seule; Eugène Sue, par exemple, et tant d'autres... jusqu'à Victor Hugo, tous tâcherons, travailleurs, à cette heure, et ouvriers de la pensée !...

Risum teneatis !

8 avril 1848. — Louis-Philippe et son gouvernement étaient bien aveugles, ou bien coupables, de laisser s'amonceler ainsi, dans l'indifférence et l'oubli, ces grandes avalanches de formules inconnues, qui, dans un temps donné, la démocratie aidant, changeront peut-être la face des sociétés modernes. Liberté d'association, grèves, extinction de la tyrannie du capital, accession graduelle du travail aux bénéfices, ne sont-ce point là des problèmes qui se posent et qui s'imposent ?

16 avril 1848. — Depuis le 24 février, les clubs ont pris un accroissement déplorable. Il doit y en avoir déjà plus de cent à Paris, et il s'en crée encore tous les jours, sous les rubriques les plus cocasses parfois : club des gens de maison, club des papiers peints, club des comédiens même...

Et les clubs, même les très rares un peu sérieux, comme celui de Barbès, d'Étienne Arago et des Barricadiers, au Palais-Royal, des Blanquistes, au Conservatoire, et des révolutionnaires-socialistes, au manège Fitte, — j'ai vu tous les plus curieux, — ce sont tout bonnement de mauvaises petites écoles politiques et parlementaires, sortes de gazettes en action, quelquefois dangereuses, le plus souvent nulles ou ridicules.

Les idées s'y soulèvent et y retombent en fouillis, et l'excès de liberté les tuera forcément, comme il tuera la petite presse, et peut-être un jour la grande. Quand tant de voix diverses éclatent de toutes parts, ce n'est plus que le chœur de la majorité et le niveau égal du sens commun qui font l'opinion publique. J'ai foi dans les excès pour ramener plus vite au juste et à la vérité.

13 mai 1848. — Que fait cependant la Comédie? Elle trottine sous elle en se débarrassant à mesure de quelques rogatons.

Le 28 avril on avait donné *la Marquise,* mélodrame en cinq actes de M. Ch. Lafon, qu'on répétait par bribes depuis le mois de septembre, et je vomissais là un affreux petit venin. Cette pièce honnête et rance a eu un complet succès d'ennui...

Hier soir, j'ai repris, comme par faveur spéciale, un des grands triomphes du père Monrose, *Dominique le possédé,* et je n'ai pas été brillant. Depuis dix-sept ans d'ailleurs, l'ouvrage, bien qu'assez fort d'invention, a beaucoup vieilli de forme.

Et pourtant le Théâtre-Français est encore le plus heureux de tout Paris par le malheureux temps qui court. Mais nous ne devons guère cela qu'à Mlle Rachel et à sa *Marseillaise* (j'allais dire sa barricade). Je crains donc, qu'elle partie, nous n'ayons à passer un été fort chassieux.

15 mai 1848. — Aujourd'hui, pendant près de deux heures, Paris a été en pleine anarchie. Blanqui, les clubs, la Commune, renouvelant leur tentative ratée du 16 avril, mais cette fois avec plus de force ou de malice, car la Pologne leur servait de faux nez, avaient forcé les portes de l'annexe en planches du Palais-Bourbon et bousculé vilainement d'abord les neuf cents représentants de la France.

Par bonheur, la partie saine du Gouvernement exécutif, la tête, n'a point trop tourné. Des ordres sont arrivés à temps, et à six heures la garde nationale, toute en armes, avait refoulé jusque dans les prisons leur légitime clientèle.

N'importe! Il y a eu résistance et succès. C'est l'Assemblée maintenant de reprendre pied là-dessu et d'agir vigoureusement. Depuis qu'elle est ouverte elle a déjà tenté plusieurs choses bonnes ; mais a' diable les commissions ! les discussions ! la Constitu tion même ! C'est de l'action qu'il faut, et du respec féroce à la loi, au nom du salut public.

2 juin 1848. — Si l'on ne doit pas s'en prendre . la faiblesse et à l'incapacité de nos chefs improvisé certes, les événements qui nous emportent sont bie puissants, car ils usent vite les hommes. Je dis : le plus grands !... Lamartine, par exemple, qui va som brer tout à l'heure, pour avoir eu l'héroïsme inutile d ne pas abandonner dans leur prochain naufrage Ledru Rollin et consorts.

5 juin 1848. — Les philosophes du siècle dernie croyaient combattre une religion ; ils détruisaient l société moderne. Cette égalité suprème, que le peupl croyant n'espérait que de la mort chrétienne, le peupl sceptique songe à l'obtenir de la vie réelle. De là le communistes, les socialistes, les sensualistes en u mot. L'ennui, qui ronge et tue, a remplacé la foi, qu pardonne et console.

7 juin 1848. — Voici bien une autre histoire ! Louis Napoléon va être nommé d'emblée représentant Paris, presque sans candidature, et deux ou troi départements nous jouent la même farce à l'unisson

Comme ce nom, car cette fois ce n'est bien que le nom, est encore vivace en France !

19 juin 1848. — La Révolution marche, marche, et fait ses folles enjambées... Et l'on vit, et l'on mange, et l'on aime parmi tout comme si de rien n'était. La fourmilière ne s'agite-t-elle pas plus vivement après ses œufs et ses brins de paille, sous l'orage qui va peut-être l'emporter !...

Ainsi du Théâtre-Français. Il joue tous les soirs et répète imperturbablement depuis un mois : *Il ne faut jurer de rien,* ce grand et charmant proverbe de M. Alfred de Musset. Charmant, oui, mais quel intérêt cela présente-t-il auprès du drame immense qui nous cerne de toutes parts ? Et pourtant M. Lockroy et l'auteur tripotent la prose à l'avant-scène, coupent du lyrisme et collent des *béquets,* et l'on se chamaille autour des rôles. M. Brindeau joue décidément celui que Delaunay devait créer en arrivant de l'Odéon ; une toute petite blonde, Mlle Amédine Luther, vient de Versailles pour être l'ingénue, et nos vieilles ingénues se rebiffent et la débinent ; M. Régnier, qui guignait Van Buck, et qui le voit passer au père Provost, boude en refusant dédaigneusement le pauvre abbé pique-assiette, et c'est moi, chétif, qu'on en charge comme pis aller. Et je fais des miennes à mon tour, en refusant de le jouer en soutane, par le temps indévot qui court. Et Mlle Mante, adorable dans son rôle de baronne fantasque, me donne hautainement raison.

C'est à se tordre de rire... Pendant que la Révolution marche, marche, et fait ses folles enjambées !...

Vendredi 23 juin 1848. — Nous y voilà, à la fin! L
sang coule à Paris. L'émeute rouge et démagogiqu
joue sa partie contre l'ordre et la liberté ; c'est là tou
car on ne sait pas d'ailleurs pour qui, ni pour quoi o
se bat. C'est l'affreuse guerre civile entre le plus et l
moins. Et qui peut dire que l'or de l'étranger ou ceh
des prétendants ne fait pas bouillir cette sanglant
écume ?

27 juin 1848. — 23, 24, 25 et 26 juin : quatre jour
d'une lutte pitoyable. L'ordre règne à Paris, mais di
mille victimes au moins, l'archevêque en tête, ont d
payer cette justice de leur sang.

L'Assemblée, Cavaignac, l'armée enfin ! et la jeun
garde mobile, la garde nationale même accourue pa
bandes de cent lieues à la ronde, ont bien mérité de l
Patrie, et surtout de la civilisation, car j'ai vu de me
yeux sur une loque rouge cette atroce devise : « Vain
queurs, le pillage ; vaincus, l'incendie. » Les forçats e
étaient donc.

8 juillet 1848. — Mort de M. de Chateaubriand.
L'effet est plus mince que je n'attendais.

D'autre part, dans les loisirs que me fait la fermetur
momentanée du théâtre, et au bruit persistant des
« Sentinelles, prenez garde à vous! » très exagéré
vraiment pour notre état de siège anodin, j'avais
voulu lire pieusement quelques pages de l'auteur du
Génie du Christianisme, des *Etudes historiques* et de *l'Itinéraire,* et j'étais tombé sur le faux poème des *Natchez.*

Eh bien ! c'est quelquefois à crever de rire. « Le

jeune d'Aboville enfonce ses jambes dans le buffle noirci des combats. — Le tube enflammé surmonté du glaive de Bayonne. — L'onagre retentissant. — Une frange pareille à celle qui pend au bouclier de Pallas enveloppait comme une main son épaule droite. »

Et tant d'autres... où la périphrase à la Delille est largement dépassée.

Hier, avec Émile Augier et Albert Aubert, nous en avons à ce propos, entre deux pipes, improvisé une assez bonne :

> De l'ivoire poli les fragiles merveilles
> Qui servent à curer les dents et les oreilles.

Ce que c'est pourtant que la mode... en littérature comme ailleurs ! Et comme la blague en est facile.

17 juillet 1848. — Hier, avec le même Augier, nous avons vu, chez Meissonier, dans son atelier à Poissy, une *Barricade* peinte avec un sentiment et une impression d'horreur extraordinaire. Ce tout petit tableau est du très grand art.

18 juillet 1848. — Le Théâtre-Français vient de rouvrir ses portes après vingt-cinq jours de fermeture. L'Assemblée nationale lui a accordé pour cela cent cinq mille francs d'indemnité, dont nous n'aurions jamais fait le tiers en saison normale. Ah! c'est qu'en République, c'est encore comme sous les tyrans. « Plus ça change et plus c'est la même chose, » a dit Alphonse Karr. L'ostentation parlementaire ne s'avise guère de donner qu'aux riches et à Paris.

Le 22 juin, pendant que se tiraient dans l'ombre les premiers coups de feu à la Porte Saint-Denis, nous avions pourtant donné brillamment devant une belle salle, et gaie, ma foi ! la première représentation de : *Il ne faut jurer de rien.* Ce diable de Paris suffit à tout.

Seulement, les deux morceaux de ce succès-là vont-ils réussir à se recoudre ? C'est du Musset, et presqu'un chef-d'œuvre, oui. Mais par le temps bourru qui court...

Pour ma part, j'ai eu un vif succès dans l'Abbé. M. Lockroy ne me l'avait pourtant laissé jouer qu'à son corps défendant, et M. de Musset lui-même. Mais, après la réussite, ils n'ont plus trouvé du tout que « je sortais du cadre » ... et M. de Musset est monté cordialement jusqu'à ma loge faire amende honorable et me remercier.

Je sens d'ailleurs à mille indices que le coup a porté. Mais il faut que l'œuvre dure pour cela.

30 juillet 1848. — De temps en temps, j'accompagne Decourcelle et Fechter au café Minerve, où soupe presque chaque soir un petit clan de haute bohème théâtrale vice-présidé par MM. Maurice Alhoy et Cuvilier, sous le patronage de Bouffé (champagne !), directeur du Vaudeville.

Et tout ce monde potinier ne manquant guère une première représentation parisienne, j'ai vu à sa suite plusieurs ouvrages à noter : *Tragaldabas,* par exemple, de mon ami Vacquerie, à la Porte-Saint-Martin. Quelques scènes fortes, des vers excellents... mais des truculences de foire qui ont amené une chute for-

midable à laquelle Frédérick Lemaître, sur son âne,
n'a pas peu contribué, saoul lui-même, hélas ! comme
une bourrique, jusqu'à braire au milieu des huées :
« Vive la République ! » — C'était inouï.

Une autre pièce : *Oscar XXVIII*, a été donnée aux
Variétés. C'est un vaudeville réactionnaire au possible,
qui a très bien réussi, chose étrange ! Il est de mon
ami Decourcelle et d'un monsieur Labiche, d'un esprit
franc, cocasse et très personnel.

20 août 1848. — Hier, à la Comédie-Française, première représentation de deux actes en vers de M. Méry :
le vrai Club de Femmes. Trop d'esprit, trop de rimes
riches surtout, et pas assez de pièce. Four.

Je continue à être rongé par la vermine des mauvais
petits rôles.

Il me semble pourtant que trois années de théâtre,
convenablement employées, auraient déjà dû me sortir
d'épaisseur, et cela commençait à se faire... quand
M. Lockroy est arrivé, homme et esprit distingué, oui,
mais qui a l'air comme dépité de voir les femmes
causer et rire volontiers avec un jeune derrière les
portants.

C'est un directeur fantasque, femellier et encore
cabotin. J'ai donc perdu à M. Buloz, décidément.

27 août 1848. — M. Ch. Bataille, le même que
j'avais pris à Nantes, interne en médecine, pour
l'amener en 1845 au Conservatoire de Paris, où il
avait obtenu haut la main les premiers prix de chant,
d'opéra-comique et de grand opéra, vient de débuter à

l'Opéra-Comique avec succès dans des rôles de basse taille.

La chose me semble à noter parce que je ne l'ai pa· revu une seule fois, sinon l'autre soir, de l'autre côt· de la rampe, pour l'applaudir. C'est pourtant le trair ordinaire de la gratitude humaine, et je ne m'er affecte guère.

Un peu avant lui, avait débuté à l'Opéra-Comiquε aussi, une jeune femme, Mme Ugalde Beaucé, qui laide, a un charme étrange, avec une nature vivace εt artistique.

31 août 1848. — Trois jours très gais à Marlotte, en dortoir dans l'auberge X..., avec Gérôme, Picou, Hamon. Boulanger, Nazon, etc... Michel Carré et Murger. puis quelques modèles femmes égarées par-ci par-là. Pro- menades en forêt, études peintes en plein air, à la Gorge-aux-Loups, à la Mare-aux-Fées, à Montigny, et des blagues à n'en plus finir!... Et l'on rit à franc gosier.

3 septembre 1848. — A cette blague jeune et sans fiel, qui est la bonne, il y a une contre-partie agaçante introduite par la rougeole politique.

Ainsi, rue de Vaugirard, dans une cour d'ateliers où je vais voir Jacquemard et son bruyant beau-frère Jobbé-Duval, je rencontre souvent chez ce dernier un petit cénacle de révolutionnaires en chambre, qui usent à des discussions furibondes de très belles qua- lités d'intelligence qu'ils pourraient si bien employer autrement.

Laviron, par exemple, un architecte de l'avenir, qui se pose sottement en simple démolisseur du passé.

Leconte de l'Isle, un poète et un helléniste chevelu, qui s'est dérangé de composer des vers très beaux, pour écrire une compilation sinistre sur *les Guerres sociales*.

Deflotte, un officier de marine, nature distinguée et littéraire, au courant de tout, mais qui ferait au besoin un Robespierre à double tranchant.

Pas mal d'autres encore...

1ᵉʳ octobre 1848. — J'ai vingt-six ans aujourd'hui.

Sans avancer beaucoup ni reculer de quelque part que ce soit, et en tenant le compte qu'il faut des ennuis courants de la vie, serai-je jamais plus heureux que maintenant?

Deux ou trois amis affectueux, point de liens sérieux ou gênants à côté, assez d'argent pour en sentir le prix, et pour désirer sans trop d'amertume de la santé, de l'avenir probable, avec le goût et la volonté du travail... Je serais bien fou de me plaindre de mon sort.

23 novembre 1848. — Nous avons encore une fois changé de directeur. C'est le cinquième depuis moins d'un an. Après M. Buloz, MM. Lockroy, Bazanerie et Samson, — J. Sevestre; c'est tout bonnement la vieille aristocratie du théâtre qui s'étaie d'un soliveau, et qui, après s'être partagé sournoisement le plus grand pouvoir artistique et littéraire de France, et avoir fait en comité de haute camaraderie sa petite pot-bouille sur

les larges aumônes de l'État, se couvre d'un prétendu
directeur, qu'on brûlera en grande pompe dans deux
ou trois mois, à sa première résistance.

Quant à moi, les rôles me viennent un peu. Oui
trois, dans des pièces en un acte de MM. E. Cottinet
J. Barbier et d'Épagny. Mais il faudra arriver socié
taire dans quinze mois au plus, sinon, prendre une
autre route. C'est décidé !

10 décembre 1848. — Aujourd'hui, a lieu l'élection
du président de la République.

Le chauvinisme, le charlatanisme surtout et la ca-
lomnie aidant, avec cette liberté mal digérée encore de
la presse qui nous mène, l'invraisemblable Louis-
Napoléon ne va-t-il pas sortir de l'urne, cette boîte à
surprise ?

Cavaignac ?... L'abnégation, le dévouement... Poussière !

Les intérêts matériels et l'argent, voilà le fond

Il faut un pouvoir fort, fût-ce celui de Cartouche, à
la réaction monarchique qui s'est rassise partout fière-
ment en Europe.

Et puis, on est las de révolution, de politicaillerie
et de rêveries sociales. Le Phalanstère, l'Icarie, la
Banque du Peuple, 93 même, tournent à la blague.
Proudhon et Félix Pyat ne se sont-ils pas l'autre jour
crêpé le chignon en pleine Assemblée !... Et voilà les
apôtres, les saint Mathieu, les saint Luc du nouvel
Évangile !

24 décembre 1848. — J'ai assisté depuis quelque

temps à plusieurs séances importantes de l'Assemblée nationale, et je reste convaincu que le parlementarisme, comme le suffrage universel, malgré toutes les apparences de la justice et de la raison, est constamment détourné de son but par l'intrigue et les dessous de la politique, et demeure une duperie et un escamotage perpétuel.

1er janvier 1849. — La réforme postale, vainement proposée et poursuivie depuis 1845, quand on l'expérimentait déjà utilement en Angleterre, avait enfin été décidée au mois d'août dernier par l'Assemblée nationale, — gros bon point à son actif, — et part d'aujourd'hui même, avec le timbre à taxe uniforme de vingt centimes pour toute la France et l'Algérie.

C'est la correspondance démocratisée et mise à la portée de tous les pauvres diables, au grand profit même du trésor public, on a beau dire, puisque le nombre des lettres va centupler du coup, car c'est avec les nombres qu'il faut compter désormais pour tout.

29 janvier 1849. — Au commencement de janvier, nous avons joué une petite comédie de J. Barbier, *Bon gré, mal gré.*

Cela a réussi tout doucettement.

La presse du lundi m'a pourtant été très favorable.

Mais il est triste qu'on ne puisse pas se rendre à soi-même un compte exact de ses progrès ou de ses reculs. Presque toujours on se croit pareil; il en est de l'esprit comme du corps. Mais l'esprit n'a point de vêtement qui lui devienne jamais trop large ou trop étroit, et pourtant, à coup sûr, chaque jour apporte, au moral comme au physique, son gain ou sa perte ; et c'est surtout dans notre art fugitif que manque tout point de comparaison. On ne vit que par l'estime des autres ; il faudrait donc s'y soumettre presque aveuglément. Je le disais bien, c'est triste.

25 février 1849. — Encore un rôle fait pour moi, m'avaient dit M. de Musset et Augustine Brohan, et dans une pièce non encore publiée, qui m'échappe de par le droit d'ancienneté (singulier droit pour un rôle jeune), et qui passe à Régnier, mon chef d'emploi.

Ma consolation, c'est que la pièce *Louison* est vraiment faible, même si ce n'était pas du Musset.

Mais c'est égal, c'était du Musset, au moins pour un soir, en face du public littéraire.

Je suis donc encore une fois très vexé, sans le laisser paraître plus que pour *l'Aventurière,* bien entendu.

22 mars 1849. — Nous avons joué, dans la représentation de retraite (?) d'Anaïs, une petite comédie en vers, toute délicate, d'un ancien soldat du train, oui, d'un hussard à quatre roues, Armand Barthet, ex-camarade d'Afrique, *le Moineau de Lesbie,* où Mlle Rachel remplissait le premier rôle. La salle était superbe, mais c'est un guet-apens de donner une première après minuit, et je ne sais trop si la pièce pourra se relever d'un ennui pareil. J'y jouais, assez mal, un assez mauvais « Manlius ».

2 avril 1849. — Mlle Mante vient de mourir. C'était un fort beau talent; un premier comique femme.

Si Mlle Anaïs s'en va tout de bon, la semaine est malheureuse pour le théâtre.

6 avril 1849. — Comédiens du théâtre de la République.

Sociétaires : MM. Samson, Ligier, Geffroy, Régnier, Beauvallet, Provost, Brindeau, Leroux, Maillart; Mmes Desmousseaux, Anaïs-Auber (?), Noblet, Rachel, Aug. Brohan, Mélingue, Denain.

Pensionnaires : MM. Mirecour, Mainvielle, Riché, Maubant, Got, Raphaël Félix, Fonta, Chéry, Bouchet, Delaunay, Chéri-Louis, Micheau, Mathien, Pougin, Bertin; Mmes Thénard, Mirecour, Worms, Rimblot, Rebecca Félix, Judith, Bonval, Allan-Despréaux, Luther, L. Bertin, Favart.

19 avril 1849. — Est-ce que la Comédie-Française achève son engloutissement? Mlle Rachel vient d'obtenir un immense succès dans une pièce de pacotille de MM. Scribe et Legouvé, *Adrienne Lecouvreur*. Si, après avoir livré déjà pieds et poings liés son vieux répertoire à un sujet unique, d'une grande valeur sans doute, mais impossible en fin de compte comme pivot régulier d'une aussi grande machine que la nôtre, on va se mettre encore à la discrétion d'un caprice, d'un mal de gorge ou d'un congé, avec des pièces et des succès de commande, l'art est perdu pour longtemps, l'art littéraire surtout, sans contredit.

Oui, je le soutiens, malgré l'enivrement passager

d'une série de recettes, on vient d'entrer là dans une voie déplorable. *Adrienne Lecouvreur* et le choléra sont à Paris.

Moi, je rame pitoyablement dans cette galère. Je figure en comparse dans un mauvais acte, parodie du vieux foyer du Théâtre-Français, ce qui ne fait qu'augmenter ma trop juste mauvaise humeur.

4 mai 1849. — Aujourd'hui, par un temps superbe, fête de la République, revue, flammes de Bengale, verres de couleur, feux d'artifice, surtout relâche à notre théâtre. J'en suis ravi pour ma part, car depuis cinq jours, nous répétions rue Mogador, chez Mme Allan, au diable, et nous jouions chez Pleyel. dans un concert pour les pauvres, un proverbe inédit de M. Alfred de Musset (?), *On ne saurait penser à tout,* qui n'est en réalité qu'un mouchoir démarqué de Carmontelle. Et comme tout ce beau zèle n'a d'autre but qu'un tour de faveur et quelques sous à gagner pour l'auteur du Théâtre-Français, je puis bien un peu hausser les épaules et me réjouir d'être quitte de cette piètre corvée, au moins pour aujourd'hui.

13 juin 1849. — Voilà encore une fois Paris en ébullition et peut-être vont se renouveler quelques-unes des scènes de l'autre jour.

Et au milieu de tout cela, le choléra va bellement son train. Déjà en quelques heures, trois camarades, Roguin, Riché, Saint-James ont été enlevés.

Ah ! c'est par un temps pareil que l'on comprend l'égoïsme fatal de notre pauvre nature. En voyant passer chacun emportant avec soi son petit ressort, sa triste mécanique vivante, sans que le détraquement subit de son plus familier voisin, de son parent même, attaque au vif votre propre mouvement, on est bien forcé de se dire comme sur le champ de bataille : Chacun pour soi, le hasard pour tous !

20 juin 1849. — Le choléra est en décroissance, on l'espère, et voilà pourtant le canon des Invalides qui en salue une des dernières et des plus regrettables victimes : le maréchal Bugeaud.

Grosse perte pour le parti de l'ordre.

21 juin 1849. — Comme de raison l'on a dû prendre un comique à la place de ce pauvre diable de Riché, dont j'aurais peut-être un peu de la mort à mettre sur ma conscience, car il était tout détraqué d'envie par avance, et les déceptions artistiques ont parfois de ces effets assassins.

C'est donc Louis Monrose que l'on est allé chercher à l'Odéon, où il avait une position importante, justifiée d'ailleurs par de l'intelligence, des goûts littéraires même et une réelle notoriété. Mais, plutôt qu'à provoquer le rire, son aspect sinistre semble l'avoir prédestiné à attaquer les diligences. Aussi, sauf aveuglement de ma part, je me fiche de lui presque aussi pleinement que de Riché. Je crains seulement du cabotinage et quelques coups sournois de vieille camaraderie sociétaire en faveur du fils de son père.

26 juillet 1849. — L'ordre va régner en Europe

pour quelques années au moins, car il y a toujours lassitude d'action après tant de sang répandu.

Ah ! tout a marché logiquement. La féodalité monarchique et propriétaire, un instant ébranlée partout, a pris son temps pour réagir à tout prix, et de toutes parts, contre les à-coups révolutionnaires et socialistes. Mais elle a réagi ; c'est fait.

10 août 1849. — Nathalie, oui l'ex « Fille de l'Air » des Folies, l' « Eugénie Grandet », du Gymnase, récemment encore la belle fée en maillot des « Pommes de terre malades » et de « la Poudre-Coton » au Palais-Royal, est maintenant engagée à la Comédie-Française pour les grandes jeunes premières. Quelle odyssée ! Quelle Circé tout de même !

Énergique, violente, vibrante et d'une impudeur hautaine qui, du moment qu'elle veut, ne doute point d'être voulue.

C'est Augier qui, dans nos coulisses, a subi son premier feu, qui m'a mené chez elle, en plein luxe, dîner, luncher, que sais-je ? Et j'étais des deux parts le confident des tiraillements, des brouilles, plus intimement à mesure, au milieu des convives de toutes provenances, femmes richement entretenues, ou complaisantes pauvres, cabotins des vieilles relations suspectes, journalistes de théâtre et littérateurs posés ou d'avenir probable : Théophile Gautier avec C. Grisi, ou bien Alexandre Dumas père et fils par exemple, deux contraires, mais si contrairement spirituels tous deux, tous deux avec leur maîtresse, le père avec Isabelle Constant, jeune blonde, le fils avec Mme Ponsin, grosse brune. Tout un monde de haut fumet et fai-

sandé au possible, au milieu de griseries qui permet-
tent mal la réflexion.

16 octobre 1849. — Boulanger a remporté le prix de
Rome, et l'atelier qui avait remis de semaine en semaine les études de plein air, s'est enfin rendu cette
année pour quelques jours à Barbizon.

Quoi de plus beau d'ailleurs que les paysages d'automne au Bas-Bréau, aux gorges d'Apremont et à
Franchard! Quoi de plus sain qu'une chasse à l'aurore
à travers le brouillard perlé dans la grande plaine de
Chailly!

Et Barbizon ne vaut-il pas Marlotte, sinon mieux?

Quant aux peintres de séjour, Rousseau, Millet
et Ch. Jacques peuvent bien remplacer pour une fois
Henri Murger et sa bohème.

Voilà de bonnes journées libres de tout... Et personne n'a parlé politique.

18 octobre 1849. — Après bien du marchandage, et
malgré plusieurs petites crasseries de certains du
comité en faveur de Louis Monrose, je suis rengagé
pour l'année prochaine à cinq mille francs d'appointements fixes. Avec les gratifications possibles et les
étrennes probables, cela constitue donc six mille francs
au bas mot.

Je m'étais juré de ne point passer plus de cinq ans
pensionnaire, mais la révolution s'est mise en travers
et notre travail de réorganisation intérieure n'est pas
achevé. J'en serai peut-être pour une année de temps
en plus, parmi les tâcherons.

Je me proroge, voilà tout. Il s'agit de ne plus céder quand sera venu pour moi le moment opportun.

12 novembre 1849. — Avant-hier, première représentation du *Testament de César,* grande machine à spectacle, taillée, ou plutôt déchiquetée en plein Shakespeare, par M. Jules Lacroix, et anonymement, en dessous à cause de ses créanciers, dit-on, par Alexandre Dumas.

Il y a pourtant de belles parties, certes, et de bons vers, mais en dehors d'un prologue assez original, où je jouais un bouffon (?) de César, qu'on égorgeait à la cantonade après dix vers, et un bout de chanson, la pièce n'a réussi que faiblement.

22 novembre 1849. — Un coup d'État ministériel, présidentiel même, provoqué par la « Grande », vient de replacer violemment le Comité sous un Directeur souverain, lequel directeur est M. Arsène Houssaye. De là, colères, protestations, procès et branle-bas général. Mais, après tout, la chose ne risque que d'être bonne pour les jeunes.

10 décembre 1849. — La nouvelle administration a repris *la Coupe enchantée* de La Fontaine avec la jeune troupe. J'ai joué le rôle de Thibaut assez passablement, mais la presse m'a fait une telle mousse que l'esprit cabotin de la maison s'est soulevé du coup. Jusqu'à M. Samson qui ne me rend plus mon salut, et crie à l'ingratitude et à l'intrigue!... Intrigue... de ma part. C'est trop fort!

13 décembre 1849. — Je note quelques souvenirs et observations théâtrales et artistiques sur l'année qui va finir.

Rien, hélas ! au Théâtre-Français. Je commence par lui, car je n'ai jamais compris pourquoi l'Opéra, théâtre de musique et de danse, de sens, en un mot, bien plus que de pensée, envahi d'ailleurs presque toujours par des maîtres étrangers, gardait le premier rang dans les programmes officiels de notre pays. Au Théâtre-Français donc, rien en vérité, puisque tout s'y en va maintenant vers la raison commerciale de « la Grande ».

S'il y a eu mouvement littéraire, c'est plutôt à l'Odéon, dernièrement, *François le Champi*, paysannerie fausse, mais assez forte, de Mme George Sand ; et avant cela, qui le croirait? aux Variétés : *la Vie de Bohême* de Murger, arrangée par ce fou de Barrière.

La Marâtre, en mai, au Théâtre-Historique, avait signalé un évident progrès dans le faire théâtral de M. de Balzac. Mais comme *l'Aventurière,* qui a réussi à peine chez nous, il y a dix-huit mois, était d'une bien autre portée! Nous allons donner ces jours-ci une *Gabrielle* du même Émile Augier. Je ne connais que certaines parties de la pièce, car on a fait quelques façons pour la recevoir. et elle a été très remaniée, mais j'ai bon espoir.

Venons à l'Opéra. C'est vers le mois d'avril qu'il a donné *le Prophète,* de MM. Scribe et Meyerbeer, composition magistrale. M. Roger et Mme Viardot surtout y font toujours brillamment concurrence au « Ballet des Patineurs », comme dit notre pince-sans-rire de Cham, dans une de ses récentes parodies au fusain. M. Duprez donne sa représentation d'adieu par *Otello,* mais en partant, le grand chanteur va doter l'Opéra Comique d'une jeune élève, Mlle Miolan, déjà remarquable.

Restent les Italiens qui ont rouvert avec M. Ronconi. Je ne suis pas de ceux qui font semblant de s'amuser aux « Bouffes », mais je reconnais en lui un incontestable comédien, aussi frappant par la vérité de ses types que Mlle Alboni était frappante par sa voix phénoménale, quand j'ai entendu *Sémiramide* au mois de décembre 1847.

Parlerai-je d'un monsieur Darcier, sorte de bohème puissamment doué et organisé, qui après avoir chanté *le Pain* et autres guitares révolutionnaires, au Club du passage Jouffroy, exécute maintenant dans un vaste estaminet, à la même place, des chansons de Pierre Dupont, *les Louis d'or*, *la Mère Jeanne*, etc... et des siennes aussi, ma foi ! devant un auditoire enthousiaste, à qui l'on fait renouveler la consommation toutes les heures. C'est canaille et démocratique au possible. N'y a-t-il point là une pente vers quelque forme théâtrale pire encore pour plus tard ?

Le Caveau, les goguettes et les cafés des Aveugles... sur une grande échelle ? — *Di omen avertant !*

Quant à l'Exposition des beaux-arts, elle a eu lieu cette année dans les Tuileries, vides encore de rois. Mais en dehors d'une *Pénélope* en marbre, de M. Cavelier, presque un chef-d'œuvre, on n'y a guère remarqué que le *Labourage nivernais*, de Mlle Rosa Bonheur, quelques toiles de genre de MM. Leleu et Diaz, une *Danse de Bacchantes* de M. Gleyre et la *Naissance de Pindare*, de mon ami Picou.

J'ai été, moi, positivement amoureux d'une petite

étude du *Colysée,* par M. Corot, le paysagiste des fumées. Cela ne coûtait que quelques centaines de francs, grâce à l'intermédiaire d'un ami commun, et l'auteur voulait tout de bon me la donner. Un artiste gratté à la bonne place est vraiment plus généreux qu'un roi ; mais un artiste tenté doit être plus délicat encore, et je ne me suis pas laissé faire.

20 décembre 1849. — Je ne m'amuse que faiblement, et n'ayant pas grand'chose à faire, je fais pas mal de sottises dans ce monde banal et trop facile où nous vivons.

Ah ! comme les souffrances mêmes du devoir et du sacrifice sont plus saines que l'affadissement des heures perdues!

Mais la paresse, les appétits et la volupté étant l'éternel dessous de notre triste race humaine, elle y court et s'y vautre. Même chez les meilleurs, la volonté n'est que l'accident, et ne s'émouvant guère que devant les besoins matériels, le travail et l'action commencent par un effort pénible. Si l'on n'est pas entraîné dans un mouvement voulu par les autres, il faut se hausser le cœur pour vouloir...

Mais passé vingt-cinq ans, un homme se doit au respect humain, et il se fait temps que j'avise...

13 janvier 1850. — Il y a dans la machine théâtrale un certain nombre de rouages laissés dans une ombre ingrate par l'artiste et par l'auteur : les décorateurs, par exemple, et les faiseurs de costumes ; mais le régisseur surtout, le metteur en scène, ce conseilleur incessant des répétitions, cheville ouvrière de l'ensemble, qu'on ne paraît entourer d'abord, à huis clos, d'attention, de soins, que pour l'enterrer ensuite, après succès, sous un oubli profond.

Or, à mesure que le théâtre est devenu matériel, pour ainsi dire, qu'on a fait appel à tous les effets d'à-côté, ce rôle souterrain du régisseur s'est étendu, les comédiens, aidés dans leur paresse et servis dans leur vanité, ont moins appris le métier.

C'est par les théâtres de genre, par le Gymnase principalement, où le directeur, M. Montigny, siégeant en maître à l'avant-scène, a maintes fois poussé de là sa troupe à la victoire, que cette transformation de travail préalable est arrivée jusqu'à nous.

Aussi l'importance du régisseur est-elle capitale aujourd'hui, et ce poste plus que délicat exigeant une finesse d'allure et une autorité morale à quoi ne suffisait plus l'aimable et futile Charles Desnoyers, on est allé prendre aux Variétés M. Dubois-Davesne, jadis artiste, puis auteur dramatique, ami intime de Béranger et d'Émile Souvestre, comme eux sérieux, honnête et bienveillant.

15 janvier 1850. — Pour l'anniversaire de la naissance de Molière, M. Arsène Houssaye avait trouvé ingénieux de commander hâtivement à Alexandre Dumas je ne sais quelle rapsodie d'intermèdes, mêlés à la reprise de l'*Amour médecin*, et où l'on tâchait de ressusciter le public probable assis sur la scène, au jour de la première représentation.

On vient de jouer ce soir même cette improvisade, ou plutôt cet enfantillage. Je faisais là dedans une

espèce de Pourceaugnac-goujat, qu'on appelait la Truffardière.

Le mieux qui puisse arriver, c'est qu'on n'en reparle
jamais.

10 février 1850. — Hier, samedi gras, *l'Avoué par
amour*, petite pièce en vers d'un ami de collège, E. Cottinet. Mauvaise pièce en bons vers, qui va passer plus
vite encore que celle de là-dessus, car déjà nous ne
devons plus la rejouer. C'est dommage, car j'y rem-
plissais un rôle passable.

24 mars 1850. — Hier, première représentation
de *Charlotte Corday*, drame en vers de mon ami
Ponsard.

Je n'y jouais que la scène épisodique du « Citoyen
orateur », mais je trouve la pièce aussi belle par
places que n'importe quoi de Corneille ; ce qui n'a pas
empêché le public blasé et souvent hostile du premier
soir, d'écouter presque tout avec une froideur plus
qu'injuste.

Il est vrai que « la Grande », toujours attentive au
vent capricieux du succès, fort peu tourné chez nous
vers les choses républicaines, avait préalablement fait
défection au premier rôle.

C'est donc Mlle Judith qui a fini par jouer Charlotte
Corday, mais, malgré sa réelle intelligence, dans des
tons un peu ternes, vu le manque de force nécessaire.

M. Geffroy a été remarquable dans le personnage de
Marat.

26 mars 1850. — M. Alexandre Dumas, dans la commission d'enquête sur la liberté des théâtres, devant le Conseil d'État, vient de retourner à sa façon le fameux « paradoxe du comédien ». Niant tout bonnement le travail et l'école, car c'est au Conservatoire surtout qu'il en a, il rapporte tout à l'auteur et au metteur en scène, opérant sur certaines qualités primordiales d'un sujet quelconque.

« Vous êtes orfèvre, monsieur Josse ! » — Donnez-moi, dit-il, n'importe quel garde municipal, quel garçon de boutique, et je lui ferai jouer n'importe quel rôle !... »

C'est fort bien ; mais alors pourquoi engagez-vous M. Mélingue à votre Théâtre-Historique ?

Qui veut trop prouver...

On n'est pas plus hâbleur que ce grand Soulouque !

31 mars 1850. — L'Académie vient de blackbouler M. Alfred de Musset, ou du moins il n'a obtenu que cinq voix, et l'élection, faute d'une majorité suffisante sur n'importe quel nom, a été reportée au mois de novembre.

La postérité s'étonnera sans doute, mais les contemporains ne savent que trop pourquoi.

Le soir même, au foyer de la Comédie, n'a-t-il pas, moi présent et embarrassé de l'aventure, poursuivi M. Ancelot. un de ses juges du matin, en lui criant d'une voix pâteuse : « Tenez, voilà cent sous ! C'est un bon prix pour votre vote. Vous me le donnerez la prochaine fois. »

M. Ancelot ne vaut guère, sans doute, sous certains rapports... Mais M. de Musset valait-il là beaucoup plus ?

14 avril 1850. — Plusieurs choses théâtrales à noter :

D'abord, vers le milieu du mois de mars, nous avons donné à la Comédie-Française *le Carrosse du Saint-Sacrement*, pris tout cru dans les œuvres de Mérimée.

Et rien ne prouve mieux que le théâtre est un art spécial, inaccessible souvent aux plus grands esprits. M. Mérimée, d'ailleurs, en avait eu conscience, car tout en s'étant laissé faire, il n'a jamais paru aux répétitions, et je ne l'ai vu qu'une fois chez lui, — assez sec et guindé, — pour mon petit rôle de secrétaire intime, avec M. Arsène Houssaye.

Une autre preuve et bruyante — de cette impuissance relative, — vient d'être donnée ces jours-ci par M. de Lamartine. Il a fait jouer un *Toussaint Louverture* à la Porte-Saint-Martin, avec Frédérick Lemaître par-dessus le marché ; et si tout n'a pas culbuté, tout est resté dans un ennui lyrique, ce qui est pis encore. La chute de *Tragaldabas* était plus vivante que cela.

Au Gymnase, au contraire, une petite prestidigitation polissonne de M. Scribe, *Héloïse et Abélard,* réussissait à merveille, et aussi *le Courrier de Lyon* à la Gaîté, par M. Siraudin et je ne sais qui... mais des hommes de théâtre, tout est là, et interprété fort bien par MM. Lacressonnière (le faux et le vrai Dubosc), et Paulin Ménier surtout, qui a grandi là de vingt coudées.

Ce *Courrier de Lyon* vivra théâtralement plus que n'importe quel *Toussaint Louverture* ou quel *Carrosse du Saint-Sacrement.*

21 avril 1850. — A un dîner mensuel des anciens

rédacteurs du *National,* je me suis trouvé vis-à-vis d'un homme que ses écrits d'un bon sens aigu et sa vie notoirement originale m'avaient donné depuis longtemps la curiosité de voir, l'auteur des *Guêpes,* M. Alphonse Karr, en ce moment de passage à Paris, car il habite, jardine et pêche au Havre.

C'est un rude mâle et pas gêné.

Ce qu'il sait de choses et comme il en parle avec indépendance et clarté!... J'ai passé là sous le charme une des soirées les plus intéressantes de ma vie.

29 mai 1850. — Nous avons joué ce soir une pièce en deux actes de M. Léon Gozlan, *la Queue du chien d'Alcibiade.* C'est assurément un paradoxe fort vif, et un dialogue spirituel, mais avec cela du mauvais goût et peu de mesure. En résumé, presque pas de succès. J'y figurais pour ma part dans une longue utilité...

Et c'est enfin demain que je serai définitivement sociétaire. Si je ne le suis pas à l'unanimité, même sans demande, je serai vexé, j'en conviens ; mais je le serais bien davantage, vexé, si je ne l'étais pas du tout, sociétaire!

Quelle fuite alors! et le plus tôt possible !... Mais où?... L'heure est suprême.

31 mai 1850. — Je suis effectivement nommé sociétaire, à l'unanimité.

Reste à vider la question du temps déjà fait comme pensionnaire, car le récent décret supprime le temps pour la retraite. Je m'occuperai de la chose qui peut avoir un jour son importance.

*Rôles joués par moi à la « Comédie-Française », du 1er avril
1845 au 31 mai 1850, donc pendant tout le temps que je suis
resté pensionnaire (cinq années) :*

1. Figaro, du *Barbier de Séville,* 8 fois.
2. Scapin, des *Fourberies,* 4 fois.
3. Hector, de *Madame de Lucenne,* 7 fois.
4. Mascarille, des *Précieuses ridicules,* 9 fois.
5. L'Intimé, des *Plaideurs.*
6. Sganarelle, du *Médecin malgré lui,* 8 fois.
7. Alain, des *Héritiers* (la première pièce de mon premier
début), 9 fois.
8. Trissotin, des *Femmes savantes,* 8 fois.
9. Gros-René, du *Dépit amoureux,* 15 fois.
10. Crispin, du *Légataire universel,* 7 fois.
11. Crispin, des *Folies amoureuses,* 4 fois.
12. Basile, du *Barbier de Séville,* 17 fois.
13. Ergaste, de *l'Ecole des maris,* 14 fois.
14. Ricaldo, de *la Femme juge et partie,* 5 fois.
15. Laflèche, de *l'Avare,* 16 fois.
16. Coletet, de *Corneille et Rotrou* (ma première création),
13 fois.
17. Petit-Jean, des *Plaideurs,* 10 fois.
18. Don Ricardo, dans *Hernani,* 16 fois.
19. Paris, de *la Ciguë,* 7 fois.
20. L'Apothicaire bègue, dans *Pourceaugnac,* 8 fois.
21. Sylvestre, des *Fourberies de Scapin,* 4 fois.
22. Périnet, de *la Chasse aux fripons,* 11 fois.
23. Tapin, de *la Fille du Régent,* 15 fois.
24. Pasquin, du *Jeu de l'amour et du hasard,* 2 fois.
25. Lucas, du *Médecin malgré lui,* 10 fois.
26. Alain, de *l'École des femmes,* 6 fois.
27. Loyal, de *Tartuffe,* 11 fois.
28. Saint-Adèle, des *Préventions,* 5 fois.
29. Tout-à-bas, du *Joueur,* 2 fois.
30. Pierrot, du *Festin de pierre* (en vers), 1 fois.
31. Jodelet, des *Précieuses ridicules,* 5 fois.
32. Cliton, du *Menteur,* 1 fois.
33. Mascarille, du *Dépit amoureux,* 7 fois.
34 Quinola, de *Don Gusman,* 16 fois.

35. Lubin, de *George Dandin*, 4 fois.
36. Grégorio Dembiza, du *Nœud gordien*, 15 fois.
37. Mercure, de *l'Ombre de Molière*, 7 fois.
38. Gros-René, du *Cocu imaginaire*, 2 fois.
39. Purgon, du *Malade imaginaire*, 2 fois.
40. Brid'oison, du *Mariage de Figaro*, 5 fois.
41. Crispin, de *Crispin rival de son maître*, 7 fois.
42. Clarke, de *Notre fille est princesse*, 12 fois.
43. Duperron, des *Héritiers*, 2 fois.
44. Antoine, dans *Un Poète*, 4 fois.
45. Vadius, des *Femmes savantes*, 3 fois.
46. Le Président, dans *la Fausse Agnès*, 3 fois.
47. Langely, de *Marion Delorme*, 12 fois.
48. Octave, de *Scaramouche*, 10 fois.
49. Dubois, du *Misanthrope*, 2 fois.
50. Brunel, de *Pour arriver*, 8 fois.
51. Flamand, de *Turcaret*, 4 fois.
52. Frontin, dans *le Mari et l'Amant*, 1 fois.
53. Olivier-le-Daim, de *Louis XI*, 3 fois.
54. Turlupin, de *la Marinette*, 16 fois.
55. Thomas Diafoirus, du *Malade imaginaire*, 2 fois.
56. Napoléon Bouvard, dans *le Puff*, 20 fois.
57. Calliclès, de *Thersite*, 7 fois.
58. Lubin, des *Fausses confidences*, 3 fois.
59. Antoine, dans *la Marquise*, 6 fois.
60. Dominique-le-Possédé, 10 fois.
61. L'Abbé, dans *Il ne faut jurer de rien*, 54 fois.
62. Fabricio, dans *le Bachelier de Ségovie*, 5 fois.
63. Roger, dans *le Vrai club des femmes*, 6 fois.
64. Le marquis d'Héricourt, de *Bon gré, mal gré*, 12 fois.
65. Gerbeau, dans *Une Double Leçon*, 10 fois.
66. Picard, dans *le Bourru bienfaisant*, 1 fois.
67. John, dans *le Jeune Mari*, 9 fois.
68. Pourceaugnac, dans *Monsieur de Pourceaugnac*, 4 fois.
69. Manlius, dans *le Moineau de Lesbie*, 16 fois.
70. Dupont, dans *les Rivaux d'eux-mêmes*, 7 fois.
71. Marcel, de *Louis XI*, 13 fois.
72. Grapin, dans *Brueys et Palaprat*, 5 fois.
73. Lépine, dans *le Legs*, 6 fois.
74. Germain, dans *On ne saurait penser à tout*, 9 fois.

75. Francisque, du *Mari à bonnes fortunes*, 5 fois.
76. André, du *Comité de Bienfaisance*, 4 fois.
77. Gillot, dans *le Manteau*, 3 fois.
78. Guillaume, de *la Mère coupable*, 5 fois.
79. Valentin, de *l'École des vieillards*, 4 fois.
80. Pierrot, de *Don Juan* (en prose), 5 fois.
81. Deschamps, dans *les Étourdis*, 4 fois.
82. Un Guichetier, dans *les Deux Hommes ou un Secret du monde*, 6 fois.
83. Le Marquis, du *Joueur*, 6 fois.
84. Le bouffon Thersite, du *Testament de César*, 23 fois.
85. Thibaut, de *la Coupe enchantée*, 36 fois.
86. Jacques, dans *les Deux Célibats*, 11 fois.
87. La Truffardière, dans *les Intermèdes de l'Amour médecin*, 2 fois.
88. Clément, de *l'Avoué par amour*, 1 fois.
89. Martinez, dans *le Carrosse du Saint-Sacrement*, 9 fois.
90. Un Citoyen orateur, dans *Charlotte Corday*, 17 fois.
91. Jean, de *Bertrand et Raton*, 8 fois.
92. Louis, dans *la Queue du chien d'Alcibiade*, 10 fois.

Pendant que j'étais pensionnaire, j'ai joué 92 rôles, dont 27 créations (?).

27 juin 1850. — Voilà Mlle Rachel en route encore une fois à travers la province, et pour trois mois, dit-on, comme l'année dernière, où en quatre-vingt-dix jours elle a joué quatre-vingt-onze fois, quand on a tant de mal, alors qu'elle est à Paris, d'obtenir d'elle deux représentations régulières par semaine.

Quelle âpreté et quelle fatigue terrible ce doit être pourtant! Partir avec une troupe composée en partie de sa famille, en partie de petits pensionnaires de la Comédie, qu'elle détourne ainsi de leur carrière normale, et empiler tout cela avec les paquets dans une diligence à son compte, où elle couche en travers du coupé, non sans y admettre au besoin, dit-on, quelque mâle de la bande, déballer, puis remballer les costumes à chaque étape... et pas de trêve... Quelquefois deux représentations par jour, à dix lieues l'une de l'autre.

Alexandre Celles, notre secrétaire-souffleur, qui a été emmené ainsi pour faire la régie et remplir certains petits rôles, devait jouer Manlius, du *Moineau de Lesbie* le matin à Nevers et le soir à Moulins. Il était pris depuis deux jours d'un mal de gorge tenace, avec fièvre. Mais à force d'instances, il joue le matin en étranglant, ce qui n'empêche pas de l'embarquer tout de même pour le soir... Et Rachel avec sa sœur Sarah lui posent de leurs mains des sangsues pendant le trajet, sous la bâche de la diligence.

Quelle drôle de race ! Et quelle légende déjà !... Le père et la mère Félix, avec six ou sept enfants, Sarah, Rachel, Raphaël, Rebecca, Lia, Dinah, et une autre peut-être encore, morte ou vivante... Tout cela, avant le coup de fortune de « la Grande », vivait à la diable dans un taudis de la rue Traversière-Saint-Honoré. Les enfants prenant un bain en famille, c'est Sarah qui la première en sortait cuite et rouge comme une écrevisse, et Dinah, une heure et demie après, violette de froid et claquant des dents. Raphaël, au mitan, avait pu, lui, prendre le bain tiède.

Le père, d'ailleurs, malgré son accent formidable, est un juif très fin, et remarquablement organisé de sa nature. Aussi a-t-il souvent donné des conseils, voire des leçons de théâtre à Judith, par exemple, leur petite cousine, et c'est elle qui m'a conté le fait. Elle répétait *Zaïre*.

— Za n'est bas mal. Mais vaut pli t'sensipilité. Regommenze.

— Mais, monsieur Félix, si je n'ai pas de sensibilité...

— J'te tis qu't'as t'la sensipilité... Regommenze.

— Non... Je vous dis que je n'en ai pas...

Là, le père Félix lui donne une forte claque, et la petite se met à geindre...

— Tu fois pien qu't'as t'la sensipilité!...

3 août 1850. — Hier, première représentation d'une pièce en deux actes de M. Édouard Plouvier, *Une Discrétion.* De l'esprit et du style même, mais tiré à quatre chevaux, ou à quatre cheveux, comme on voudra, et puis peu de pièce. Réussite honnête en somme.

J'y jouais un « Monicourt » passable, que j'ai tenu passablement.

4 août 1850. — Le public joue, en même temps que nous, un rôle considérable dans les pièces, en aidant aux mouvements, en soulignant les effets, en les indiquant même aux comédiens. Or, combien sont dans ce cas !

Une preuve, c'est l'adjonction que le théâtre s'est faite de la claque; et un fait vraiment comique, c'est que les comédiens —qui la paient en somme dans l'idée forcément avouée de diriger et de chauffer le public — sont les premières dupes de cette feinte duperie.

Ai-je entendu assez souvent un comédien, un peu lâché par ses Romains, dire en sortant de scène : « Les spectateurs sont gelés, je crois? » — Ou bien, applaudi jusque dans les coulisses, rappelé au besoin (ce dont le public ne s'aviserait guère tout seul), s'écrier :

« Quelle bonne salle, ce soir! »

8 août 1850. — Plus un artiste est hors de pair, en quelque art que ce soit, plus il a de puissance personnelle et géniale, — disons le mot, — plus ses défaillances sont profondes.

Ainsi M. David d'Angers, le sculpteur de *l'Enfant à la grappe,* de *Bara,* de *Philopœmen* et des médaillons du siècle, vient d'inaugurer dans la cour du Val-de-Grâce une statue de *Larrey,* et c'est au-dessous de tout..... Un assemblage de tuyaux de poêle, une fumisterie.

M. Alfred de Musset n'a-t-il pas fait *Louison ?*

M. de Lamartine publie une *Histoire de la Restauration,* et c'est bien inférieur à M. Vaulabelle.

Mlle Rachel avait repris en mai la Tisbe d'*Angelo,* et sa petite sœur Rebecca l'a mise dans sa poche.

M. Frédérick Lemaître a voulu jouer Oreste d'*Andromaque,* et Payel de *Gabrielle de Vergy.* C'était pitoyable.

Ah ! quand le génie se trompe, il ne se trompe pas à moitié.

Le talent acquis, seul, est toujours à peu près égal à lui-même ; mais ce n'est que le talent.

1er septembre 1850. — Pendant les dix derniers jours du mois d'août, on a monté *Héraclite et Démocrite,* une pièce en deux actes, en vers, de M. Édouard Foussier, un de mes anciens camarades de collège.

La pièce, pleine de détails et de vers charmants, a été répétée et jouée un peu à la légère, bien malgré moi. Elle a pourtant eu du succès. J'y jouais un joli rôle, que j'ai réussi tout juste, à mon sens ; j'étais vraiment trop ému et mécontent pour cela. Dans tous les cas, j'aurai renoué affectueusement connaissance avec Foussier.

2 septembre 1850. — J'ai omis de noter deux gros événements du mois dernier :

La mort à Paris, le 19 août, de M. de Balzac, retour de Russie.

La mort à Claremont, en Angleterre, de notre ex-roi Louis-Philippe.

Il y en a un des deux qui est joliment plus mort que l'autre !

1er octobre 1850. — Aujourd'hui sonne ma vingt-huitième année.

Mon affaire est faite et mon avenir honorablement assuré, car ma position matérielle ne peut que s'améliorer en même temps que ma position morale. La sécurité donne une telle confiance, donc une telle force !

Et voilà déjà que les rôles m'arrivent !...

Si j'avais un peu plus de loisir, j'aimerais à profiter de ma nouvelle fortune et de ce qui me reste de jeunesse pour courir le monde, faire de l'art et du bric-à-brac, et mener enfin la vie un peu plus largement. Mais cependant il est indispensable de se serrer encore, sous peine d'hypothéquer mon lendemain, et de perdre ainsi l'indépendance relative du jour d'aujourd'hui.

16 octobre 1850. — Hier, première représentation des *Contes de la reine de Navarre.* Début de Madeleine Brohan, méchante pièce, bon succès. Four pour mon rôle à moi. J'avais tout prévu.

12 novembre 1850. — Decourcelle se marie. Encore un. Sera-ce bientôt mon tour ? J'aime à en douter. C'est si facile de rester garçon et de continuer à tenir ses comptes en partie simple.

Et pourtant, est-ce beaucoup plus sage de traîner clandestinement par la vie un tas de chaînes plus ou moins... qui vous tiennent aux pattes, quand elles ne finissent point par vous tenir au cœur?

Le décret d'achèvement du Louvre, datant déjà de 1848, va enfin recevoir son exécution, et je dois déménager en décembre, moyennant indemnité.

Je vais m'installer rue de Rivoli, 14, devant le pavillon de Marsan, position superbe, vue sur les Tuileries.

22 décembre 1850. — Nous avons joué jeudi dernier un acte d'Émile Augier, *le Joueur de flûte*. C'est véritablement du bon théâtre, et des vers excellents, jeunes et bien frappés.

Mon rôle, à moi, le Carthaginois « Bomilcar », est passable; puis, selon la logique d'Horace Vernet, j'ai habillé cet excellent Arabe antique à la moderne, et j'étais aux anges. Un burnous sur les épaules, cela ne me rajeunissait-il pas de sept années?

J'avais oublié de noter, vers la fin de juin dernier, *le Chandelier* de M. Alfred de Musset, où je ne jouais qu'un rôle accessoire, et qui, d'ailleurs, était plutôt une reprise, puisque la pièce a d'abord été représentée au Théâtre-Historique en 1848, je crois.

Mais elle était sûrement beaucoup moins bien jouée qu'aujourd'hui. Mme Allan, M. Samson, et Delaunay surtout, y sont en effet remarquables ; M. Brindeau lui-même, à qui le rôle de Clavaroche va mieux qu'il ne semble le croire.

30 décembre 1850. — Toujours remise, l'Exposition des Beaux-Arts de cette année n'a été ouverte que ce matin au Palais National (?).

Rien ne m'y semble de première force, à première vue.

Les deux seules notes un peu nouvelles sont une *Malaria*, sorte de peinture rêveuse d'Hébert, qui ne manque pas de charme, et un *Enterrement à Ornans*, monstruosité voulue d'un certain Courbet, qui a évidemment une patte d'enfer et qui fait du Bonvin en très grand, en trop grand. Eugène Delacroix, Decamps, les Rousseau, Barrias, Muller, Troyon, Rosa Bonheur, et mes amis Gérôme et Schutzemberger y sont avec leurs qualités ordinaires, mais sans éclat particulier.

Dans la sculpture, Toussaint, Frémiet et Jacquemart.

19 janvier 1851. — J'ai enfin joué ce soir Figaro, du *Mariage*, et pas trop maladroitement; mais que de choses à y faire encore!... Je vais le repasser au coin de mon feu.

Pas moyen! Le vent souffle en tempête, et une cheminée en tôle du pavillon de Marsan vient d'arriver sur mon balcon avec un fracas formidable. Je me couche.

26 janvier 1851. — Hier, à l'hôtel de Castellane, un petit acte d'Augustine, intitulé *les Métamorphoses de l'amour* (M. Octave Feuillet n'est-il pas un peu de la chose?). Tous les vieux noms de France ont affecté de venir courtoisement déposer leur hommage au pied de cette coquetterie féminine.

28 février 1851. — M. Menjaud, retiré du théâtre depuis huit ans déjà, vient d'y donner la représentation de retraite à laquelle il avait droit.

| C'est un Clitandre encore parfait, si parfait que les auteurs et la presse ont soulevé la question de sa rentrée.

Mais l'esprit cabotin et la jalousie des droits acquis se sont mis à l'œuvre et ont tellement piaillé que le charmant homme, avec sa nature conciliante et timide, se contentera de tirer une dernière révérence à cette porte qu'on lui referme durement au nez.

9 mars 1851. — Ce soir, que par hasard je reste chez moi, je suis tout désœuvré et regarde avec inquiétude l'aiguille de ma pendule en songeant à passer seul les cinq heures qu'il lui reste à tourner pour atteindre minuit.

Et pourtant, que de choses j'aurais à me conter au coin de mon feu!... Mes paresses mêmes, et mes fantaisies à travers tout; ma tête et mon cœur qui se battent perpétuellement, — sans se faire grand mal; et... que sais-je ?

20 avril 1851. — E. Augier a fait un livret, *Sapho*, pour un monsieur Gounod, ancien prix de Rome, puis moine de passade, dit-on, mais d'un talent passionnant comme musicien, autant que d'une nature exubérante et puffiste comme homme. Ne m'a-t-il pas embrassé sur les deux joues la première fois que je l'ai vu chez Foussier !

On a joué son opéra ces jours-ci, et il a réussi hono-

rablement; moins pourtant que ne l'avait fait présu-
mer la partition exécutée et chantée par lui, au piano,
sans voix... mais avec quelle grâce !

18 mai 1851. — Mme Anaïs (Aubert) a obtenu dernièrement, par ordre, sa deuxième représentation de
retraite.

Mlle Rachel avait plaidé, en 1849, pour avoir droit
de s'en aller, et, l'administration supérieure aidant en
secret, avait gagné son procès. Deux mois après,
Mlle Rachel rentrait, par ordre, sociétaire, et se faisait
gaîment donner part entière dans les bénéfices d'une
année, où elle avait passé près de neuf mois sans jouer
chez nous.

L'an dernier, en juin, Augustine, revenant de jouer
un mois à Bordeaux, repartait immédiatement passer
six semaines à Turin. Nathalie en faisait autant à
Londres, puis à Alger.

Et qu'avait fait Judith quand elle était directrice *in
partibus infidelium,* en 1847-1848 ?

Ah ! nos femmes vont bien !

Ayez donc de la conscience de métier devant un
pareil coulage !

25 mai 1851. — Je viens de remplacer au pied levé,
dans le rôle de « Grignon », de *Bataille de dames,*
M. Régnier qui est parti selon son habitude annuelle
pour faire une partie de la saison théâtrale à Londres.
Presque aussi profiteur que les dames, celui-là !...
Me doutant de l'aventure, je n'avais presque pas
manqué une seule des premières représentations, et,

quoique je n'aie eu que deux raccords incomplets, je savais fort bien le rôle et tout son mouvement; aussi l'ai-je réussi jusqu'à sentir en conscience que j'en ai expulsé le créateur, qui y était faible, eu égard à son talent.

Comme *Bataille de dames* est une pièce bien faite, courte, amusante et très bien jouée, surtout par M. Provost, Mmes Allan et Delphine Fix, elle restera longtemps au répertoire, et l'affaire me semble bonne, vu que le rôle de Grignon est excellent, bien de mon âge, et dans mes allures, quand il me plaît de badiner.

20 juin 1851. — Deux bouts de rôle qui m'ont encore haussé de deux crans dans l'opinion : « Tibia » des *Caprices de Marianne,* et le « Major » dans *la Fin du roman.*

J'ai fait de notables progrès depuis un an. Mes bonshommes se classent dans ma manière, et je sais quelquefois à peu près ce que je veux faire.

27 juillet 1851. — Cédant aux plaintes de la presse et des auteurs, un décret vient d'adjoindre à notre Comité de lecture, — hommes et femmes sociétaires, — un certain nombre de gens de lettres, triés sur le volet : MM. Naudet, Philarète Chasles, Émile Deschamps, Lefèvre-Deumier...

Un cautère sur une jambe de bois !...

Les auteurs refusés ne se plaindront-ils pas toujours ?...

Les femmes, oui, sont peut-être de trop dans le Comité. Bien que très finement impressionnables, elles y apportent trop souvent de mesquines considérations personnelles, et même à ce dernier point de vue, on aurait pu restreindre les hommes.

31 août 1851. — Le 22 août, nous avons donné à la Comédie un *Mathurin Régnier* de M. Ferdinand Dugué. Cinq actes en vers passables, pièce quelconque. J'y jouais un « Passerat » de fantaisie, parmi les poètes de la Pléiade. Je m'en suis tiré assez gaiement. Mais tout cela ne marque guère.

Ce qui marquera, par exemple, c'est un arrangement en trois actes (par Adolphe Dennery, anonyme) du *Mercadet* de Balzac joué au Gymnase deux jours après:

Le tout un peu ratissé et vaudevillisé, mais admirablement mis au point du feu théâtre de Madame.

M. Geoffroy joue fort bien le rôle, dans cette donnée. Mais il est certain que *le Faiseur* dont M. de Balzac avait, d'une façon si cocasse et riant à l'avance de ses mots, lu quelque temps avant sa mort les quatre premiers actes à notre Comité, était d'une bien autre envergure.

N'importe ! c'est là une œuvre, et le coup a porté.

5 septembre 1851. — Quelle bête d'expédition ! J'aurais si bien pu y laisser ma peau !... N'importe ! autant l'avoir faite, car je ne recommencerai guère.

Hier jeudi, à l'Hippodrome, on devait, à la fin des exercices, enlever le ballon Godard avec deux amateurs et le gymnaste Thévelin.

Le public, dont j'étais, avait envahi l'arène et suivait curieusement les hommes d'équipe, fort empêchés à maintenir les cordes, car le temps était mauvais, le ciel bas et le vent bourru, si bourru qu'un des amateurs ne se présenta point.

— Une place à louer ! criait vainement le directeur, ce grand banquiste d'Arnaud.

Puis m'apercevant : « Allons ! vous... à l'œil ! Jamais si belle occasion... Et en meilleure compagnie... Lord Pawescourt, que je vous présente. Pas un mot de français ! Allons, Got... »

Et bon gré, mal gré, moitié timide, moitié par gloriole, triple niais ! j'enjambai le panier... Mais voilà qu'à la suprême minute, un écuyer en uniforme bleu et en bottes s'établit à la place de M. Godard, qui avait changé d'avis, et nous partons subitement de travers en passant peu au-dessus de l'Arc-de-Triomphe.

Et nous montons, toujours à droite, jusqu'aux premières nuées, avec cette impression étrange que nous restons immobiles et que c'est Paris qui est pompé par en bas. La première couche de nuages une fois franchie, le jour redevient clair, en plein ciel, avec des brouillards qui courent, et le soleil là-bas, là-bas à gauche. Mais quel vaste silence ! Nous parlons tout bas, quand nous osons parler.

De temps en temps à travers une crevasse, dans les fumées, nous apercevons quelques champs alignés comme des morceaux d'étoffe sur une carte d'échantillons. La nuit commence à embrumer la terre.

Et chose étrange, le vide de dessous n'inquiète pas. Toute l'attention de l'oreille se concentre en haut sur le ballon, où détonnent des bruits singuliers, car le vent souffle toujours ferme et nous fait tourner sur nous-mêmes.

Voilà plus d'une heure que nous sommes partis. Il fait jour encore, mais dans une ville, là-dessous, brillent déjà quelques lumières... Quelle ville cela peut-il être? Dans tous les cas, il est temps d'atterrir.

Nous ouvrons la soupape au gaz et nous laissons pendre une ancre qui, peu après, nous accroche à un peuplier où la nacelle s'arrête. Mais au moment où nous essayons de la débrancher pour descendre jusqu'au sol... une vive secousse se fait sentir, la griffe de l'ancre est brisée, le ballon remonte avec une rapidité inquiétante, et nous reconnaissons avec terreur que l'Anglais n'est plus dans la nacelle. Il aura passé par le trou du panier pour se réfugier dans ce diable d'arbre!

Le fait sûr, à cette heure, c'est que nous avons déjà repassé les nuages et quand nous voulons dégonfler à nouveau le ballon, la soupape supérieure ne fonctionne plus... et c'est l'écuyer, un héros véritable et improvisé dont il faut consigner le nom : Auguste Toutain, qui monte résolument par les cordages, en faisant tout osciller à chaque pesée et nous crie de tirer la ficelle...

Or, la ficelle va si bien, à présent, que nous descendons grand train et que quelques papiers jetés par-dessus bord remontent rapidement en l'air. Le vent s'est un peu calmé. La terre se rapproche à vue d'œil; nous entendons des voix; des paysans arrêtent le tout, et nous mettons pied à terre... Enfin! Où? Près de Château-Thierry! Et c'est le maire du pays qui nous reçoit à dîner. Et quel est ce maire? Un original à coq-à-l'âne, habitué de nos coulisses, M. de Tillancourt. Et reprenant avec nos agrès le train de neuf heures trois quarts, nous étions à minuit dans nos lits respectifs. Dire que j'en ai eu le cauchemar? Superflu.

14 septembre 1851. — Parti le 7 avec ma mère pour Lignerolles, je l'ai accompagnée dans un voyage charmant jusqu'à Lisieux et le Havre, où elle a pris aujourd'hui le chemin de fer pour rentrer à Paris. Elle était ravie, et me ravissait moi, la chère femme. Ce soir, je suis logé à Sainte-Adresse, et de la fenêtre à côté de laquelle j'écris, je ne vois que les arbres tout noirs et la mer mystérieuse qui papote doucement sur la grève. La lune éclaire de toutes ses forces, et le temps ne cesse d'être merveilleusement beau.

Je suis allé voir M. Alphonse Karr dans son jardin et jusque dans sa barque ; j'ai grimpé les falaises, j'ai visité Etretat, Yport, Fécamp, j'ai humé l'air et la brume marine à grandes gorgées, et je rejoue ce soir même (27 septembre 1851).

9 novembre 1851. — La Comédie-Française tiendrait, je crois, un beau et très légitime succès avec *Mlle de la Seiglière* (où, par parenthèse, M. Samson est de première force), si les politiciens et les bavards flanquaient enfin la paix à notre pauvre Paris ! Mais point.

On crie tellement aux quatre coins de l'horizon que l'Assemblée et le Pouvoir exécutif ont de plus en plus peine à s'entendre.

✕ *3 décembre 1851.* — Ce matin, au réveil, la rue de Rivoli me semblait d'une physionomie bizarre, et en traversant la place des Pyramides pour aller déjeuner chez mes parents j'ai vu sur les arcades des affiches blanches adressées au peuple et à l'armée.

Louis-Napoléon s'est donc décidé ! Il y a coup d'État.
Les choses en effet ne pouvaient pas durer. Deux jours
plus tard, c'est lui qui eût été à Vincennes.

Que va-t-il arriver ? La pièce est en l'air !...

31 décembre 1851. — Parbleu, s'ils ont gagné !
7 439 216 oui.

Et le chiffre était su à Londres avant d'être officiel
à Paris. Quels jolis coups de Bourse vont encore se
mitonner pour les hauts malins, pour les gens de la
bande, avec le nouveau et merveilleux câble électrique
entre Calais et Douvres !

4 janvier 1852. — La partage des bénéfices de fin
d'année pour 1851 a été de deux mille huit cents francs
par part entière. Comme je n'ai qu'une demi-part,
c'est donc quatorze cents francs pour moi ; mais comme
on laisse moitié aux fonds sociaux qui s'accumulent
jusqu'au jour de la retraite sans porter intérêt qu'à la
Société, je n'ai touché aujourd'hui que sept cents francs.

Plus mes appointements mensuels de cinq cents
francs. Plus onze feux (cent dix francs).

Je suis dans l'opulence.

Le 1ᵉʳ janvier, un *Te Deum* a été chanté par décret dans toutes les paroisses de France, en même
temps qu'à Notre-Dame de Paris, pour le premier jour
des dix nouvelles années du Président de la République,
et ce soir je vois un tas de lumières dans le pavillon
de Marsan. C'est donc que vous seriez aux Tuileries

déjà, mon Président? Et il n'y a pas six ans, vous
étiez au fort de Ham!...

Avec quelle plate impudence et quel mépris d'elle-
même, ce qu'on appelle l'opinion publique accepte
les coups de force bien menés, ou les faits accomplis.

17 janvier 1852. — MM. Arsène Houssaye et Nestor
Roqueplan ont combiné une série de représentations
communes entre la Comédie-Française et l'Opéra, et
ils ont commencé hier rue Le Peletier par *le Bourgeois
gentilhomme*, remonté, dit l'affiche, comme à la représentation de Chambord, devant Louis XIV.

Et d'abord cela n'est pas vrai. La musique de Lulli,
curieuse, mais peu amusante pour des oreilles d'à
présent, est réorchestrée par M. Auber. Puis, à la scène
du souper, Mme Laborde a chanté en italien *les Va-
riations de Rode;* enfin on a dansé au premier et au
quatrième acte deux pas quelconques de je ne sais
quelle partition.

Des intermèdes et du ballet des nations, pas de nouvelles.

La cérémonie turque est seule bien réglée, et Merly,
artiste d'un talent très divers, chante et mime drôlement le Muphti.

Mais la salle de l'Opéra est disproportionnée pour la
comédie, les effets portent mal, ou autrement.

Bref, malgré une fort belle recette, c'est une tentative avortée sans doute, j'ai cru voir cela à la mine de
M. Samson, de Mme Desmousseaux, d'Augustine et de
tout le monde.

5 février 1852. — Après bien des alternatives, et

grâce seulement à la protection de M. de Morny, Alexandre Dumas fils est parvenu à faire jouer, au théâtre du Vaudeville, sa *Dame aux Camélias*. Et il lui avait fallu passer d'abord sous les fourches caudines de M. Antony Béraud pour l'arrangement (?) de la pièce.

Est-ce croyable, avec l'influence qu'il devrait tenir de son père, avec l'incontestable valeur qu'il a déjà lui-même et qu'il porte dans ses yeux, et surtout devant le grand succès qui couronne la chose !

Je sais bien qu'on a dit que l'œuvre était immorale. Beaucoup moins, sûrement, que *Manon Lescaut*.

Et puis, la Censure nous la fiche belle avec sa moralité. Le roman, ou plutôt l'histoire, car c'est bien l'histoire de Marie Duplessis, que Dumas avait écrite — de Marie Duplessis, que nous avons tous connue et plainte, — était certes beaucoup moins poétisé, et aucun lecteur au monde ne s'était avisé de s'indigner. La pièce a été bien jouée par mon ami Fechter et aussi par Mme Doche, et par Gil-Pérez. C'est un triomphe et je m'en réjouis. Voilà un homme littéraire de plus. La graine levait peu depuis quelque temps.

26 février 1852. — On vient de jouer, à la Comédie-Française, une *Diane* d'E. Augier, cinq actes en vers, avec Mlle Rachel, MM. Régnier, Geffroy et Delaunay, dessins de Meissonier, décors de M. Cambon.

L'effet a été molasse. Louis XIII et Richelieu, avec un drame de convention à côté, mettent évidemment à la gêne ce manieur de robuste comédie.

21 mars 1852. — L'autre jour on jouait à l'hôtel du

comte de Castellane un fragment du *Misanthrope* et je ne sais quel acte de tragédie. Ce que je sais bien, c'est que je jouais, moi, avec Fix, une petite saynète d'étudiant à étudiant, *la Comédie à la fenêtre*, par M. Arsène Houssaye.

Je n'avais pas pu me refuser à notre administrateur, qui d'ailleurs est un aimable homme. Mais que ces déplacements me déplaisent, surtout devant le public à falbalas du noble faubourg !

Ce qu'il nous faut, ce qui me plaît, c'est nos vraies planches, le vrai public, et une vraie œuvre à servir ou à défendre.

23 mars 1852. — Il y a dix jours, au convoi du pauvre Armand Marrast, je me suis trouvé coude à coude avec l'ancienne bande du *National*, et avec tous les décavés d'à présent... Quel triste jeu de bascule que les carrières politiques... quand on ne trahit pas !

11 avril 1852. — L'Exposition des beaux-arts est ouverte au Palais-Royal (cette fois) depuis le 1er avril. Mais un décret a décidé qu'à l'avenir les Expositions auraient lieu dans un palais spécial qu'on va construire aux Champs-Élysées sur la place du Carré Marigny.

Rien dans l'Exposition de cette année ne me paraît fort saillant, en dehors d'une sculpture de M. Barye (*Jaguar dévorant un lièvre*), chef-d'œuvre, et d'une *Jeanne d'Arc* de M. Rude.

Beaucoup de grands peintres n'ont rien envoyé. M. Delacroix d'abord, que son admirable et nouveau

plafond à la galerie d'Apollon, enfin restaurée, doit
avoir forcément retenu. Rien de MM. Ingres, Delaroche, Decamps, Flandrin, Diaz, Ary Scheffer, Gleyre,
Robert-Fleury, ni même de Rosa Bonheur.

Une grande machine, habile comme toujours, de
M. Horace Vernet (*Entrée des troupes françaises à Rome*),
un joli tableau de mon ami Schutzemberger, *Printemps*,
un *Temple*, de Gérôme, une *Comédie humaine*, d'Hamon ;
un beau paysage de Courbet (*les Demoiselles du village*), un Gendron, *Tibère à Caprée*, puis Coignet, Bonvin, Couture, Rousseau, Corot, Pils, etc... et le dessus
du panier habituel.

Dans la sculpture, je note *Un Comédien*, assez réussi,
de mon collègue M. Mélingue, qui a pris au sérieux
son boniment de la Porte-Saint-Martin, dans *Benvenuto
Cellini*. C'est toujours louable de montrer un double
talent.

25 avril 1852. — L'Opéra-Comique a donné ces
jours derniers une *Galathée* en deux actes très réussie,
de plusieurs de mes amis de la jeune École étrusque
(cela s'appelle ainsi), Michel Carré et J. Barbier, pour
les paroles, Victor Massé pour la musique, et Gérôme,
pour les dessins, costumes et décors.

Mmes Ugalde et Weirthember, MM. Sainte-Foy et
Mocker, sans oublier M. Émile Perrin, jeune peintre
que la camaraderie républicaine a fait naguère directeur subventionné, ont aussi leur juste part dans ce
succès.

7 mai 1852. — Mme Desmousseaux, une artiste de

race, puisqu'elle était fille de Baptiste aîné, vient de donner sa représentation de retraite, après quarante ans de services à la Comédie-Française. C'était et ç'avait été toujours une duègne incomparable.

Son bénéfice a été brillant. M. Samson jouait le rôle de « Tartuffe », pour la première fois. Mais il n'a rien eu de fort remarquable. Tartuffe est d'un ronron assez facile, en somme, pour que tout le monde y soit passable, mais d'autant plus difficile pour une note vraie et nouvelle.

23 mai 1852. — Reprise de *la Surprise de l'amour.* Madeleine Brohan et moi, nous y avons de jolis rôles. Mais y a-t-il de vrais jolis rôles dans une pièce vraiment faible ?

Nous n'avons donc guère plus à y gagner que feu Marivaux.

6 juin 1852. — M. A. de Musset a prononcé son discours de réception à l'Académie. Enfin !...

Il avait de belles palmes vertes à son habit tout neuf, mais le discours était bien terne et décidément tout cela sied assez mal à *Mardoche.*

Pourquoi tenir tant à l'Académie, quand on est si fort au-dessus ? Mieux vaut ce que M. Houssaye appelle très justement le quarante et unième fauteuil.

20 juin 1852. — Ponsard vient de donner un *Ulysse* à la Comédie-Française, avec des chœurs de Gounod.

C'est Gounod qui a réussi.

Mais quoi! Le public aime mieux la sauce que le poisson, surtout quand on s'avise d'aller le pêcher dans l'Homère. Et pourtant quel admirable roman que l'*Odyssée* !

Mais en voilà un, Homère, qu'on accepte immortel de confiance... Combien, dans une salle, en ont lu deux cents lignes seulement, fût-ce dans Bitaubé ?

N'en est-il pas de même pour Shakespeare, quelquefois, jusque dans les feuilletonnistes, qui l'admirent à la toise. Et de Sophocle, donc, et d'Aristophane ?

Je me suis amusé l'autre jour, après un grand dîner chez Augustine, à faire bavarder Alexandre Dumas sur le théâtre grec... Quelle salade d'Eschyle et d'Euripide, mon doux Jésus ! Et quelle ignorance crasse sous cette outrecuidance de chic !

Après tout, qu'a-t-il besoin d'être érudit, puisqu'il est Alexandre Dumas?

5 septembre 1852. — Demain matin je pars pour une course probable en Suisse ou sur le Rhin, n'importe où. J'ai besoin de remuer et de changer d'air ; mes attaches à Paris me gênent aux entournures, et on n'a d'ailleurs pas besoin de moi au Théâtre en ce moment.

25 septembve 1852. — M. Arsène Houssaye, notre administrateur, pour bien affirmer ses tendances « Jeune France », avait dès l'abord ouvert nos coulisses et notre foyer aux peintres, aux poètes et aux journalistes de tout poil, à la bande de *l'Artiste* principalement, et nous avons le soir la société fré-

quente de MM. Fioupaux, Ricourt, Gaiffe, Faustin
Besson, Chaplin, Dumaresq, etc., etc... Banville et
Philoxène Boyer, couple presque inséparable, d'allure
confite et cocasse, aimables du reste, et bien élevés.

1er octobre 1852. — J'ai trente ans. Je n'ai plus que
dix années de jeunesse et d'intelligence active à mon
service. Il faut donc frapper juste et ferme, ou je reste
à perpétuité un homme de troisième plan.

J'ai conscience que l'affaire se décidera bientôt.

17 octobre 1852. — Le Prince-président, après son
voyage officiel d'un mois à travers la France, vient de
rentrer dans sa bonne ville de Paris.

Les seules choses à noter, c'est qu'à Bordeaux il a dit
ces mots lapidaires : L'Empire, c'est la paix ! — qu'à
Amboise, il a mis Abd-el-Kader en liberté (ça, c'est bien),
— et qu'à la gare d'Orléans, il a embrassé le vieux
roi Jérôme... et M. de Morny... L'heureuse famille !

J'ai aperçu le cortège traversant le jardin des Tuileries. Louis-Napoléon était en avant d'une manière
décente, au petit galop de chasse. Il avait un beau
cheval et monte bien.

23 octobre 1852. — Il y a eu hier, chez nous, représentation de gala : *Cinna* ou *la Clémence d'Auguste*
(en place du *Médecin malgré lui,* annoncé d'abord), *Il ne
faut jurer de rien,* où joue Mlle Théric (ceci cache un
mystère), et *l'Empire, c'est la paix,* cantate en vers, de
M. de Banville, je crois, dite par Mlle Rachel, toute la

troupe présente et Mlle Théric, en vedette, à droite, du côté de la loge Princière, avec sa belle couronne en toc des Contes de la Reine de Navarre.

Les blagueurs ont remarqué que l'ordre des titres sur l'affiche donnait l'assemblage suivant :

« *Cinna, l'Empire, c'est la paix! Il ne faut jurer de rien.* »

2 décembre 1852. — L'Empereur est Empereur. Le nouveau plébiscite du 21-22 novembre l'a confirmé avec 7 824 189 oui. Il n'a pas pu résister au vœu de la France, cet homme !

Toute la différence, en vérité, c'est que Saint-Arnaud, Magnan et Castellane sont nommés maréchaux de France, — il leur devait bien cela, — et que Louis-Napoléon signe désormais Napoléon III.

15 décembre 1852. — Ah ! la différence, la voilà encore : C'est que, comme son oncle (?) l'Empereur I, l'Empereur III va jouir d'une liste civile, officielle, de vingt-cinq millions, avec les biens et les diamants de la Couronne ;

Que la future impératrice aura un douaire, les princes de la famille impériale une dotation de un million cinq cent mille francs, et que M. Fould, juif rénégat, devient ministre de la maison de l'Empereur, notre ministre par conséquent, à nous autres, redevenus comédiens ordinaires de Sa Majesté.

3 janvier 1853. — J'ai joué depuis deux mois deux

rôles tout différents, qui m'ont fait assez d'honneur :
« Sir Frédérick Dumple », jeune premier comique élégant, dans une pièce en trois actes de Mélesville, *Sullivan*, comédie-vaudeville. Une scène de demi-ivresse a surtout été bien réussie, quoique difficile.

Puis, le 23 décembre, « le capitaine Beaudrille », un capitan-goujat, dans *le Cœur et la Dot*, de mon cher Félicien Mallefille, dont j'ai été heureux de servir l'œuvre honnête et vigoureuse, mais inégale.

Le type, bien qu'un peu de grosse fantaisie, a été arrangé assez adroitement par moi pour la poétique du parterre, ce qui, soit dit en passant, est surtout la grande vérité au théâtre.

Je viens d'être nommé membre du comité administratif et augmenté de mille francs ; ce qui me met à huit mille francs.

9 janvier 1853. — Hier, présenté chez M. le marquis de Custine pour assister à une lecture de M. Philarète Chasles, j'y ai dîné en compagnie fort aristocratique, et curieuse, polie, insolente, et bienveillante.

Le prince de Montécart, tête maigre et compassée, cravate blanche et raide, dix croix en brochette, entrepreneur de finesses école Talleyrand, racontait ce mot que lui avait dit M. de Metternich : « Mettez devant vous subitement une femme toute nue, qu'est-ce qu'elle songera d'abord à cacher?

Je n'ai pas à le dire... Mais sûrement l'endroit d'elle-même qu'elle croira défectueux » !

13 janvier 1853. — L'autre jour un ukase ministériel avait prescrit dans tous les théâtres subventionnés l'abolition absolue de la claque.

Si c'est chose possible, entre les vanités d'une part, et l'intérêt de l'autre, la mesure est bonne, et certes l'intention du moins, — quoique plusieurs de mes collègues ne craignent pas d'affirmer que le public a besoin de ce stimulant, et que c'est d'ailleurs un repos et un point d'orgue nécessaire.

Mais voilà que ce soir, l'Empereur, venant au théâtre, est entré dans sa loge sans qu'un seul vivat se soit élevé du parterre.

Ah! quel four, mes amis!... La claque était rétablie du coup.

25 janvier 1853. — Dans la scène première de *l'Impromptu de Versailles*, Molière dit, d'une façon curieuse et compétente, sa pensée sur les imitations théâtrales; et de son temps déjà, il avait réduit ce badinage à sa juste valeur : « Un trait adroitement grossi de certains défauts d'un artiste connu, dans quelque partie d'un de ses rôles. »

Or, chose à remarquer, les imitateurs professionnels sont en général des exécutants d'ordre inférieur. Autrement, que leur coûterait-il d'imiter de pied en cap leurs modèles jusqu'au succès final?

« Parfait! mon jeune ami, je me reconnais presque, disait le vieux tragédien Lafon. Pourquoi ne joues-tu donc pas ainsi, quand tu joues pour ton compte? »

Il est pourtant une imitation plus pénétrante, plus large, beaucoup plus rare, celle-là, qui enveloppe un original entier pour le transporter au théâtre, en l'incorporant au personnage à représenter.

Pour ma part, j'en ai fait récemment la preuve dans le sir Frédérick Dumple, de *Sullivan*, avec un décalque presque trop frappant, de M. A. de M... dont Augier et Decourcelle s'amusaient tant ensuite à me faire continuer indéfiniment à la ville la charge improvisée, façons, tics, voix, langage et jusqu'au tour d'esprit, oui, jusque-là, si outrecuidant qu'il semble, à moi, de le dire.

Rien ne me serait-il plus facile aussi que d'être Prudhomme, tant que je le voudrais, aussi bien que Prudhomme lui-même, qui me disait si drôlement l'autre jour : « Ah çà ! tu m'imites mieux que moi-même. »

Quant à Frédérick Lemaître, j'en userais parfois bien volontiers en scène, dame ! car je le tiens à miracle. Mais comment démarquer suffisamment pour mon profit de comédien un type encore si connu de tout Paris ?

Et puis, en résumé, ce genre même d'imitation, amusant par boutades, n'étant que du prestige et du faux art,... le plus sûr de beaucoup, et le plus digne, est de s'évertuer à tirer tout de son propre fonds, en incarnant au mieux possible le rêve du poète, avec le sien.

En fait d'imitation théâtrale, le mieux est d'être imité.

1ᵉʳ février 1853. —Cette nuit, je dormais du sommeil agité que donne le café quand on n'en a plus l'habitude. Or, le soir même j'avais entendu de la musique de

Membrée, et refait un tas de vers de pacotille, sur des monstres mélodiques à sa façon. Rentré chez moi, l'oreille pleine encore d'harmonies confuses, moitié veille, moitié songe, je mis sur un air, fort distinct alors pour moi, et longtemps, longtemps, des paroles qui m'enchantaient... Et le plus étonnant, c'est que ce matin, à mon réveil, je me les rappelle et puis les écrire presque couramment. Les voici :

Hachisch

J'ai rêvé! mon rêve était hirondelle...
Fuyant la bise, et la neige, et l'hiver,
J'ai traversé la campagne et la mer...
Libre toujours, et cependant fidèle.
Voici venir les fleurs et les longs jours;
Hôte attendu des enfants et du maître,
A l'angle aimé de la même fenêtre
J'ai retrouvé mon nid et mes amours.
    Libre exilée,
  Et par monts et par vaux
    Je suis allée
Vers des printemps nouveaux.

J'ai rêvé. Mon rêve était demoiselle...
Ailes de gaze et corselet changeant,
Sur l'eau sans plis de ce beau lac d'argent
Mon vol brisé s'élance et se morcèle...
Sous le soleil et ses chaudes torpeurs
On sent dormir et soupirer la terre...
Seule je bouge en ce lieu solitaire,
Goutte d'azur flottant dans les vapeurs...
    Chimère ailée,
  Demoiselle des eaux,
    Prends ta volée,
A travers les roseaux.

J'ai rêvé : Mon rêve était étincelle...
Tourbillonnant en folle, chaque soir,
Avec mes sœurs, au fond de l'âtre noir...
Mais tout à coup deux feux viennent s'unir
Me réveillant du sommeil magnétique...
Et me voilà étincelle électrique,
Fille du ciel, reine de l'avenir.
        Subtile flamme
     Qui glisses dans les airs,
     N'es-tu pas l'âme...
     L'âme de l'univers?

Et comme elles allaient bien avec l'air !

Malheureusement, je ne puis en écrire la musique, et la mélodie en reste perdue pour mes derniers neveux.

18 février 1853. — On vient de jouer *Lady Tartuffe,* une comédie —est-ce bien une comédie? — de Mme E. de Girardin. En tout cas l'œuvre est touffue et méritoire pour une femme qui n'avait encore donné chez nous que *Judith* et *Cléopâtre,* deux tragédies assez enfantinement ambitieuses.

Mais enfin, Mme de Girardin est aussi l'être éminemment spirituel et parisien qui s'appelle le vicomte de Launay, et elle devait arriver à quelque peinture vraie ou tout au moins spécieuse de la vie d'à présent, de la vie féminine surtout; c'est ce qui a lieu dans plusieurs parties, quand elles ne sont pas un peu trop poussées au noir.

La scène-récit de la jeune fille, au quatrième acte, par exemple, est vraiment excellente, et a mis en lumière une toute jeune débutante, Mlle Émilie Dubois, qui a de rares qualités de grâce et d'ingénuité.

La pièce est d'ailleurs montée, pour cette maréchale du journalisme, avec tous les égards réclamés par la Presse, et notre tête de troupe ne s'y est point marchandée, à commencer par Mlle Rachel, puis Mme Allan, MM. Samson, Régnier, etc., etc.

Mais on a beau dire, et chanter victoire dans les feuilletons, — parbleu! — au fond de mon âme, je ne crois pourtant pas que cela aille bien loin.

6 mars 1853. — Je crois qu'il en ira tout autrement pour le succès, à l'Odéon, de *l'Honneur et l'Argent*, comédie, oui, comédie en cinq actes, en vers, de mon ami Ponsard, que notre nouveau comité hybride de lecture avait eu la sottise de recevoir à peine à correction. Il y a un second acte surtout et un quatrième, véritablement enlevants. Puis la pièce est bien jouée. Ce triomphe nous tape en plein sur le nez, et c'est justice.

8 mars 1853. — M. Bayard est mort subitement dans une fête qu'il donnait chez lui.

L'auteur du *Mari à la campagne*, du *Gamin de Paris*, de *Mathias l'invalide*, etc., etc., était sûrement, avec MM. Mélesville et Dumanoir, un des meilleurs lieutenants de la division Scribe et Cie. Il savait admirablement le théâtre, et, comme mouvement scénique, il valait au moins le maître.

Mais sa forme et son style étaient encore plus imparfaits.

Voilà pourquoi l'école dite littéraire, qui ne sait pas le premier mot de notre art, qui n'en parle qu'avec

d'autant plus d'aplomb, nie tout à trac les dramaturges et exècre leurs succès.

Le jeune Gaiffe ne disait-il pas dans son dernier
feuilleton :

« Quand M. Scribe donnera-t-il donc son bal ? »

Les haines politiques ne baveraient pas mieux.

20 mars 1853. — C'est une chose digne de remarque qu'il m'ait fallu arriver jusqu'à trente ans,
pour commencer à prendre une maîtresse au sérieux
et ne plus la regarder, ce que jusque-là j'avais fait
avec une inconscience absolue, comme une femelle
tout simplement, et un être tellement au-dessous de
l'homme, que sa personnalité m'échappait. Des égards,
des soins, des prévenances, je n'y avais jamais songé
vraiment au delà de ce qui touchait la stricte délica-
tesse, et je n'en voulais pas autre chose que la satisfaction de mon saint égoïsme. En un mot, j'étais Turc
là-dessus, mais d'une turquerie...

Je m'aperçois que ma vue et ma sensibilité changent
un peu de ce côté...

Et cependant quelles autres femmes pour nous
autres, que de galanterie courante? Et laquelle ai-je
prise, en conscience? Je suis bien trop timide pour cela.

C'est elles qui m'ont pris. Il n'y a pas de fatuité
là dedans. Oui, elles. Voilà le vrai, l'inexplicable...
mais le vrai. Et j'en arriverais aujourd'hui à chercher
dans ma maîtresse une valeur personnelle, en dehors
de la beauté, et à rêver de lui donner mon dévouement en échange !... Se dévouer? Fort bien, si elle en
est digne, tout à fait digne... Mais, mais.., ne nous
emballons point !...

1er avril 1853. — Nous avons joué ce soir la première représentation de *les Lundis de Madame*, espèce de proverbe à observation un peu petite, de feu M. Allard, le directeur des télégraphes. La pièce, arrangée par M. Gozlan, a marché sans encombre, mais c'est tout. J'avais le rôle d'*Un monsieur* qui reste là tout le temps sans autre chose que bredouiller dogmatiquement quelques monosyllabes, et c'était fort difficile, mais j'ai réussi.

« Ce type... où donc? » me disait aux répétitions M. Gozlan, roulant ses yeux. « Étonnant : Comme ça, de chic?... Très étonnant!... Ai vu ça... quelque part... »

Parbleu ! C'était lui.

Philiberte, trois actes en vers charmants, d'Augier, a réussi pleinement au Gymnase, la semaine dernière, sans avoir même daigné, celle-là, passer sous les fourches caudines de notre Comité. Et elle est bien jouée, très bien, par Mlle Rose Chéri. Ah ! la Comédie-Française s'obstine à une série noire.

24 avril 1853. — M. Samson vient de donner avec éclat sa représentation de retraite.

En dehors des étoiles de l'intermède obligé, Mlle Rachel, son élève, Mme Plessy-Arnould, son autre élève, ingrate pardonnée, y jouaient *les Fausses confidences*. Et elle est encore en Russie... Mais sa présence soudaine, et son succès dans Araminthe, font subodorer qu'elle ne tardera guère à être de retour chez nous, par ordre.

Ce serait absurde comme discipline. Le beau scrupule au surplus, si c'était une bonne affaire. Nous ne sommes pas à cela près.

1er mai 1853. — Si le Ministre et sa division des Beaux-Arts continuent à se mêler de nos affaires intérieures, nous sommes fichus. Ne voilà-t-il pas qu'on parle de jouer trente fois par an le répertoire de Casimir Delavigne?

C'est stupide. Pourquoi ne pas s'en fier tout bonnement pour l'opportunité des spectacles, car tout est là en matière d'affiche, à l'administrateur? A l'avertisseur au besoin, qui bien mieux qu'un directeur des Beaux-Arts de rencontre, aurait le tact et le doigté de la chose?

A propos d'avertisseur, nous venons d'accorder la retraite au nôtre, à Marquet, l'ancien suisse à hallebarde, chargé jadis de faire retirer le chapeau aux visiteurs dans les coulisses, et qui avait su, en exploitant la paresse et la vanité des comédiens, se créer petit à petit un emploi de cantonade qui ne périra plus.

C'était d'ailleurs un type étrange, et très fin à l'occasion :

— Allons, messieurs, pour la belle entrée!...

C'était la dernière scène.

20 mai 1853. — Le congé annuel de M. Régnier vient de me faire jouer *le Mari à la campagne*, que j'ai indignement et platement raté à ma première représentation. Le rôle semble pourtant fait pour moi; je l'ai joué jadis avec succès, et devrais le bien jouer, le mieux jouer encore.

Alors quoi? Un peu de paresse peut-être!

22 mai 1853. — Cette fois on a transféré l'exposi-
tion des Beaux-Arts aux Menus-Plaisirs (faubourg
Poissonnière). Pourquoi? Ah! c'est qu'on a eu besoin
du Palais-Royal pour l'installation des Jérôme (de
Westphalie). Mais on continue à creuser au Carré
Marigny pour les fondations du Palais des Arts.

A noter : Un *Baiser de Judas,* de notre ami Hébert;
le *Marché aux chevaux,* de Mlle Rosa Bonheur, remarquable pour une femme. Parmi mes camarades de
l'atelier Fleurus, Hamon obtient un grand succès grâce
à *Ma sœur n'y est pas,* et Gérôme un rang plus qu'honorable avec sa *Frise de l'Exposition universelle,* pour
un vase de Sèvres.

Les Moissonneurs, de Millet, tableau sincère et vrai,
trop vrai même pour le gros public.

Quant aux *Baigneuses,* de Courbet, c'est, quoique
peint avec une réelle puissance, le comble du naturalisme cocasse, et cela ne devrait-il pas s'appeler
plutôt : Avant le bain?

Meissonier — le capitaine des petits maîtres — y va
cette fois encore d'un très fin *Liseur.*

Je ne veux parler que pour mémoire de la *Danse
dans une posada,* de notre ami E. Giraud, de la bande
Dumas et Cⁱᵉ, qui n'est jamais plus artiste que dans
ses croquis lavés, quelquefois pour une simple indi-
cation de costume au théâtre.

J'allais oublier, à tort, deux paysages d'une profonde
impression : *Vallée de la Touque,* de M. Troyon, et
surtout l'*Étang de Gylieu,* par Daubigny. Quel calme,
et quelle transparence!

Un dessin, très bien exécuté par Bida, *Un Convoi de
recrues* (Égypte). Ce crayon-là vaut un pinceau.

Rien ne m'a réellement frappé dans les sculptures.

1ᵉʳ juin 1853. — Un bon pendant à la *Messe de l'Athée*, si Balzac était encore de ce monde.

L'autre matin, allant à la chapelle que Gérôme achève de peindre au cul-de-four de Saint-Séverin, j'ai aperçu dans le demi-jour de l'église déserte un monsieur priant près d'un pilier et qu'il me sembla vaguement reconnaître... Mais c'était si invraisemblable.

Je le dis pourtant à Gérôme, et une demi-heure après, descendant tous deux pour déjeuner chez quelque marchand de vin du voisinage, nous vîmes le même fidèle perdu dans sa prière?...

Or, c'était bien Nestor Roqueplan!... Le cynisme a de ces retours, et la foi de ces surprises.

Les convulsionnaires de Saint-Médard et le banquet de Mesmer du dernier siècle sont remplacés depuis trois mois par la table tournante et les esprits frappeurs, comme ils avaient remplacé jadis la magie, l'alchimie, les envoûtements, etc...

On ne voit plus que des tables tournantes. Les tables dessinent, les tables écrivent, les tables répondent... En fait de superstition et d'émulation gobeuse, on n'épuisera jamais le fond de la bêtise humaine.

Le gyroscope et les merveilleuses trouvailles de M. Foucault; une loi de la nature, on n'y pense seulement pas! La physique amusante, à la bonne heure ! Voilà le sérieux. C'est à la portée de toutes les classes et de toutes les intelligences.

Il y a du reste une série d'êtres pour croire au surnaturel comme une autre pour échafauder l'impossible. Je ne serais pas éloigné de penser que c'est quelquefois les mêmes, et que certains magnétiseurs et somnambulisants ont dû adopter le Phalanstère, l'Icarie et le Mormonisme. La logique de l'absurde, quoi! Et la superstition est plus vivace que la foi.

Après tout, pour être juste, peut-on rien nier absolument? Pourquoi ne croirait-on pas de Dieu ce qu'on croit de Robert Houdin?

29 juin 1853. — Seul de tout l'Institut, M. Mérimée vient d'être nommé sénateur, par décret. Ce serait donc vrai décidément que, vers la fin de la Restauration, on l'a appelé Prosper?

19 juillet 1853. — Je viens d'obtenir un mois de congé et peut-être saurai-je ensuite prolonger un peu la chose, car j'ai besoin d'une longue absence.

Mon cœur est triste, triste.

Et puis il s'agit de rompre avec ces deux années furtives et combattues. Cette vie en double, à côté, jour par jour, heure par heure, dans la même boutique, avec les mêmes tiraillements, sans confiance réciproque, sans avenir possible... Je n'en veux plus.

D'ailleurs, une chaîne de bagne brisée ne fait-elle pas deux délivrances?

Demain donc, avec Gérôme, je pars pour l'Allemagne, la Russie et l'Orient...

13 septembre 1853. — Voilà ma course finie, et dans des conditions excellentes. Gérôme a été un compagnon parfait. Si, comme je l'espère, il est du même avis sur mon compte, nous en demeurerons sûrement amis pour la vie.

D'autre part, ce que je fuyais se dérobait en même temps de son côté. Étrange sympathie!... Mais quoi désirer de mieux? Et j'ai retrouvé tout le reste comme je l'avais laissé. Le Théâtre-Français, les camarades, mes parents avant tout, Dieu merci.

Et là, à gauche de mes fenêtres, je vois le Louvre sorti de terre, la nouvelle rue de Rivoli qu'on bâtit, l'école des Beaux-Arts, de l'autre côté du quai... Et le 15 août, on a inauguré le tombeau de Napoléon Ier aux Invalides.

La politique intérieure est muette toujours, mais, en revanche, les affaires du dehors tendent à s'embrouiller, paraît-il.

20 septembre 1853. — Les notes de voyage que j'avais prises en courant n'étaient guère que la seule impression de mes yeux à peu près fixée, car je n'ai vraiment fait que voir, et en dehors de ma bonne foi tout peut être sujet à caution. Je voulais donc les mettre en ordre et les arranger à mon retour, mais j'y renonce; car je viens de lire *Constantinople* par Théophile Gautier. Ce que je pourrais dire y est dit, beaucoup plus même, et surtout mieux.

Seulement, où il admire, un peu quand même, à mon avis, il m'est arrivé quelquefois de hausser un tantinet les épaules. Mais il est certain qu'une simple course comme celle-là a pour effet immédiat de vous élargir et de vous redresser bien des idées, principalement en matière d'art.

Armes, tapis, bijoux, harnais, costumes, nous n'avons rien vu à Constantinople de si beau que le choix qu'on en transporte à Paris.

Et le Palais même du Sultan, le vieux Sérail, — je
ne parle pas du nouveau, dont s'est chargé notre ami
Dieterle, — oui, le vrai Sérail est orné en partie à la
mode européenne, et garni par exemple d'un lot tout
entier de pendules d'acajou et d'albâtre, à colonnes ou
à musique, dont on ne voudrait plus chez nos portières.

26 septembre 1853. — Depuis mon retour je vis
volontairement dans la solitude la plus complète.
Comme je ne répète point et joue assez peu, je reste
chez moi à lire et à écrire; et après avoir passé ma
soirée dans deux ou trois théâtres, pour me remettre
sur ce point au courant de toutes choses comme métier, je rentre vers minuit.

Voilà ma vie; et je ne veux plus en changer sciemment pour n'importe quelle sotte rosse, qui me
dégoûte et m'embête par avance.

Mais j'ai le sentiment étrange que je vieillis. Je crois
que c'est la première révolte de mon isolement qui me
travaille. Et, en effet, quand la vie vers trente ans se
classe ou se ralentit, et qu'on ne traverse plus le
monde avec sa jeunesse tourbillonnante et égoïste,
le besoin de se rattacher à quoi que ce soit pour
l'avenir vous prend, le besoin sérieux et fatal de l'existence, le besoin d'un devoir...

1ᵉʳ octobre 1853. — Quoi de plus triste, de plus
désillusionnant que de relire en tas d'anciennes lettres
de femmes?...

Tant de paroles, tant de sentiments, si vifs, si palpi-
tants alors, et qui sont si bien morts aujourd'hui...,

quand ils ne vous font pas rire... ce qui est plus lugubre encore.

On a bien raison de brûler tout cela.

A ce propos, Jeanne X..., la plus jolie certes du trio de grisettes qui figuraient l'autre année dans *Roger Bontemps*, au Vaudeville, s'est empoisonnée dernièrement à Bruxelles.

On s'empressait autour d'elle... On n'y comprenait rien... si jeune... si courue. Pourquoi mourir?

— Parce que la vie, c'est toujours la même chose, répondit-elle.

2 octobre 1853. — Bressant, qu'un engagement brillant allait rappeler du Gymnase en Russie, est retenu en France par un ukase de la façon de notre ministre à nous. Et il entrera sociétaire à part entière dans quelques mois. On a eu beau dire au Comité ! C'est un comédien aimable et plein de charme, bon compagnon d'ailleurs, et l'affaire pourra être avantageuse pour la Comédie-Française comme pour lui. Ce n'en est pas moins un précédent déplorable. Quand la porte s'ouvre officiellement à la faveur, tous les abus du monde ne tardent guère à y passer.

Et voilà déjà Mlle Rachel qui part pour Saint-Pétersbourg avec un congé de six mois ! Elle avait eu l'aplomb de demander une année. Six mois, c'est déjà excessif; mais juive et femme, ne saura-t-elle pas se faire accorder en haut lieu le reste quelque jour ?

9 octobre 1853. — Une des critiques les plus couramment faites contre la Comédie-Française était celle des décors et de la mise en scène, dont la tradition des pièces de répertoire autorisait jadis pleinement la simplicité. Le mouvement moderne et pittoresque venu du dehors, avec le romantisme et la fantaisie, nous a envahis par degrés, et la réforme de ce côté devient sérieuse et louable au fond.

Une autre critique s'adressait à notre musique; quand on avait dit en pouffant de rire : « L'orchestre du Théâtre-Français! » on avait tout dit. Et c'était un peu justice.

M. Arsène Houssaye s'est donc aussi préoccupé d'améliorer ce service, et dans ce but, il a donné un peu au hasard l'entreprise et la direction à un juif de Cologne, espèce d'original, qui pour se mettre à la mode dans la petite bohème de Paris, ne recule pas devant l'étrange réclame d'avoir le mauvais œil, Jacques Offenbach, violoncelliste et compositeur, joueur comme les cartes, garçon d'esprit, bouffon, et père d'une chiaulée d'enfants, que sa femme, un ange gardien, une Égérie, élève admirablement et chrétiennement, en dépit de la misère et de tout, dans un sombre entresol du passage Saulnier.

Je connais bien la maison.

11 novembre 1853. — Je viens de créer « Brillac » dans *Une Journée d'Agrippa*. Je voulais gagner un peu de notoriété avec un grand rôle dans une bonne pièce, un peu de moi. Je visais un coup double, mais tout a fait long feu.

Il y avait pourtant des situations et sûrement de bons vers.

Mais il faut convenir que l'ouvrage a été assez pauvrement joué par trois des principaux interprètes.
Que vouliez-vous qu'il fît?...

24 novembre 1853. — Alexandre Dumas fils vient
de donner au théâtre du Gymnase sa seconde pièce,
Diane de Lys, et cela est encore un grand succès. Quel
veinard!... Même avec le réel talent qu'il a.

Maintenant, est-ce aussi intéressant que *la Dame aux
Camélias?* Non, peut-être. Beaucoup moins, à coup sûr.
Mais les deux premiers actes sont vrais ; Taupin sur-
tout, le raté, y est puissamment pris sur nature.

Et l'ouvrage est bien joué.

Bressant, notre prochain collègue, y rachète un rôle
assez fade par une pirouette magistrale au moment
du coup de pistolet. C'est plus commode que de jouer
Alceste, mon bel ami!

1ᵉʳ décembre 1853. — On a représenté à la Gaîté une
sorte de mélodrame militaire de mon camarade Arnault,
destiné à faire attendre quelques jours un grand ouvrage monté avec Frédérick Lemaître.

Et il se trouve que *les Cosaques* vont faire toute la
saison. C'est naïf et chauvin en diable... Mais les
bruits de guerre avec la Russie sont tellement en
l'air..., et le public est si gobeur même autre part
qu'au boulevard du Temple!

Qui jamais pourra dire ce qu'il est capable d'avaler?

31 décembre 1853. — J'ai enfin eu dans *la Pierre de*

touche de MM. Sandeau et E. Augier, il y a huit jours, un vif succès d'artiste, et dans un rôle excellent. Malheureusement, à côté de parties d'une valeur comique et d'élévation incontestables, il y en a quelques autres languissantes ou même fausses, selon la poétique poncive du public qui se soucie fort peu de la vérité philosophique et n'est prenable en masse que par les gros sentiments de tous les jours.

Mais enfin, j'aurai, moi, tiré mon épingle du jeu.

Jusqu'ici j'étais un zéro plus ou moins bien placé; maintenant je passe à l'état d'unité.

Vers le commencement du printemps, Augier et Sandeau s'étaient installés près de Saint-Germain-en-Laye, à Fourqueux, dans une maison de campagne, pour y travailler ensemble de pied ferme, à deux pièces : *l'Héritier du Comte* et *la Revanche de Georges Dandin.*

C'est *l'Héritier du Comte,* en cinq actes, qui vient de tomber à peu près à la Comédie-Française, sous le titre longtemps cherché par nous deux Foussier, de *la Pierre de touche.*

Et les quatre actes de *la Revanche de Georges Dandin,* qui s'appelle aujourd'hui *le Gendre de M. Poirier,* iront peut-être réussir dans quelques semaines au Gymnase, où l'on en commence les répétitions.

A propos de cette dernière pièce, un détail assez drôle.

Les auteurs, pour aller plus vite en besogne, s'étaient distribué chacun leur part de scénario à exécuter. Or, un matin que j'étais allé à Fourqueux, Augier me lut ses deux premiers actes pendant que Sandeau, toujours un peu lent et paresseux, à ce qu'il me disait (Augier), était en train d'achever là-haut les deux autres. Cette lecture finie, nous sommes montés dans la chambre de Sandeau, qui fumait tranquillement sa pipe.

— Eh bien! vieux, lui dit Augier, l'ami Got est très content de ce qu'il vient d'entendre. Ne le laissons pas le bec en l'air... Lisez-lui donc vos deux derniers actes. Je serai bien aise de les entendre aussi.

— Mais... C'est qu'ils ne sont pas tout à fait sur pied... répond Sandeau.

— Bah! qu'est-ce que cela fait!... Lisez, lisez quand même!...

Sandeau résiste encore avec douceur :

— Non... j'ai ma coquetterie... c'est trop du négligé...

Bref, les deux superbes cahiers, chacun avec son en-tête en belle ronde : Troisième acte.,. Quatrième acte, étaient encore tout blancs sur la table près de l'écritoire!

10 février 1854. — Bressant vient de débuter, — non, — d'entrer à la Comédie-Française et d'y réussir même, bien que l'effet ait été anodin, en somme. Il a toujours l'air de répéter généralement. Mais ce n'en est pas moins une excellente et sympathique recrue.

3 mars 1854. — La Comédie-Française a joué remarquablement une remarquable pièce de Mme de Girardin : *la Joie fait peur.*

Elle était en trois actes avant la lecture, avec un

rôle destiné à Mlle Rachel; elle n'est plus qu'en un acte à la représentation.

MM. Régnier et Delaunay, Mmes Allan, Dubois et Fix ont largement contribué à ce légitime succès. M. Régnier surtout.

11 avril 1854. — Le Gendre de M. Poirier a brillamment et justement réussi l'autre soir au Gymnase, comme je le pensais, plus même que je ne l'avais pensé; tant certains détails presque insignifiants à la lecture peuvent venir en relief à la scène quand ils sont bien rendus !

Témoin un petit vaudeville aimable, mais ordinaire en somme, *les Erreurs du bel âge*, qui depuis le mois dernier fait fureur aux Variétés, joué qu'il est à miracle par MM. Arnal et Numa.

En revanche, j'assistais hier, à l'Odéon, à l'égorgement de trois actes en vers, *la Taverne des Étudiants*, œuvre de début d'un tout jeune homme, étrangement vivace et doué, fils d'un marchand de soupe du quartier des Écoles. Il a eu peur d'attendre et s'est décidé pour l'Odéon avec une distribution pressée (Sardou).

Pourra-t-il maintenant se relever d'une pareille chute, tout injuste qu'elle soit et n'en restera-t-il point découragé du coup? Ce serait dommage.

Mais voilà le danger des exécutions à mort.

19 avril 1854. — Ch. Landelle avait fait apporter dans notre foyer, vers la fin de février, avant de l'envoyer à l'Exposition, un agréable portrait de Mlle Fix.

M. Alfred de Musset, après l'avoir attentivement regardé, me dit :

— Vous allez beaucoup dans les ateliers; quel est le peintre de votre connaissance qui voudrait faire mon portrait?

— Tous, répondis-je.

— Lequel me conseilleriez-vous?

— Gérôme, Cabanel, Amaury-Duval, Hébert, G. Moreau, Chassériau...

Et après chaque nom, il faisait la moue.

— Mais celui qui a fait cela, Mlle Fix?

— Landelle? Je le connais... Il sera ravi. Seulement est-il de la force des autres?

— C'est égal! Voulez-vous lui en parler?

— Très volontiers.

Bref la commission fut faite, la chose convenue et un mois se passe.

Jeudi dernier Landelle m'écrit que je vienne voir le tout terminé, à son atelier de Chaillot, près de la barrière des Batailles. Le lendemain, au foyer, M. de Musset, l'œil un peu vague ce soir-là, me dit :

— Vous êtes allé voir mon portrait. Comment le trouvez-vous?

— Très bien... Peut-être un peu embellâtré... Mais très bien...

— Oui... Vous n'aimez pas cette peinture-là... vous!

Et il termine d'un ton sérieux et mauvais :

— Eh bien! c'est comme cela que je veux être vu, moi!

O poète! O postérité!

20 juin 1854. — Le Songe d'une Nuit d'hiver, deux actes en prose, de M. Édouard Plouvier. Cela se passe dans une Venise de fantaisie, avec pas mal de prétention en dessous, mais pauvreteux, et joué sans grande foi par Augustine Brohan, Bâche, une espèce de Pierrot en habit noir, émigré pour quelque temps du Vaudeville, et moi-même, hélas!

Je n'en parlerais probablement point sans ce fait à côté que l'auteur, bohème endurci, sous des apparences aimables, m'écrivait il y a six semaines une longue lettre, fort bien tournée, ma foi! beaucoup mieux que sa pièce, et qu'il terminait, après un récit navrant, par la demande de quelques louis.

Or, j'ai récemment appris par plusieurs collègues en compassion que ladite lettre était une circulaire. Quel bizarre plaisir faut-il donc qu'on trouve dans cette chasse à la pièce de cent sous? Plouvier aurait fait sa lettre en nouvelle, pour une revue, qu'il en aurait à coup sûr tiré honorablement un prix égal, sinon supérieur.

Mais non! Il n'aurait pas eu l'indicible joie pour lui de la carotte tirée!

16 juillet 1854. — La pauvre Rebecca, l'une des sœurs cadettes de Mlle Rachel, est morte de la poitrine, le 1er juillet, à l'âge de vingt-cinq ans. Elle avait pour le théâtre certaines qualités inhérentes à la famille Félix, avec plus de sensibilité réelle.

Devant cette place vide on a rassemblé vite un comité, où se sont produites les candidatures de Mlles Fix et Favart.

Pour Mlle Favart, bien qu'elle offre de sérieuses espérances, la chose m'a semblé prématurée.

Mais ma sympathie personnelle pour Mlle Fix me portait à lui donner ma voix, qui se trouve valable en l'absence de M. Samson, puisque je suis premier juge suppléant.

D'autre part, ma conviction sincère étant que cette jeune femme, toute charmante qu'elle soit, n'en a pour cela même que pour quelques bonnes années, j'ai opiné qu'on lui donnât des appointements exceptionnels, mais sans engager l'avenir pour dix ans, et même pour vingt sans doute, car on dirait vraiment qu'il devient plus difficile, surtout aux artistes femmes, de sortir de la Comédie-Française que d'y entrer.

Et malgré l'appui déclaré du ministre, M. Fould, Mlle Fix n'a pas obtenu la majorité de voix nécessaire.

Mais voilà qu'avant-hier soir, au foyer, M. Camille Doucet, en cravate blanche, m'a pris à part pour me dire officieusement qu'on allait le lendemain rassembler de nouveau le comité, et que si je ne modifiais pas mon vote, le ministre avait décidé que mon vote ne compterait pas.

— Eh bien ! ai-je répondu à M. Doucet, en qualité de directeur des Beaux-Arts, vous êtes tout porté pour annoncer officiellement à M. Fould que je donne dès à présent ma démission de membre du comité.

Bon débarras, au fond ! car on n'est presque jamais convoqué que pour des besognes pénibles, soit envers les auteurs, soit envers les camarades.

Il va sans dire que le lendemain Mlles Fix et Favart ont été reçues sociétaires.

20 juillet 1854. — On a toujours permis à l'Odéon de fermer l'été, sous prétexte de vacances des écoles. Mais l'Opéra lui-même, subventionné comme il est, ferme maintenant avec permission de l'autorité. Ah !

elle va bien, l'autorité! Et le Théâtre-Lyrique ferme aussi. Le Vaudeville et le Cirque viennent d'en faire autant; il est probable que tous les théâtres de Paris suivront cet exemple comme de simples théâtres de province.

L'occasion est trop belle de payer à demi-solde, ou même de ne pas payer du tout, les artistes pendant deux ou trois mois.

1er octobre 1854. — Avec quel intérêt passionné je suis depuis cinq mois notre armée d'Orient, sur la flotte d'abord, au Pirée, dans les Dardanelles, à Scutari, Bourgas, Varna, avec ses souffrances dans la Dobrutscha pour l'entrée en campagne, l'inconnu, la peste, les incendies, toutes les misères, dans ces beaux pays que j'ai encore au fond du regard !

La flamme troupière m'a repris tout entier. Chaque matin j'attends et j'ouvre fiévreusement le *Journal officiel*.

8 octobre 1854. — Quelle scie ! Se remettre à trimer sur des répétitions pour un méchant rôle dans une longue comédie de M. Mazères, *la Niaise,* qui fait littérairement l'effet d'une gravure de mode de 1825 à des yeux d'aujourd'hui.

Rien n'est plus vieux que le chic d'antan. A preuve, M. Mazères en personne, ancien beau, duelliste politique, collaborateur par intimidation, ex-préfet, et candidat non moins perpétuel à l'Académie que M. Casimir Bonjour.

Quand la vie et la mort dialoguent là-bas à coups

de canon, allez donc prêter l'oreille aux répliques de
M. de Bréchetanne et de M. de Salbry!

19 octobre 1854. — Depuis 1852, Mlle Rachel avait
demandé et fait recevoir aux Français une *Médée,* de
M. Legouvé. Et voilà qu'après avoir reporté la chose
de délais en délais, revenant de Saint-Pétersbourg,
elle refuse nettement de la jouer! Mais M. Legouvé est
un habile qui ne renonce pas facilement à ses alexan-
drins, outre qu'il est dans son droit, d'où procès
d'abord. Que Mlle Rachel y prenne garde. Elle finira
par lasser sa veine. Mettre les auteurs contre soi, c'est
tenter le diable, et le diable est malin.

La Russie fait donc tourner la tête à tout le monde !

19 novembre 1854. — Les Russes avaient été repous-
sés en octobre par les Anglais, à Balaklava. Ils viennent d'avoir leur armée de secours écrasée par nous à
Inkermann. Je croyais que c'était fait ainsi de la Cri-
mée, ou du moins de Sébastopol, et pas du tout! Sébastopol tient plus que jamais.

Nous raisonnions de cela tout à l'heure anxieuse-
ment chez moi avec un de mes jeunes camarades de
pension, ex-normalien retour de l'école d'Athènes, à
présent lancé dans la haute presse et qui a fait un
livre très alerte et distingué, une sorte de pamphlet,
dans le bon sens du mot, sur « la Grèce contempo-
raine ».

Il connaît donc mieux que moi sûrement un des
côtés de la question et cette question d'Orient, sans
doute.

— On n'envahit pas la Russie, me disait-il, comme
Raousset Boulbon le Mexique, par un coup de flibustier. On n'entrera dans Sébastopol, vois-tu, que par
des parallèles et des chemins couverts... si l'on y
entre. Et Totleben a l'air de s'entendre à la terrasse
tout aussi bien que nous.

— Soit! mon cher About, mais j'avais rêvé plus chevaleresquement les choses, et c'est dur, conviens-en,
de s'en aller par bateaux à huit cents lieues, assiéger
tous les Russes, les uns après les autres, s'ils le veulent, chez eux, l'hiver, derrière leur mur, dans leur
garenne...

— D'où je conclus, répondit-il, que Raton avait décidément tort de tirer les marrons du feu.

31 janvier 1855. — On a trouvé Gérard de Nerval
pendu à une grille obscène de la rue de la Lanterne...

M. Mallefille me disait en voyant la chose : « Pauvre
Gérard! Il avait toujours vécu dans un rêve. Son
corps le gênait... Il l'aura accroché là! »

C'était sinistre. Gustave Doré a fait là-dessus une de
ses plus belles improvisations au fusain.

8 mars 1855. — Tout à coup la mort de l'empereur
Nicolas! N'y a-t-il pas quelque chose là-dessous? Cette
Russie est encore si tartare au fond !

Que va faire Alexandre II, le nouvel empereur, à
titre de joyeux avènement?

En tout cas, la chose ne peut être mauvaise pour
nous, puisqu'elle ne peut être pire.

11 mars 1855. — Depuis un mois j'étais tenu par les répétitions journalières d'une pièce en trois actes, *les Jeunes Gens*, de M. Léon Laya, le plus consciencieux homme du monde, mais méticuleux en diable avec ses interprètes.

Je ne m'en plains pourtant pas ; c'était une distraction forcée au milieu des préoccupations d'à présent.

L'ouvrage a d'ailleurs un mérite relatif réel, à côté des pauvretés qu'on exhibe chez nous depuis tout cet hiver. Maintenant qu'il est joué, et qu'il a réussi, fera-t-il de l'argent ? Je l'ignore, j'en doute même, passé une vingtaine de représentations ; mais mon rôle est vraiment bon, et j'y ai assez de succès.

1er avril 1855. — C'est Alexandre Dumas fils, par exemple, qui vient d'avoir avec *le Demi-Monde* un véritable triomphe, le troisième, plus grand s'il se peut que les deux autres.

Grand Roi, cesse de vaincre !...

Au reste, c'est justice. La pièce est vraiment trouvée... aussi bien que le titre. Un peu verbeuse par instants, oui, mais forte, et bien jouée par les artistes du Gymnase, Mme Rose Chéri, Berton et mon camarade Ad. Dupuis, en tête.

Le mouvement dramatique est depuis longtemps déjà, plus ailleurs, au Gymnase surtout, qu'à la Comédie-Française.

8 juillet 1855. — J'étais depuis quinze jours sous le coup de la désastreuse affaire des 17-18 juin. La phrase bourrue du général Pélissier dans son rapport

officiel : « Une fatalité inconcevable nous a fait échouer »,
n'a cessé de me battre dans la cervelle qu'en enten-
dant les Chambres françaises voter à l'unanimité un
nouvel emprunt national de sept cent cinquante millions.

L'argent étant le nerf de la guerre, ne désespérons
pas ici. On espère encore là-bas.

Mais les nouvelles de la mer Baltique, depuis notre
premier succès contre Bomarsund, donnent cours à
de sérieuses réflexions sur l'avenir, et les bombes sous-
marines Jacobi... — cette espèce de nouveau feu gré-
geois — m'ont l'air d'inaugurer des guerres navales
scientifiques et traîtresses bien différentes du fier
branle-bas et des abordages œil contre œil de mon
grand aïeul Surcouf.

L'histoire militaire sera peut-être désormais celle
des armements de précision et des procédés chimi-
ques... Mieux vaudrait tirer les victoires au sort... Ah !
que revienne l'âge de pierre !...

12 juillet 1855. — Je veux penser à autre chose.
Aussi bien tout le monde ici s'efforce à s'en distraire.

L'Exposition universelle fait florès.

L'Empereur et l'Impératrice sont allés en avril visiter la reine d'Angleterre, et la reine d'Angleterre
viendra rendre cette visite en août.

Des fêtes, des arcs de triomphe, des discours, des
baise-mains...

On court aux spectacles ; on chauffe des succès, on
caracole dans le nouveau bois de Boulogne, autour des
lacs à l'eau de pompe...

Faites-vous égorger au bout du monde, nos frères !...
Notre égoïsme l'a si commode à vous crier : Courage !
C'est ignoble, oui, mais tellement humain.
Pensons à autre chose.

15 juillet 1855. — Une troupe dramatique italienne et une troupe anglaise viennent de donner successivement des représentations à la salle Ventadour... Mais la troupe anglaise ne s'est pas vue debout, et il a fallu que la troupe italienne lui vînt même en aide pour la rapatrier, car c'est elle, avec Mme Ristori favorite, qui a sans cesse tenu la corde, et avec quel succès ! *Myrrha, Maria Stuarda*, etc... C'est d'ailleurs, autant que j'en puis juger, une artiste de talent, qui semble composer ses rôles avec intelligence et sûreté, mais anguleuse, et presque toujours emphatique. Un troisième rôle, plutôt qu'un premier ; un Geffroy femme, en un mot, voilà mon impression.

Mais le public parisien s'est emballé pour elle, à la suite de la presse, et avec une pointe évidente de taquinerie contre Mlle Rachel, qui, affolée de dépit, part en Amérique, à la chasse du dollar.

Pourtant combien de Français savent assez l'italien, non plus que l'anglais, pour comprendre une pièce dans ces langues étrangères, qui n'ont ni la même poétique, ni le même rythme que le nôtre? Et c'était bouffon parfois de voir le parterre et les loges suivre à grand'peine sur la brochure, et guetter la claque pour se pâmer aux bons endroits, en se donnant l'air d'avoir compris.

L'impression que j'ai rapportée c'est que les Italiens ont une mimique souvent exagérée et que leur prosodie inexorable en brèves, longues, excellente pour le chant, alourdit forcément la déclamation parlée en appuyant par avance la finale sur chaque mot de la période.

Ah ! que notre *e* muet (?) est plus souple, et notre rythme plus aimable ; et comme nous entendons incontestablement mieux les nuances et la mise en scène !

Quant aux Anglais, prononçant moitié de la gorge, moitié du bout des lèvres et les dents serrées, excessifs comme action dans la grâce comme dans la force, de même que leurs clowns, ils m'ont paru tantôt efféminés, tantôt fous agités.

Il est vrai que ce n'était sans doute pas des Garrick, des Kean et des mistress Syddons qui composaient cette troupe, et puis on l'a si peu vue...

29 juillet 1855. — Émile Augier vient d'avoir une pièce sifflée au Vaudeville. Ce qui n'empêche pas *le Mariage d'Olympe* d'être une de ses conceptions les plus vigoureuses, je le maintiens.

Heur et malheur, c'est le théâtre !

5 août 1855. — Les théâtres, profitant de la présence à Paris des voyageurs pour l'Exposition, ont joué tout cet été, comme si de rien n'était.

Mlle George a repris à l'Odéon son vieux répertoire tragique : *Sémiramis, Mérope, Cléopâtre,* etc... et j'ai retrouvé là, parmi bien des débris, certaines empreintes de grandeur, qui m'expliquent dans le passé des succès dont les modes étriquées d'à présent ont fait perdre la tradition, même à nos artistes en vogue, pour le genre noble.

Chaque époque a donc sa manière d'admirer, j'allais dire presque, de pleurer et de rire ?

Au Gymnase, par exemple, je voyais, l'autre soir, *le Chapeau de l'horloger*, dernière œuvre, fantasque celle-là, de l'auteur de *la Joie fait peur*, oui, de Mme E. de Girardin, la femme éminente, à l'esprit si parisien, morte précisément le mois dernier.

Ce comique d'effarement et d'épilepsie, qui fait tant d'effet avec Lesueur, n'est déjà plus celui de Potier, qui n'était plus celui de Volanges, qui n'était plus celui de Carlin, qui n'était plus celui de Poisson, qui n'était plus celui de Scaramouche, etc...

C'est peut-être que je suis mal disposé pour rire.

9 août 1855. — Depuis l'année dernière, en vue de l'Exposition évidemment, le Théâtre-Lyrique, au boulevard du Temple (ancien Théâtre-Historique), est dirigé en double avec l'Opéra-Comique, et brillamment, ma foi ! par M. Émile Perrin ; — mais un seul théâtre est déjà si malaisé à conduire !

Il avait pris là pour secrétaire général un certain Jules Verne, esprit ingénieux, curieux de science autant que de littérature, et catholique fervent, que j'ai souvent rencontré dans la taverne de la mère Morel, en compagnie de Michel Carré, ce pince-sans-rire, ainsi qu'un Albert Wolf, juif prussien, à la voix glapissante, petit journaliste encore, mais sceptique et intelligent assez pour faire sûrement son trou.

C'est bien la trinité la plus cocasse du monde, et voilà pas mal de parties de dominos à quatre, où je vais me faire égorger bénévolement, moi l'ennemi-né des heures abruties d'estaminet, pour le vrai plaisir d'entendre mes partenaires s'escrimer entre eux de la gueule.

C'est toujours autant de gagné sur la mélancolie des temps.

11 septembre 1855. — L'Exposition universelle avait ouvert ses portes depuis le 15 mai, aux Champs-Élysées, pendant que la guerre faisait rage dans un coin maudit pour la moitié des peuples de l'Europe.

Hier, surpris par la pluie dans le Cours-la-Reine, j'y suis entré, et, par un coup du ciel, au moment où j'étais arrêté devant les presses tourbillonnantes du journal *la Patrie*, ayant acheté un numéro, j'y vis, sans oser croire à mes yeux et avec un indicible battement de cœur, ces mots en tête : Prise de Sébastopol.

Et c'est bien vrai! l'*Officiel* en répond... Enfin! après plus d'une année! Quel poids de moins sur l'âme et quelle joie immense!

23 septembre 1855. — Le cœur plus léger, enfin! m'en suis-je assez donné tous ces jours-ci, de l'Exposition universelle!

Aux Beaux-Arts, surtout, avec mon ami About, qui, de chic, avec sa merveilleuse facilité d'assimilation, écrit tout un livre, le plus brillant du monde et le plus impertinent sur la peinture et la sculpture contemporaines.

Car toute l'œuvre de MM. Delacroix, Ingres, Vernet, Decamps, — le plus curieux et le plus varié de tous, ce me semble, — est exposée dans les salles spéciales; et à côté d'eux, mes amis Gérôme, avec sa grande, trop grande toile peut-être, du *Siècle d'Auguste;* Jalabert, *Christ au Jardin des Oliviers;* Brion, *Enterrement dans les Vosges;* Hamon, *les Orphelines;* Bida, *Retour de la Mecque;* Meissonier, Troyon, Rousseau, Marchal, L. Coignet, etc...

Puis l'Allemagne, avec Cornelius et Kaulback, ces ennuyeux solennels...

Puis la Belgique, cette petite France de province, avec Leys, Willems, Stevens, etc...

Puis la Suisse, avec Calame, et la Suède et l'Angleterre avec ses étranges aquarelles.

Quant à l'industrie, dame! j'en comprends la portée, mais je m'y connais si peu! Et lorsque après avoir passé les nouveaux tourniquets, j'ai vu, comme le dernier badaud venu, les porcelaines de Sèvres, les tapisseries de Beauvais, des Gobelins, les diamants de la couronne, les armes de Liège, les verreries de Bohême, les mosaïques italiennes, les meubles du faubourg Saint-Antoine, les câbles sous-marins, l'outillage de l'isthme de Suez, les bougies électriques, les freins à chevaux emportés, la poudre à punaises, et des machines surtout, jusqu'à la machine à coudre!... ma foi! je sors en me disant que, moyennant un franc, j'ai à mon passif un joli mal de tête pour le reste de la journée.

Il n'en est pas moins vrai que ces « immenses assises de l'industrie » — fort cliché — donnent une puissance de plus en plus indéniable au courant matérialiste, socialiste, prolétaire, que sais-je? à l' « Ouvrier »,en un mot, qu'étudie si profondément le livre, trop peu lu, de M. Le Play.

14 octobre 1855. — Mme Sand avait fait recevoir par notre Comité un drame bourgeois intitulé *Françoise,* et le lendemain, Victor Borie et Eugène Lambert, mes amis et les siens, m'ayant demandé ce que j'en pensais entre nous, je leur répondis que la chose, un peu faible peut-être après les succès du *Champi* et de *Maître Favilla,* me semblerait plus à sa place au Gymnase qu'à la Comédie-Française, dans l'intérêt même de l'auteur. Deux jours après, potins sur toute la ligne, récriminations, plaintes au théâtre, etc...

De qui venait l'indiscrétion? Je voulus en avoir le cœur net, et je réclamai tout droit une audience personnelle, rue Racine.

Quel être singulier! De la morgue, du laisser-aller, irritable d'abord jusqu'à la raideur, simple ensuite jusqu'aux confidences, fumant le cigare et coquetant des yeux par habitude de jeunesse, enfin acceptant tout franc l'avis qui avait commencé par froisser si fort son orgueil...

Est-ce un homme? Est-ce une femme?

C'est George Sand.

25 décembre 1855. — Cette nuit, on réveillonnait chez Decourcelle, une quinzaine : Augier, Ponsard, Crémieux, Battu, Johnson, etc...

En fumant, après boire, on se mit à discuter politique, philosophie, religion même, car la tolérance doit être large dans le ménage d'un catholique et d'une juive.

Eh bien! pas du tout; et à propos de baptême, par exemple, le maître de la maison, libre penseur au possible, disait avec raideur : « Mes deux familles, fussent-elles d'accord pour cela, jamais je ne consentirais à faire ni baptiser, ni circoncire mon fils. On se doit de ne pas transiger avec sa conscience. »

— Y a-t-il cas de conscience? répondais-je; et l'un des préceptes les plus sages de la Bible, aussi chrétienne que juive après tout, n'est-il pas : « Tu ne scandaliseras point ton prochain. » L'enfant, baptisé ou circoncis, ne croit plus tard que ce qu'il veut croire, au fond.

D'autres étaient au contraire pour le choix, nécessaire au point de vue social, de l'un ou l'autre parti, out d'abord.

Et l'on s'échauffait, comme de raison, plus les raisons étaient mauvaises.

Augier se taisait.

— Et toi, demanda-t-on, qui ne dis rien?

Lui, tranquillement, entre deux bouffées de cigare :

— Moi?... Je trouve que vous attachez trop d'importance à tout cela.

L'éclat de rire fut unanime, car c'était d'un mot presque la pensée de tous.

Pensée trop générale peut-être, l'indifférence...

Oui, l'indifférence?... Voilà longtemps que M. de Lamennais a signalé cet ennemi...

5 janvier 1856. — Alexandre Dumas, ce vieil enfant gâté de la vogue, délaissé pour la curiosité des événements contemporains, a voulu se réfugier et s'écouler dans un journal à lui, à lui M. Dumas seul, comme son défunt théâtre historique.

A donc paru *le Mousquetaire*, et le patron y a tout épanché, impressions, collaborations et bile, tout.

Dans un de ses premiers numéros, il prenait à partie la *Revue des Deux Mondes*, et par conséquent M. Buloz qui ne lui en a jamais ouvert les portes.

« Tenez, lui disait-il, vous avez mené toute votre vie de grandes entreprises... Eh bien! ne prenons que le Théâtre-Français... Si vous me montrez une lettre, une seule, du plus infime employé, qui vous dise : « Cher « monsieur Buloz, je vous regrette... », je m'engage, moi, à vous payer trente mille francs. »

(Trente-mille blagues, cher monsieur Dumas.)

L'idée me vint donc, à moi, d'écrire sur ma carte de nouvel an : « Cher monsieur Buloz, je vous regrette. »

Et voilà que deux jours après, de bon matin, on sonne à mon cinquième étage; je vais ouvrir. C'était Jules Sandeau et Gustave Planche, assez gourmés d'aspect.

— Chargés de vous demander une explication sérieuse, nous irons droit au but; cher monsieur Got, est-ce bien vous qui avez écrit ceci?

Et ils me mettent ma carte sous les yeux.

Quel bel éclat de rire alors, de moi, puis de nous trois!

Ce pauvre M. Buloz, n'ayant pas lu l'article du *Mousquetaire*, avait cru de ma part à une déplorable ironie, jusqu'à partir en guerre, lui!...

Dumas se lécherait-il assez les barbes de cette nouvelle à la main!...

Mais ne craignez rien, cher monsieur Buloz; c'est trop vrai que je vous regrette.

27 janvier 1856. — Savoir refuser, comme c'est difficile, pour moi du moins. Timidité, bienveillance, chevalerie..., que sais-je? J'y suis toujours pris.

— Mon cher Got, jouez ce rôle, ne fût-ce que les trois

premières fois... c'est tellement l'intérêt du théâtre...
et de la pièce... Oui, n'est-ce pas?... Oui, c'est dit.

Et voilà comme je viens de créer encore un « Pierre »
quelconque dans les *Pièges dorés*, assez gentille comédie-
vaudeville en trois actes, de M. A. de Beauplan.

1ᵉʳ février 1856. — Ce soir, première représentation
de *Guillery*, trois actes d'Edmond About, qui vient de
payer, en une fois, trois ou quatre succès littéraires
un peu provocants.

Du mérite cependant, et du style surtout. Encore un
auquel il en cuit d'admirer Voltaire et Rabelais dans la
forme. Décidément on peut, au théâtre, compter sur le
public pour tout ce qui est de force, de cœur ou de situation, mais d'éducation littéraire, d'art pour l'art... non,
ou bien peu.

Hier même, M. Empis, de l'Académie française, a
remplacé comme administrateur général M. Arsène
Houssaye, tombé, je ne sais trop pourquoi, parce qu'il
était trop fantaisiste, peut-être je dirais trop bohème,
dame cela, oui.

24 février 1856. — Mme Allan-Despréaux vient de
mourir tout à coup. Perte sérieuse pour la Comédie-
Française, — si Mme Plessy n'était pas là comme par
exprès, pour la remplacer, et même avec une grande
supériorité de moyens, — car en dépit d'un physique
un peu court et amolli, Mme Allan était une artiste
fort distinguée. Je lui rends pleinement justice.

Pourquoi cependant ai-je toujours été dans des

termes grinchus avec elle? Sans doute à cause de son caractère, qu'elle avait notoirement difficile. Je me rappelle à ce propos, lors de sa rentrée en 1847, — elle avait jadis joué les enfants chez nous, — un mot poissard de Mlle Mante, sa doyenne de toutes façons :

— Eh bien! Louise, tu ne daignes pas me reconnaître? T'imagines-tu donc être de race, pour avoir la gueule doublée en taffetas noir?...

Quelques jours de plus, elle allait créer, admirablement, paraît-il, un nouveau rôle dans un acte de M. Octave Feuillet, *le Village*.

26 février 1856. — Mort d'Henri Heine, juif, prussien, français, protestant, athée, critique, poète, tout! Esprit étrange, flamme sortie souvent d'un fumier.

J'étais allé le voir il y a quelques mois, avec Alexandre Weill, à propos d'une adaptation projetée d'un drame de lui, *Radcliff*.

Je le vois encore, perclus comme Scarron, railleur comme Voltaire, lamentable.

16 mars 1856. — Si les empires et les dynasties pouvaient se prendre au sérieux par le siècle qui court, le neveu plus encore que l'oncle aurait droit de croire à son étoile. Quelle martingale étonnante depuis quelques mois!...

Et voilà qu'il lui naît un enfant, et que cet enfant est un fils!...

20 avril 1856. — Pendant que Mlle Rachel, après

un fiasco sensible en Amérique, est malade à New-York ou à la Havane, avec sa troupe immobilisée sur les bras. Mme Ristori a recommencé, toujours avec le même succès de commande, des représentations italiennes à la salle Ventadour, et elle les complète par la *Medea* assez vigoureuse et théâtrale, ma foi, d'Ernesto Legouvé.

Ah! comme l'ex-Grande doit regretter aujourd'hui d'avoir fait tant de sottes façons pour ne la pas jouer d'abord, même dans son pauvre français!

Quos vult perdere, Jupiter dementat.

27 avril 1856. — L'an dernier, J. Offenbach, par l'entremise d'Augustine Brohan auprès de M. de Morny, avait obtenu le privilège d'un petit théâtre de musique pour des pièces à trois personnages au plus, et s'était établi aux Champs-Élysées, en face du Cirque d'été, dans une chétive salle abandonnée par un prestidigitateur. Or, le succès de ses *Deux Aveugles* (réussi en vérité) et du *Violoneux* avec Darcier, a été tel, qu'on n'a pas hésité à laisser grandir la chose, et voilà que depuis cet hiver, au passage Choiseul, dans l'ancien théâtre des Jeunes Élèves, intitulé aujourd'hui : « Bouffes Parisiens », il réussit sans trêve avec des petits opéras-comiques, bourrés de quintettes et de chœurs affriolants : *Ba-ta-klan, Tromb-Alcazar, la Rose de Saint-Flour,* etc... qui indiquent clairement une pente étrange du public français vers l'insanité voulue et la chaudronnerie musicale, agrémentée toutefois de jambes de femmes...

Si vous ajoutez à cela, dans un degré plus bas, les cafés-concerts gagnant de proche en proche, — la foire

Saint-Laurent et les Porcherons, cantonnés jadis au faubourg, auront tôt fait d'envahir tout Paris.

C'est la pleine décadence !

31 mai 1856. — Mort de T... C'était un écrivain éminent.

Aveugle par excès de travail, puis paralytique, le respect de tous l'entourait, et le dévouement admirable de ses secrétaires et de sa femme.

Mais voilà l'envers tristement humain de la légende : Mme T... étant morte prématurément, la famille trouva dans ses tiroirs d'évidents témoignages que l'Antigone n'avait tourné que trop à son compte l'intimité des secrétaires successifs de son mari.

Cette fois du moins fut-ce un bonheur pour lui d'être aveugle (1).

4 juin 1856. — Lafontaine (Thomas) a récemment débuté chez nous, après que le bruit eut couru dans le

---

(1) Et pourtant de deux choses, l'une : — Ou bien, aveuglé moralement aussi par son orgueil, par son égoïsme, si l'on veut, il n'a rien deviné, rien senti. Non, il a cru au dévouement, au sacrifice même, parce que lui-même en eût été capable au besoin.

Ou bien, si quelque jour, supputant à part soi son âge, son infirmité, devant l'âge et les nerfs de Madame, il s'est méfié, ne fût-ce qu'une heure, alors se réfugiant dans la philosophie hautaine qui devrait mettre l'homme de pensée à l'abri de ce que Molière — la grande victime — a trop justement appelé : l'imbécillité de la femme, — alors peut-être il aura su se taire, comme un sage sait.

Dans n'importe lequel des deux cas, les secrétaires, soumis à gages aux appétits de la petite mère, restent les pires jean-foutre de l'anecdote. *(Note ajoutée en 1900.)*

petit monde des coulisses que, lors de sa dernière création au Gymnase dans *Françoise,* il avait fait à Mme Sand l'étrange confidence qu'un hasard et un besoin, l'ayant mis en face de quelques pages de Corneille, une soudaine révélation l'avait fait s'écrier : « Et moi aussi, je serai Cid! »

Est-ce à son outrecuidance gasconne qu'on a voulu s'en prendre, ou ses qualités naturelles ayant éveillé l'envie, le public s'est-il laissé aller du côté des rieurs, surtout à ces vers déclamés, c'est vrai, le plus cocassement du monde, en gammes imitatives d'échos lointains :

> Nous nous levons alors, et tous, en même temps
> Poussons jusques au ciel mille cris éclatants...
> Les nôtres, des vaisseaux à ces clameurs répondent...

Le fait est que jamais je n'ai vu chute d'artiste plus profonde.

On ne dira plus « le bon Lafontaine », nasillait M. Samson.

6 septembre 1856. — Voilà quelques mois que je passe sous le coup d'une piteuse chance. D'abord, mon père malade pendant cinq semaines, puis V... est tombée malade aussi, et c'est encore là un sujet assez délicat à gouverner.

Et par surcroît, mes affaires personnelles au théâtre se sont embrouillées. Deux fois j'ai donné ma démission, janvier et juillet, et j'attends le retour de M. Fould, le ministre des Beaux-Arts, pour tirer la chose au clair dans une audience particulière.

Afin de bonifier ma cause, j'ai tour à tour mis en

avant, et de bonne foi, l'intérêt des auteurs et des artistes, mes collègues, mais je me suis vu jusqu'ici peu soutenu par eux.

Je veux pourtant aller jusqu'au bout.

26 septembre 1856. — Me revoilà au Théâtre-Français. J'ai vu le ministre, et en vérité je ne saurais me plaindre de lui. Il m'a parlé de me mettre à part entière, de me donner un congé fixe...

Tout cela sera-t-il exécuté à la lettre?...

Mais enfin, d'ici à quelque temps, j'aurai bien vu déjà à quoi m'en tenir sur quelque chose de tout cela, et comme M. Fould m'a demandé un mémoire sur les droits d'auteur, je compte lui reparler de ma propre affaire en allant retraiter avec lui cette question.

J'ai joué hier soir « Hector » du *Joueur* avec succès.

Et j'avais joué par complaisance encore, quelques jours avant, un « Charles Quint » (!) en une scène, dans *Fais ce que dois*, trois actes en vers de Decourcelle et H. de Lacretelle. Pauvre réussite. Heureusement qu'en pareil cas chaque auteur peut imputer à l'autre les méchantes parties, de même qu'il ne manquerait point de s'imputer les bonnes, dans un succès.

C'est là le mauvais côté des collaborations, surtout quand il est vraiment question d'art, comme chez nous.

7 novembre 1856. — J'arrive du très émouvant convoi de M. Paul Delaroche. Combien d'artistes illustres en tout genre, et de ses élèves déjà célèbres, suivaient avec recueillement!

M. Delaroche était en effet, de tous points, un homme

supérieur, même à son talent; talent très réel, très fécond, très varié, qu'on a comparé trop souvent à celui de Casimir Delavigne.

La Mort du duc de Guise, par exemple, n'est-elle pas comme peinture de plus haute portée encore que les plus belles pages de *Louis XI* et des *Enfants d'Édouard?*

Et M. Delaroche dans les derniers temps de sa vie, parmi les souffrances qui devaient bientôt l'emporter, s'était épuisé certes et avait grandi dans la *Vierge chez les saintes femmes* et la *Vierge en contemplation devant une couronne d'épines.*

Lors de sa dernière visite annuelle à l'atelier de la rue de Fleurus, vers le mois de mars, quelques jours avant que les tableaux fussent envoyés au Salon, il invita tout le monde à venir voir chez lui ses deux dernières « petites toiles », comme il disait.

Après les compliments sincères adressés par nous tous, Gérôme, assis devant le chevalet, continuait à regarder avec une attention profonde. M. Delaroche était debout derrière lui. Gérôme se leva enfin : « Il n'y a pas à dire, c'est absolument bien ! » et il se retourne vers le maître qui, tout pâle et ému, s'écrie en l'embrassant :

— Méchant gamin ! Me faire tant attendre !...

11 décembre 1856. — On a joué la semaine dernière avec un demi-succès — demi ce n'est guère au théâtre, — *les Pauvres d'esprit,* trois actes de Léon Laya. J'y jouais, par complaisance toujours ! un rôle épisodique d'éditeur moderne, qui a pourtant fait plus d'effet que les autres personnages.

Deux toilettes, une de Mlle Dubois, et l'autre surtout

de Mme Plessy, avaient failli compromettre tout d'abord
la représentation, donc la pièce par suite.

Il faut un si petit grain de sable pour détraquer les
délicats engrenages d'un succès parisien!

Aussi, pourquoi laisse-t-on faire les artistes à leur
fantaisie pour un habit, quand on les chicane tellement
aujourd'hui pour la mise en scène et même parfois
pour une simple inflexion?

Cette tyrannie de l'auteur et du metteur en scène
tend à devenir si forte que M. Samson, homme de l'ancienne tradition admettant la responsabilité morale du
comédien, s'était retiré, poliment, mais s'était retiré
de la pièce pendant les répétitions.

Il serait si simple de répéter généralement en costume !

1er février 1857. — Nos archevêques ne mourront
donc plus dans leur lit! Quand ce n'est pas la guerre
civile qui les tue sur une barricade, comme Mgr Affre
en juin 1848, un de leurs prêtres les assassine, comme
Mgr Sibour, à la dernière neuvaine de Sainte-Geneviève. Et la bosse de la vénération s'aplatit au point
que hier, en revenant du spectacle de la guillotine, la
foule immonde fredonnait, au milieu des éclats de rires,
ces vers de la nouvelle complainte :

> ... C'était Verger qui crevait la paillasse
> A Monseigneur l'archevêqu' de Paris.

Pourquoi ces résistances des **multitudes** d'à présent
contre le clergé et contre le dogme d'infaillibilité sou-
veraine? N'a-t-il pas sa raison d'être, et sa grandeur?

... Parlez donc de la discipline du soldat devant celle du missionnaire, de la religion du drapeau devant celle de la foi, du patriotisme devant cette ivresse de Dieu !...

26 février 1857. — Je viens de créer un gentil petit rôle, « Hergott », dans *Un vers de Virgile,* pièce en deux actes que son succès de lecture appelait à faire un pendant à *la Joie fait peur.*

Et en effet l'idée était originale et émouvante. Traitée modernement par un Edgard Poë, elle eût sans doute fait fortune. Mais avec la forme vieillotte de l'aimable M. Mélesville, elle est restée dans les tons éteints aujourd'hui de l'ancien théâtre de Madame.

Heureusement nous sommes attelés déjà, moi en flèche, à un ouvrage en quatre actes, appelé, j'espère, à un meilleur avenir, et qu'on a d'abord reçu presque au compte de M. Paul de Saint-Victor. Mais le véritable auteur, tout à fait neuf d'ailleurs et de toutes façons pour tout le monde, est Mario Uchard, l'époux infortuné de Madeleine Brohan, partie actuellement en congé pour un an à Saint-Pétersbourg, par licence impériale.

M. Uchard venait tout cet hiver, dans ma loge, me lire secrètement, acte par acte, cette espèce de roman anticipé sur sa femme et sur son fils. J'ai donc été le confident de l'œuvre, que je crois intéressante et sentie.

5 avril 1857. — Émile Augier vient d'être reçu de l'Académie française. Ponsard en est déjà depuis deux ans. C'est quelqu'un sans doute, mais Augier a une bien autre portée. Octave Feuillet, Taine, Prévost Paradol et About finiront par en être.

Mais il est déjà temps que des chefs s'affirment. Les dieux s'en vont.

Victor Hugo, toujours proscrit de dépit, travaille encore et se répand, dit-on, en iambes et en pamphlets politiques, *Napoléon le Petit*, par exemple —, (par Victor Hugo le grand) — et *les Châtiments* surtout, dont quelques bribes enragées parviennent quelquefois jusqu'à nous à travers la douane. Mais le public français n'a eu librement de lui qu'un beau livre de poésies, *les Contemplations*, l'an dernier.

Lamartine, pleurard et ruiné, ne compose plus, hélas! que de la librairie, son *Cours familier de littérature*, quelle guenille! et joue les Bélisaire, une tirelire à la main.

Musset, anémié plus qu'aux trois quarts, ne fera plus rien, bien sûr.

Alexandre Dumas, après son *Mousquetaire* tué sous lui, se tait ou voyage, et signe de temps en temps quelque œuvre qui semble ne l'être que par places. La dernière était une *Orestie* à la Porte-Saint-Martin.

George Sand continue à disséminer en beau style son talent d'androgyne dans les revues ou dans les théâtres secondaires.

M. Thiers en arrive au seizième tome du *Consulat et de l'Empire*.

M. Mérimée, sobre et cassant, écrit pour la postérité... peut-être.

Michelet, vieux nouveau marié, ne fait plus guère que de l'histoire... naturelle, « l'oiseau », « l'insecte ».

Sandeau, plus paresseux que jamais, accouche à peine de quelque délicate nouvelle asphyxiée à demi par la fumée de tabac.

Scribe, ne pouvant pas se résoudre à l'impuissance, se débat encore sous ses mille actes de vaudevilles ou d'opéras.

Eugène Sue, réfugié politique en Suisse, achève sa décadence, et tombe sénilement du roman socialiste au roman révolutionnaire.

Oui, les vieux s'en vont.

Il Trovatore et *Rigoletto,* de Verdi, marquent seuls une étape en avant... Mais en musique!... Et par delà les monts!... La belle avance pour nous autres!

21 avril 1857. — Hier, lundi, a eu lieu au Grand-Opéra, la première représentation d'un acte de Membrée, *François Villon,* paroles de Got.

L'effet de *François Villon* a été moins vif que je ne l'attendais de la musique, sinon du poème qui a été indignement châtré par les traditions, fausses à mon sens, de la mise en scène de l'Opéra et par les exigences bêtes des chanteurs.

J'ai dû remplacer, je ne sais par quelles rengaines de convention, plusieurs passages parce que c'était, paraît-il, impossible à chanter. Quoi répondre?

N'importe, la musique restait, du moins, distinguée et charmante. Mais les succès des délicats sont, même quand ils s'établissent, trop lents à s'établir. La foule qui s'occupe d'art à présent, le plus souvent par mode, s'est tellement démocratisée qu'il n'y a pas de salut si l'on ne la frappe brutalement. Autrefois, quand l'aristocratie de la société ou celle de l'intelligence se mêlaient presque seules de tout cela, leur avis finissait par s'imposer avec le temps, mais aujourd'hui...

4 mai 1857.. — Remis en veine musicale, je suis allé pour me distraire, car j'ai pas mal de préoccupations ennuyeuses depuis quelque temps, voir une brillante reprise du *Joconde* de Nicolo à l'Opéra-Comique. C'est Faure qui chante, et très bien, avec une voix et surtout une méthode que j'avais remarquée dès ses débuts.

Mais est-il assez l'idéal du troubadour de pendule, avec l'épée en croix et l'émeraude sur le nombril !

L'autre dimanche 26 avril, j'avais assisté dans le bois de Boulogne, à peine refait en parc anglais, avec ses lacs, sa rivière, sa cascade, à l'inauguration de l'admirable hippodrome de Longchamp. Que de monde ! Jusque sur les coteaux de Suresnes et du Mont-Valérien !

13 mai 1857. — Mort d'Alfred de Musset. J'étais allé le voir chez lui, rue Mont-Thabor, avec Émile Augier, il y a quelques jours. Je ne m'attendais pas à le trouver si bas. C'était la fin déjà, la fin navrante et désespérée. Une âme en révolte dans un corps épuisé... à quarante-sept ans.

Souffrez-vous beaucoup ? — Non... je crève.

Et le sourire de sa face tuméfiée à demi me sembla d'un damné. La grâce divine l'avait pourtant jadis marqué visiblement au front, celui-là...   .

Ah ! que de choses je pourrais dire !...

Mais ne vaut-il pas mieux s'en taire, par respect pour l'avenir, et pour son génie?

Pitié profonde!

16 juillet 1857. — Mort de Béranger.

C'est une grosse émotion jusqu'au fond de Paris.

> On parlera de sa gloire
> Sous le chaume bien longtemps.

Et cependant la génération littéraire montante a commencé surnoisement son amoindrissement depuis quelque temps déjà. Faiseur de flonflons, lyrique surfait, collaborateur imbécile à l'œuvre de l'Empire (la rancune politique est sans mesure), faux bonhomme même, on a dit tout cela, bien bas encore, mais on l'a dit.

Qu'on critique quelques-uns de ses vers, soit; il en reste assez de parfaitement beaux. On lui reproche d'avoir déifié Napoléon... Peut-on en vouloir à une lyre humaine de vibrer aux souffles contemporains?

Mais appeler faux bonhomme cet homme excellent... C'est monstrueux.

17 juillet 1857. — Les funérailles du chansonnier populaire habilement tournées à l'utilité impériale ont été superbes, par un temps admirable. L'armée et la garde nationale y étaient, et la foule énorme. Un convoi de plaisir...

Quand je pense aux cent parapluies qui suivaient piteusement, il y a deux mois, le corbillard d'Alfred de Musset!...

20 septembre 1857. — Aujourd'hui, dimanche, à six heures et demie, je suis rentré à Paris après un mois de congé, pendant lequel j'ai vu en courant presque tout le midi de la France, et de Marseille, partant pour l'Italie, j'ai fait d'abord les escales de Gênes, Livourne et Civita-Vecchia, pour aller à Naples et revenir par Rome.

Le voyage, même solitaire, est décidément une bonne chose distrayante et saine. Et pourtant l'être isolé qui court de la sorte à travers ces foules inconnues se demande parfois où va leur vie, comme la sienne? A quoi tend ce mouvement, cette agitation, cette fièvre, remarquables surtout chez les gens *d'enbasse?*

Voilà des milliers d'années que cela recommence toujours ainsi par générations de vingt-cinq ans, et chaque jour, et chaque heure... Et les Égyptiens chez eux ont fait de même, et les Indous et les Chinois en font autant... Toutes ces fourmis à peu près pareilles, noires ou rouges, ont également travaillé, ont également souffert dans des fourmilières à peu près semblables... Elles ont passé, d'autres viendront, et toujours... Si toujours est un mot de ce monde!

Dans quel but tout cela?...

30 octobre 1857. — Avant-hier, 28, la Comédie-Française a été mandée par l'Empereur à Compiègne, pour y donner une représentation de *l'Avare* de Molière. Le hasard a voulu que je fusse rarement de ces expéditions, et bien que le déplacement en commun soit distrayant parfois, je déclare que je sens là pour ma part une sorte de gêne, dont il me serait difficile de rendre un compte exact, mais qui n'en est pas moins fort réelle.

D'abord la représentation devant cette salle distraite et impertinente, puis le dîner, le souper, la bâfrerie à la table du sous-chambellan de service; puis encore la présentation en costumes dans le salon ou la loge impériale, et les politesses banales de la bande, jusqu'aux cadeaux, épingles, bracelets, tabatières ou boutons de manchettes qui s'ensuivent... tout cela m'est désagréable et me blesse.

Car, enfin, si le gouvernement veut récompenser tout autre artiste, peintre ou littérateur, il lui envoie la croix ou lui fait quelque grande commande... Mais nous, en vérité, l'on nous traite comme des filles.

12 novembre 1857. — Parfois, pour tuer deux ou trois heures des soirées où je n'ai pas à travailler de mon état, je mène V... à quelque théâtre.

Hier, c'était à l'Odéon.

Fechter, pour renouveler *Tartuffe,* s'est avisé d'en refaire pied à pied la mise en scène à la mode d'à présent, mais n'est arrivé, je crois, qu'à le travestir.

Ainsi, le rideau s'est levé sur une chambre Louis XIII, avec meubles assortis, bien, mais trop de meubles déjà pour la vérité vraie du temps.

Un paravent est déplié devant la cheminée où brûle un bon feu, et quand Orgon revient de voyage, il va tout de suite s'asseoir pour se chauffer et Dorine agenouillée lui retire ses bottes fourrées... Tout cela comme paraphrase au vers :

La campagne à présent n'est pas beaucoup fleurie.

Voilà ce qu'on peut appeler le fin du fin.

Et cela se poursuit toutes les fois qu'on a pu trouver prétexte à quelque ingéniosité de la sorte.

Eh bien! c'est faux, hors de proportion, cela jure à l'œil et fait plutôt sourire.

La première condition d'une exécution théâtrale n'est-elle point de s'adapter à l'œuvre au plus près, dans l'esprit et dans la forme où elle a été conçue?

5 janvier 1858. — Mlle Rachel, revenue malade d'Amérique, puis d'Égypte où elle était allée chercher un air plus chaud pour sa poitrine, s'était enfin réfugiée pendant l'automne sur la côte de Provence, au Cannet, dans une villa où elle est morte avant-hier, à l'âge de trente-sept ans.

Mlle Rachel était une admirable organisation théâtrale, plutôt qu'une artiste parfaite, dans le sens infini du mot; car elle ne jouait plus guère que Camille dans tous ses rôles, surtout depuis que la province et l'étranger l'avaient déséquilibrée de la leçon des maîtres, et poussée quand même au bout de ses forces.

Mais quelle voix! quelle articulation! quelle diction! quelle passion! quelle noblesse! quelles lignes! et quelle beauté même, quoi qu'on ait dit!

Maintenant est-ce une perte irréparable pour la Comédie-Française? Personnellement oui, puisqu'on ne retrouvera pas de sitôt sa pareille, si jamais on la retrouve. Administrativement, non, car c'était un dissolvant et presque un fléau pour la discipline intérieure.

Si elle doit avoir pour nous une action bienfaisante, c'est donc après sa mort, selon moi, car elle aura reporté l'attention publique sur le répertoire et ses interprètes.

28 mars 1858. — M. Mallefille vient de donner à la Porte-Saint-Martin *les Mères repenties*, drame intéressant, serré d'action, mais assez violent par places, selon sa manière.

Un journaliste véreux y est entre autres exécuté roidement. Vraie bravoure chez un auteur, ex-journaliste lui-même, que la presse est en train de juger.

Aussi, gagné d'héroïsme, et de rancune peut-être, Frédérick Lemaître, qui assistait à la représentation dans une loge, s'écria tout haut alors, de sa voix emphatique, au milieu du silence, en désignant à l'orchestre un spectateur trop connu :

— A toi, Woëstyne !

Quelle beigne, Seigneur !...

2 avril 1858. — Lundi a eu lieu la première représentation des *Doigts de fée,* pièce en cinq actes de MM. Scribe et Legouvé.

L'œuvre, de forme par trop bourgeoise et vulgaire, a été cahotée le premier soir, surtout vers le dénouement, mais se relèvera peut-être devant le public de plus en plus bonasse et payant des représentations suivantes.

Pour ce qui me concerne, j'ai eu l'un des succès les plus vifs que le théâtre m'ait donnés. Les compliments, les journaux, et les caresses des femmes !...

Pourtant le rôle était difficile. Il s'agissait de rendre intéressant et aimable le personnage d'un bègue, timide et maladroit, et de lui garder à travers tout cela de la distinction et de la gentilhommerie.

Au reste, je me crois dans l'épanouissement de tout ce que je puis faire au théâtre, comme force et comme souplesse. L'avenir ne pourra rien m'apporter de plus, que des rôles et de la réputation, mais je ne croîtrai guère.

Ce succès est venu à propos; j'en avais besoin comme relèvement, car tout cet hiver s'est passé pour moi avec des pièces fades ou mauvaises.

En fin de compte, j'ai le travail sûr, subtil, merveilleusement facile, je connais bien le théâtre et j'ai l'oreille du public, surtout du public élevé.

4 avril 1858. — Précisément à l'heure où j'arrive le plus en vue, la comédie de salon achève de faire tourner les têtes du monde à la mode, et surtout de la haute colonie étrangère, l'enfant terrible et gâté de notre régime impérial.

On me demande donc, on m'assiège pour des leçons à donner. Mais en dehors d'une baronne de L..., belle dame, qui l'autre année est venue me supplier la première, et chez laquelle je n'ai consenti d'aller qu'à titre gracieux et absolument gratuit, j'ai résolu de refuser tout ce monde. Si j'y vais, ce sera en invité, jamais au cachet.

6 juin 1858. — *Les Lionnes pauvres,* cinq actes, d'Émile Augier et Foussier, ont réussi pleinement au Vaudeville. Je m'en réjouis pour mes deux amis, mais j'en suis un peu attrapé pour moi qui, dans l'espoir assez légitime qu'un beau rôle m'en reviendrait, leur avait mis en main le sujet, — sujet saignant arraché tout vif au monde faisandé d'à présent.

18 juillet 1858. — Une salle parisienne qui se respecte veut être restaurée au moins tous les dix ans; et, dans ce but, M. Empis, notre administrateur, a jugé bon de transporter pour un mois la Comédie-Française au théâtre Ventadour, où, vers avril encore, Tamberlick poussait dans *Othello,* son ut dièze illustrissime.

Jouer Molière, là, en pleine canicule! Est-ce une idée bien triomphante?

N'importe, nous y débitons tous les soirs notre répertoire courant, devant un public à billets, clairsemé de quelques paysans frais émoulus des chemins de fer...

Nous nous habillons dans les loges à puces des chanteurs italiens, illustrées par eux de silhouettes « surnaturelles », comme dit pudiquement la mère de Mlle Stella Collas.

Nous venons même de remonter, grâce aux soins de Davesne, *le Bourgeois gentilhomme,* avec une certaine réussite. On s'occupe aussi de préparer la mise en scène de l'*Œdipe Roi,* traduit par M. Jules Lacroix, et dont j'ai obtenu pour Membrée les intermèdes à mettre en musique. Bref, toutes les fonctions ordinaires de la Comédie, comités, lectures même, s'y accomplissent régulièrement cet été..., mais à l'étuvée et sans grand profit.

14 novembre 1858. — Je note en passant quelques curiosités contemporaines.

Le câble transatlantique, cette nouvelle merveille.

Le tunnel commencé du Mont-Cenis.

La fin de la guerre anglo-française en Chine.

Orphée aux Enfers, et la marée montante de la blague.

Le Roman d'un jeune homme pauvre.

La venue au monde d'artistes nouveaux : Un monsieur Meilhac, qui s'est révélé dans un simple acte au Gymnase, *l'Autographe*, — et Carpeaux, qui envoie à Paris un pur chef-d'œuvre, *l'Enfant au coquillage*.

Qu'est-ce que tout cela pour distraire le crucifié que je suis !...

Je m'ennuie horriblement au fond.

FIN DU TOME PREMIER

PARIS. TYP. PLON-NOURRIT ET Cⁱᵉ, 8, RUE GARANCIÈRE. — 13424.